LÉON BLOY

LE
MENDIANT
INGRAT

(Journal de l'Auteur. 1892-1895)

Les plus beaux noms portés par les hommes
furent les noms donnés par leurs ennemis.
JULES BARBEY D'AUREVILLY.

A BRUXELLES
CHEZ L'ÉDITEUR EDMOND DEMAN
1898

DU MÊME AUTEUR

Le Révélateur du Globe. — (*Christophe Colomb et sa Béatification future*), préface de J. Barbey d'Aurevilly.

Propos d'un entrepreneur de démolitions.

Le Pal, pamphlet hebdomadaire. — (Les 4 n^{os} parus).

Le Désespéré, édition Soirat, la seule approuvée par l'auteur.

Un Brelan d'excommuniés. — (*Barbey d'Aurevilly — Ernest Hello — Paul Verlaine*).

Christophe Colomb devant les taureaux.

La Chevalière de la Mort. — (*Marie-Antoinette*).

Le Salut par les Juifs.

Sueur de Sang. — (1870-71). Trois dessins originaux de Henri de Groux. Portrait au miel, de Léon Bloy, par Charles Cain.

Léon Bloy devant les Cochons.

Histoires désobligeantes.

Ici on assassine les grands hommes, avec un portrait et un autographe d'Ernest Hello.

La Femme Pauvre, épisode contemporain.

Pour paraître prochainement :

Belluaires et Porchers.

Exégèse des Lieux Communs.

LE MENDIANT INGRAT

IL A ÉTÉ TIRÉ :

10 exemplaires sur Japon

30 exemplaires sur Hollande.

Léon Bloy

LÉON BLOY

LE MENDIANT INGRAT

(Journal de l'Auteur. 1892-1895)

> Les plus beaux noms portés par les hommes furent les noms donnés par leurs ennemis.
>
> JULES BARBEY D'AUREVILLY.

A BRUXELLES

CHEZ L'ÉDITEUR EDMOND DEMAN

1898

A MES DEUX FILLES

VÉRONIQUE ET MADELEINE

Mendicus sum et Pauper.
Psaume XXXIX.

Malheur à celui qui n'a pas mendié !

Il n'y a rien de plus grand que de mendier.

Dieu mendie. Les Anges mendient. Les Rois, les Prophètes et les Saints mendient.

Les Morts mendient.

Tout ce qui est dans la Gloire et dans la Lumière mendie.

Pourquoi voudrait-on que je ne m'honorasse pas d'avoir été un mendiant, et, surtout, un « mendiant ingrat »?...

La première et la plus terrible partie de ma vie a été racontée dans le Désespéré.

Voici les quatre dernières années qui pourront paraître assez noires.

J'ai cru bien faire de publier quelques-unes des réflexions que me suggéra quotidiennement mon supplice.

Au seul point de vue de l'histoire des Lettres françaises, il n'est pas inutile qu'on sache de quelle manière la génération des vaincus de 1870 a pu traiter un Écrivain fier qui ne voulait pas se prostituer.

Léon Bloy.

Grand Montrouge. Fête de Saint Lazare, 1895.

1892

Seigneur Jésus ! ayez pitié des lampes misérables qui se consument devant votre douloureuse FACE.

Le Désespéré.

FÉVRIER

14. — Visite de Georges L... qui ment comme un musulman. Discussion vive au sujet de la tombe de Barbey d'Aurevilly. Axiome. *Je dois toujours avoir tort et je vois toujours faux, quoi que je fasse ou que je dise.* Certes, Georges L., un ami de trente ans, n'hésitera pas à me sacrifier gélatineusement à Mlle R., peut-être même à Huysmans dont voici l'opinion la plus récente : « *Bloy est un cerveau aride.* »

17. — Résolution d'écrire pour le *Figaro* un article sur le *Christ aux Outrages* d'Henry de Groux. Magnard l'acceptera-t-il ?

18. — Cimetière Montparnasse. Toujours pas de croix sur la tombe de d'Aurevilly !

19. — Commencé péniblement l'article sur le

Christ aux Outrages. « In propria venit et sui eum non receperunt ». Cette parole de saint Jean m'accable.

22. — De Groux part à la recherche d'un millionnaire amateur signalé la veille par un imbécile, de nos amis. Le millionnaire est un horrible mufle qui ne le reçoit même pas.

23. — On est à peu près sans le sou.

24. — Envoi à Magnard de l'article entrepris la semaine dernière et heureusement achevé en crevant.

25. — Deux lâcheurs en une seule journée !

26. — Réponse du secrétaire de Magnard me renvoyant ma copie. Le vieux pacha consent à insérer une courte note sur le tableau de de Groux, mais non pas un long article. Erection de cette note. L'article est livré au jeune Signoret pour être publié dans le « Saint-Graal » et mis sous les yeux de *quinze* lecteurs. Voici l'objet :

LE CHRIST AUX OUTRAGES [1]

Sa Majesté Léopold II, probablement fatiguée du renom de *béotiens* dont s'exaspèrent quelques-uns de

---

(1). Deux mois auparavant j'avais annoncé une nouvelle œuvre d'Henry de Groux, en les quelques lignes que voici : (*La Plume*, 1ᵉʳ janvier 1892).

« Les Vendanges! Quel titre pour la nouvelle œuvre de

ses plus fidèles sujets, vient d'envoyer gracieusement « franco de port et d'emballage », à Henry de Groux, à l'extrémité de Paris, dans le lointain Vaugirard où cet artiste extraordinaire s'est provisoirement installé, l'immense tableau de désolation et de colère qui détraqua si profondément les imaginations brabançonnes, quand il fut exposé pour la première fois, l'an dernier, au Salon Triennal de Bruxelles.

L'énormité de la toile et le poids effroyable d'un tel colis qui décourageait les camionneurs, avait forcé le peintre errant à l'abandonner à la sauvegarde de l'Etat Belge, pour un temps indéterminé, comme un éléphant immobile.

On peut, en effet, se représenter l'embarras étrange

Henry de Groux, le peintre effrayant du *Christ aux Outrages*, — rafale immense de déchaînés contre un pauvre Dieu qui tremble !

« Henry de Groux paraît être, aujourd'hui, le seul peintre assez tourmenté par l'insomnie de son propre cœur pour exprimer, en son art, les réalités profondes.

« Ah ! les bourgeois, les phénix d'entre les bourgeois, ceux qui peuvent encore tressaillir en voyant onduler une poitrine de désespéré, sentiront, cette fois, l'inexprimable danger d'avoir toujours été des pourceaux dans une société qui sanglote en voyant approcher sa fin.

« L'Artiste visionnaire, simplifiant tout à la façon du génie, creuse un lit unique au torrent des catastrophes. Il choisit, pour les crétins volontaires et les satisfaits, pour les semeurs d'amertume et les jardiniers d'ignominie, la très-plausible extermination par les supplices.

« Dès lors, plus de pitié pour le spectateur giflé d'effroi. Ce tableau panique et molestateur ne s'interrompt pas d'étaler

d'un artiste dénué de tout vestibule princier et condamné à traîner sans relâche un *laissé-pour-compte* si colossal qu'il faudrait une basilique pour l'abriter confortablement.

Mais enfin, grâce à la munificence du roi des Belges, le *Christ aux Outrages*, élargi de sa catacombe de Bruxelles, est visible désormais — en attendant une exposition publique et retentissante — dans la provinciale rue Alain Chartier, au fond d'un vaste hangar connu seulement de quelques pigeons, où le soleil le fait flamboyer chaque matin comme un incendie, pour l'étonnement inexprimable des visiteurs.

Le *Christ aux Outrages*, « rafale immense de déchaînés contre un pauvre Dieu qui tremble », disait quelqu'un, œuvre presque intraduisible par l'écriture, tellement elle est douloureuse !...

---

l'angoisse affreuse d'une multitude qui, pour la première fois, confabule humblement avec les montagnes dans l'ignoble espoir d'en être écrasé.

» C'est le grand carillon Pascal des mugissements de la douleur, la Pentecôte effroyable des langues arrachées et des calcinantes effusions de la Justice, la Toussaint lugubre des cabestans et des scorpions. Cela, dans un incendie de couleurs écrasées sur la palette la plus lumineuse et la plus taillée dans du cœur de chêne, qu'on ait encore vue depuis Delacroix.

» Telle est, en aussi peu de mots que possible, la pantelante impression d'un homme admis à contempler l'ébauche terrible du tableau qu'Henry de Groux se propose d'exposer au printemps prochain, sous la frondaison redoutable du mancenillier de la critique. »

Il est difficile de savoir exactement ce que les âmes contemporaines sont capables de porter. Sans doute on peut les croire préparées à la sensation des plus terribles images, après tant d'expériences morales ou d'opérations esthétiques infligées à l'intelligence humaine depuis trente ou quarante ans.

Mais ici, pourtant, je ne sais plus.

Cette peinture est si épouvantablement anormale, si prodigieusement en dehors des traditions ou des procédés connus, si résolument séquestrée dans ses concepts, et l'*anachronique* inspiration religieuse dont elle est sortie, y promène si farouchement ses luminaires de cruauté, qu'on ne parvient pas à conjecturer de façon précise l'effet d'une semblable vision sur des êtres peu disposés à partager l'agonie d'un Rédempteur véritablement torturé.

Le célèbre tableau de Munkacsy ne gênait personne. Son *Jésus devant Pilate* était l'anodin Sauveur préconisé par des apôtres tels que Renan et le R. P. Didon, un Christ rassurant et cosmétique, élevé dans les salons et qui savait ce qu'on doit aux gens du monde.

L'élégance de ses manières et l'irréprochable correction de son maintien écartaient heureusement l'idée gothique et populacière d'un Seigneur Dieu ruisselant de sang.

Enfin, c'était un Christ roublard, très *milieu* de siècle, respectueux envers les riches, tout à fait à la hauteur de sa mission et d'un équilibre surprenant, que les dames les plus exquises pouvaient contempler sans effroi et qui se fût bien gardé de l'inconvenance d'une rigoureuse douleur.

La renommée devait donc emboucher toutes ses trompettes et crever pour lui tous ses tambours.

Au point de vue de la parfumerie et du savoir-vivre, le tableau d'Henry de Groux est évidemment dans une situation de profonde et déplorable infériorité. Je crois néanmoins au succès bruyant de cette œuvre et voici pourquoi :

D'abord, on s'embête ferme. Les divertissements se clair-sèment et les émotions se raréfient.

On ne se gifle pas tous les jours au Parlement et les bousculades ministérielles manquent de carnage, les théâtres se lézardent visiblement et le sâr Péladan lui-même, vexé par la Russie, interrompt ses farces.

D'autre part, un étrange courant nouveau se manifeste et se précise.

Les intellectuels demandent un Dieu. Beaucoup même ne craignent pas de demander, ouvertement et publiquement, Notre Seigneur Jésus-Christ, « des Dieux le plus incontestable », disait Baudelaire.

C'est une chose infiniment digne d'être observée que cette impulsion mystérieuse des jeunes esprits dans le sens d'un renouveau du Christianisme. Evolution jusqu'ici toute littéraire, qui paraît avoir commencé aux *Fleurs du Mal* et que Paul Verlaine a miraculeusement accélérée dans ces derniers temps.

Celui-ci, le *seul* grand poëte qui ait franchement apporté son cœur à l'Eglise depuis une demi-douzaine de siècles, — rajeunissant par un tour de force de génie toutes les vieilles images que l'athéisme ou l'accoutumance avaient déteintes jusqu'au ridicule, — glorifia le Saint Sacrement et la Prière en des vers si beaux que l'incroyante jeunesse de la poésie contemporaine fut forcée de les admirer avec enthousiasme et d'en devenir l'écolière.

C'est à tel point qu'aujourd'hui le Catholicisme est devenu comme une espèce d'aristocratie pour la pensée.

Ajoutons que les artistes modernes, et surtout les peintres, offrent peu de consolations aux pétitionnaires du Sublime.

Une récente exposition trop fameuse n'a servi qu'à démontrer, une fois de plus, l'enfantillage décrépit de ces prétendus novateurs, *pointillistes* ou *luminaristes*, dont Rembrandt n'eût pas voulu pour broyer son chocolat et qui ne paraissent, en fin de compte, que d'incultes manouvriers du matérialisme.

Pour toutes ces raisons, j'estime vingt fois assuré le triomphe du *Christ aux Outrages*, tentative la plus formidable de spiritualisme chrétien qu'on ait accomplie, en peinture, depuis les prédécesseurs de ce paganisme édulcoré qui s'appela la Renaissance.

Remarquez bien qu'il ne s'agit pas du tout d'un sujet que pourrait conjecturer facilement l'imagination des critiques et dont une exécution plus ou moins divine, sauverait la banalité. Cela se trouve, au contraire, à des distances télescopiques de tous les lieux communs supposables de l'inconographie religieuse.

C'est la Souffrance du Christ, telle que l'ont racontée les saints visionnaires dans des livres de diamant qui survivront au jugement dernier des littératures ; telle que l'ont certifiée les Anciens Témoins qui se firent « égorger » pour obéir à l'ordonnance d'être « configurés à sa mort » ; telle enfin que l'Eglise, non du Moyen-Age, mais de tous les siècles, l'enseigna dans son effrayante Liturgie.

C'est l'ouragan des tortures inimaginables, sans le contrepoids d'aucune efficace pitié pour l'Agonisant volontaire dont le Dernier Soupir éteint le soleil et trouble les constellations.

On a parlé de vitrail et de Primitifs, de cauchemar et du sombre génie des Flandres, on a parlé de Rubens et de Delacroix. De quoi donc, ô Seigneur ! n'a-t-on pas parlé, puisque toute la presse de Belgique a poussé des mugissements autour de ce monstre de magnificence dont l'aspect décontenançait la sagesse d'une race peinturière immobilisée depuis deux cents ans?

Ah! c'est pourtant bien simple et cela n'exige vraiment pas tant d'érudition, puisque c'est précisément ce qu'il faut pour qu'une vieille poissonnière du pays basque ou de la Flandre Occidentale se prosterne contre terre en exhalant des gémissements de pitié, comme si on lui plantait devant les yeux quelque triptyque de Jean de Bruges ou quelque sanguinolent *Ecce Homo* d'Alonzo Cane !

Car il est bien incontestable, je suppose, que tel doit être l'objectif suprême de tout travail d'art exclusivement religieux. Une image pieuse devant laquelle ne pourrait prier aucun pauvre ne semblerait-elle pas ce qu'on peut imaginer de plus identique à une prévarication sacrilège ?

Voici donc le tableau d'Henry de Groux dans sa très-puissante simplicité :

L'Homme des Douleurs est debout, sur le Mont fameux que la tradition désigne comme le tumulus du premier Désobéissant.

A sa droite, une impassible et raillarde brute prétorienne surmontée d'un panache éclatant et qui pourrait être le berger de ce bétail militaire, d'un abrutissement si complet, qu'on aperçoit à l'arrière-plan.

A sa gauche, un individu inexprimable, mélange d'ennuque et d'équarrisseur, qu'on croirait l'ostensoir vivant ou le reliquaire de plusieurs mille ans de crapule humaine.

Celui-là, c'est le cornac du lamentable Seigneur qu'on va crucifier, le cicerone indiciblement abject des ignominies, des malédictions et des épouvantes.

Il vocifère en désignant la Victime à la multitude. Et tel est le signal de la plus démoniaque poussée de canailles qu'un peintre, brûlant sur lui-même comme un solfatare, ait jamais eu l'audace de représenter.

La rage de cette populace aux poings crispés, paraît avoir, selon l'esprit des quatre Évangiles, quelque chose de prophétique et de surhumain.

Les petits enfants eux-mêmes, — détail panique ! —

hurlent à la mort et brandissent leurs faibles bras contre la poitrine saccagée de l'Agneau divin.

Clovis et ses Francs sont diablement loin, oui certes! et plus on regarde, plus on s'aperçoit qu'ils sont loin, indiscernables au-delà des siècles, dans le fourmillement du chaos barbare!

Jésus est seul, absolument seul et face à face avec ce monde condamné par lui, monde horrible qui n'est rien que la balayure de l'antique Paradis perdu, nettoyé par les Chérubins.

Ce Dieu fait homme s'est si complètement dépouillé lui-même qu'il n'a pas voulu garder seulement l'atome de Divinité qui lui eût été nécessaire pour n'avoir pas peur. Il souffre et tremble dans sa Chair, ainsi que les faibles d'entre les plus faibles.

Qu'il se soutienne maintenant comme il pourra. Les Anges même ont décampé, les Anges brillants descendus du ciel pour son réconfort.

Il est temps que cela finisse, car il ne lui resterait plus de Sang à répandre pour ces possédés sur la pauvre Croix salutaire.

Il saigne en effet, terriblement, par toutes les piqûres de sa Couronne et surtout par les innombrables plaies de cette Flagellation miraculeuse que la franciscaine Marie d'Agréda évaluait à plus de cinq mille coups de lanières plombées. Il est tellement rouge sous la pourpre de son haillon qu'on croirait, en vérité, que c'est lui qui est le bourreau des autres..

Mais ses Mains qui seront percées tout à l'heure, ses mains exsangues de supplicié, si brûlantes par la douleur qu'on les devine capables de consumer le firmament, — je les recommande particulièrement aux explorateurs d'abîmes qui ne craignent pas de se pencher sur la Misère infinie.

La très-prochaine exposition publique de cette œuvre extraordinaire dont l'intensité surpasse les paroxysmes les plus vantés, obligera vraisemblablement la critique à modifier un peu ses formules.

Quelques-uns comprendront sans doute, non seulement qu'il s'agit d'une toile à laquelle rien ne ressemble dans toute la peinture contemporaine, mais, avant tout, qu'on est en présence d'une force absolue représentée par un étranger à qui l'avenir appartient.

Mais, est-ce bien un étranger, cet Henry de Groux, né à Bruxelles, il y a vingt-cinq ans, d'un père Français et même Breton d'origine, qui fut lui-même un peintre de très-haut mérite, dont les musées nationaux s'enorgueillissent là-bas de posséder quelques tableaux ? — car la Belgique est peut-être le premier pays du monde pour glorifier les artistes,... quand ils sont morts dans l'obscurité et que leurs carcasses n'ont plus besoin de personne.

A la réserve de quelques jeunes écrivains dont la Belgique s'étonne, il semblerait que le roi Léopold fut à peu près le seul de son peuple à deviner la grandeur de cet adolescent de génie, copieusement insulté par la multitude, hideusement renié par quelques-uns et contraint de se réfugier à Paris qui est l'éternel pavillon de ces lapidés sublimes.

C'est donc à Paris, exclusivement, à l'intellectuel Paris, où la juste gloire n'est pas toujours économisée, qu'il appartient désormais de se prévaloir d'un semblable naufragé du ciel ! (1)

Léon Bloy.

27. — Notre entreprise de pension pour jeunes filles scandinaves est décidément enfoncée. Voici l'avant-dernière de ces jeunes oies qui nous plante... C'est vrai qu'on s'amuse peu dans la maison.

28. — Lettre d'un vieillard affectueux et riche

---

(1) Qu'est devenu le *Christ aux Outrages*? Aujourd'hui, 2 décembre 1897, Henry de Groux lui-même l'ignore!!!

Il y a environ cinq ans, cette toile extraordinaire fut confiée à un sieur X, marchand de tableaux, à Paris, pour être exposée à Londres, « Hanover Gallery », où elle obtint un succès considérable, et fructueux pour le maquignon seulement, l'infortuné peintre n'ayant jamais obtenu qu'on le renseignât sur les recettes, *ni même qu'on daignât lui apprendre ce que son œuvre était devenue !!!!!*

Aucune démarche n'a pu vaincre le silence obstiné de l'équitable industriel qui abuse de l'indigence d'un artiste pour le dépouiller, l'écorcher vivant, mais qui sera, sans doute, forcé de s'expliquer, un de ces jours, devant le tribunal de police correctionnelle.

Le préjudice est d'autant plus monstrueux qu'à l'époque de l'exposition à Londres, vers la fin de 92, de Groux avait la promesse formelle de l'acquisition de son tableau par le Collège de la Cathédrale de Senlis où tout le monde pourrait l'admirer aujourd'hui, si le brocanteur subtil s'était donné moins d'essor.

pour qui j'eus l'occasion d'exécuter de difficiles travaux restés sans salaire. Il se console de ne « pouvoir » me secourir en me rappelant qu'autrefois, — quand j'étais rigoureusement un va-nu-pieds, — il prophétisa ma *ruine*.

MARS

6. — Grand'messe à Saint-Sulpice pour ce premier dimanche de Carême. *Sub pennis ejus sperabis.*

Notre bonne se soûle. Insupportable ennui d'en chercher une autre. Je flanque ses huit jours à cette guerrière.

8. — « *Cimetière Montparnasse.* — Pourquoi a-t-on refusé une croix à la tombe d'un des plus grands écrivains catholiques de tous les temps : Jules Barbey d'Aurevilly ?

Le Saint-Graal. »

(Note liminaire du numéro du 8 mars).

11. — De Groux, sollicité, exposerait peut-être à la Rose-Croix. Mais l'effroyable ennui d'être « templier ! »

19. — Dure journée.

22. — Ce matin, De Groux lancé sur Léon Deschamps *(Plume)* qui me doit sept ou huit cents francs, dépense une heure à lui expliquer que j'ai besoin d'argent. Ce soir, lettre de cinq lignes du dit Deschamps me demandant « *à quoi il peut me servir.* »

23. — J'en ai tout-à-fait assez de ce camelot. Je lui écris :

« Mon Dieu ! cher ami, c'est très-simple. Je suis livré en ce moment, à de religieuses méditations sur le néant de la vie et j'aurais besoin de votre sentiment personnel sur les *amis* en chemin de prospérer, qui lâchent de très-pauvres bougres amplement et *gratuitement* utilisés dans les jours néfastes.

« L'uniformité de cette avanie dont je fus victime, chez Rodolphe Salis, par exemple, qui me doit en partie son scandaleux succès, et chez quelques autres encore, me surprend un peu. Cela tient, sans doute, à ce que j'ai l'esprit « chimérique », ainsi que votre bon sens me l'a notifié.

« En retour de vos réflexions sur cette matière, celui que vous avez bien voulu nommer « le premier prosateur de France » et qui se décarcassa volontiers pour vous, s'engage à déposer dans la corbeille de votre fiancée une quittance formelle des 800 francs que vous lui devez pour valeurs livrées en marchandises littéraires, aux termes d'un verbal contrat venu entre nous, vers la date du 15 avril 1890, si ma mémoire est fidèle.

« Cordialement. LÉON BLOY.

« P. S. — A publier dans le prochain numéro de la *Plume* : Notre éminent collaborateur Léon Bloy, renonce à nous donner la suite du *Secret de M. Pérégrin Germinal*. Il nous informe que sa conscience lui reproche de livrer au public un secret de cette importance. »

24. — Je nantis le Mont-de-Piété de notre argenterie. Déjeuné, rue Copernic, chez une Anglaise cossue qui me présente à ses deux filles. On me parle naturellement de Bourget et de Daudet. Je déclare avec simplicité que ce sont des lectures de domestiques. Me voilà brûlé dans cette maison.

Lu, ce matin, dans l'*Echo de Paris,* un long article de Scholl sur le « dîner » de la *Plume*. Le vieux ruffian protège les jeunes.

26. — Lettre du prince Ourousof qui me croit incapable de faire du roman, parce que la vie est plate et pâle, et que ma forme lui paraît éclatante et mamelonnée. Opinion flaubertiste.

27. — Huysmans aurait fait proposer à la *Plume* de finir *Pérégrin Germinal* à ma place !!!

29. — Malgré ma tristesse horrible, médité sur les prodigieuses paroles de l'Ecclésiaste, devant

servir d'épigraphe à mon livre sur Napoléon : *Quid est quod fuit? ipsum quod futurum est. Quid est quod factum est, ipsum quod faciendum est.* Et celles-ci : *Vidi cuncta quae fiunt sub sole, et ecce universa vanitas et afflictio spiritus.*

Quand on pense que ce mot *Vanitas* est la traduction précise du nom d'*Abel!*...

30. — Cimetière Montparnasse. Toujours pas de croix sur la tombe de d'Aurevilly !

AVRIL

1ᵉʳ. — Cimetière Montparnasse. Toujours pas de croix. Mais, rencontre surprenante. Deux ouvriers arrivent, un plan à la main, cherchant la tombe. Décidément la croix et une grille vont être posées, après *trente-cinq* mois ! Effet de ma question liminaire du « Saint-Graal ».

3. — Refus du *Christ aux Outrages* par le jury du Champs de Mars. Mot du Président Stevens jadis comblé par le père de de Groux dont il fut élève : « Une femme respirant une fleur est autrement difficile à peindre que tous vos *ecce homo* ».

Autre mot d'un juge quelconque parlant au refusé : « Vous seriez le Ravachol du Champ de Mars ».

4. — Reçu le « Saint-Graal » du 20 mars, con-

tenant une lettre de Charles Buet qui affirme, dans un joli style, que je me suis trompé en disant qu'il n'y a jamais eu de croix sur la tombe de d'Aurevilly, et qui bondit sur cette occasion de dévoiler sa propre notoriété d'écrivain.

Quel ennui d'avoir à répondre à cet idiot!

5. — Pour la première fois, je vois pleurer de Groux. Est-ce un signe qu'il va obtenir enfin quelque chose? J'aime ces larmes. Hier il a échoué partout.

6. — Pas le sou et rien à porter au Mont-de-Piété. Je me sature de tristesse en relisant les vieilles lettres de mes parents morts et de quelques amis anciens qui m'ont lâché. J'arrive ainsi, vers le soir, à une sorte d'agonie.

7. — De Groux a réussi à faire installer ses deux grands tableaux, le *Christ aux Outrages* et la *Procession des Archers*, au Pavillon des Arts libéraux (Champ de Mars). Moi, je suis accueilli dans une petite caverne de l'enfer. Horrible journée.

8. — Lettre au « Saint-Graal » en réponse à Buet. Brouille certaine et irrémédiable avec une demi-douzaine de gens. Liquidation générale des amis douteux.

« Mon cher monsieur Signoret, je trouve dans le numéro du « Saint-Graal », daté du 20 mars, une lettre de M. Charles Buet, qui m'accuse de vous avoir « induit en erreur ».

» Cet universel brochurier, qui ne rate jamais l'occasion de se faire un peu de réclame, sait fort bien que c'est par moi que vous fûtes informé, le mois dernier, de l'absence infinie d'une croix sur la tombe de Barbey d'Aurevilly. Par conséquent, c'est bien contre moi que le message rectificatif est décoché.

» Vous auriez peut-être pu répondre que la note litigieuse du « Saint-Graal » n'a été livrée à l'imprimeur qu'après vérification oculaire de la surprenante omission dénoncée par votre revue.

» Vous auriez même pu faire observer que le «Saint-Graal» n'a pas dit qu'il n'y a *jamais* eu de croix, mais que, n'apercevant aucun vestige du Signe de la Rédemption sur la tombe d'un grand artiste chrétien, il a naturellement demandé l'explication de cet incroyable *refus*.

» M. Buet dénature l'interrogation et vous écrit une lettre sophistique dont il n'est pas même l'auteur, pour essayer de blanchir la *seule* personne qui ait, en cette occasion, besoin d'être disculpée.

» J'avoue très-sincèrement, avec des regrets amers, que jusqu'au mois de janvier dernier, j'avais complètement ignoré cette monstrueuse *infidélité*. Ayant été honoré vingt-trois ans de l'amitié de Barbey d'Aurevilly et connaissant, mieux qu'un autre, ses pensées ou ses sentiments, j'estimais, en ma qualité de catholique, plus profitable et plus profond de prier pour les morts dans les églises, en présence du Saint Sacrement, que de faire d'hygiéniques pérégrinations dans les cimetières, et je n'avais pas visité la sépulture du cher grand homme qui serait mort désolé s'il avait pu prévoir l'avanie horrible d'être enterré comme un impie.

» Comment aurais-je pu prévoir moi-même une sacrilège négligence que l'imagination la plus soupçonneuse n'aurait pas conçue ?

» J'ajoute qu'un voyage de près d'un an, à l'étranger, pourrait, au besoin, me servir d'excuse.

» Donc, aux environs du 15 janvier, un anonyme correspondant, me supposant responsable, m'adressa des remontrances indignées que je transmis sur-le-champ à la personne concessionnaire, avec l'expression de mon étonnement le plus douloureux.

» Je reçus alors une réponse tellement ambigüe que je fis une enquête immédiate dont le résultat fut, pour moi, la certitude absolue qu'aucune croix n'avait jamais été posée ni commandée, et qu'on *mentait* en l'affirmant ; — certitude que n'ébranlent guère les témoignages exigus invoqués par M. Buet, sous la dictée de la dite personne concessionnaire.

» Enfin, le 27 janvier, à bout d'instances et de patience, exaspéré de ces blagues sinistres, j'écrivis la lettre suivante :

« Paris, 27 janvier 1892.

« Mademoiselle, je reçois une lettre de L., votre entrepreneur de sépulture, qui m'apprend qu'on vient de lui commander une croix en fer forgé pour la tombe de d'Aurevilly ; je suppose que cette commande est de vous, qui vous décidez enfin, après *trente-trois mois* d'un inconcevable oubli.

» J'avais donné moi-même, quelques jours auparavant, — bien que n'ayant aucun droit sur la sépulture — l'ordre d'exécuter une croix plus modeste, en vue de réparer une négligence odieuse qui finirait, un jour ou l'autre, par déterminer un scandale public, et pour qu'il ne fût plus dit que le grand écrivain catholique avait été enterré comme un chien ou comme un athée.

» Je me retire donc et vous cède la place, heureux, après tout, que vous ayez bien voulu vous rendre à mes avis. La Croix, fût-elle plantée par des idolâtres, est toujours le Signe de la Rédemption.

» Si vous n'avez pas assez aimé notre grand mort pour épouser sa foi religieuse, je me félicite de vous avoir fait comprendre, du moins, que vous ne pouviez pas refuser à sa pauvre tombe, cet honneur suprême que l'Église ne refuse pas toujours aux parricides et aux apostats.

» Votre Léon Bloy ».

« Ah ! J'y croyais peu, à cette commande qu'on m'avait fait assavoir, et je n'hésite pas à confesser que je ne feignais de la prendre au sérieux qu'en vue d'obtenir un effet d'intimidation.

» Naïf que j'étais ! Six semaines plus tard, rien n'était fait encore, et il a fallu l'intervention du « Saint Graal » pour déterminer quelque chose. Si les admirateurs chrétiens de Barbey d'Aurevilly aperçoivent désormais une croix sur sa tombe, c'est à vous qu'ils devront ce réconfort, mon cher monsieur Signoret.

„ Ma dernière visite au cimetière Montparnasse est du 1ᵉʳ avril. J'ai eu la chance d'y rencontrer deux ouvriers qui m'ont exhibé le plan d'une grille prétentieuse surmontée d'une croix, et qui, habilement interrogés, m'ont appris que la commande datait de *douze jours seulement*.

„ Espérons maintenant que ce travail sera terminé avant six mois. Espérons aussi que je pourrai garder ma patience, car je suis diablement tenté de ce que l'Évangile nomme les scandales nécessaires.

„ Ne sentez-vous pas comme moi, cher monsieur, que l'absence de la Croix sur la tombe d'un tel chrétien, — *ne fût-ce que vingt-quatre heures*, — équivaut à une véritable profanation ?

„ Cordialement, LÉON BLOY.

„ P. S. Il va sans dire que je refuse toute passe d'armes avec M. Charles Buet qui va probablement vous envoyer une cinquantaine de pages dont quarante-neuf, au moins, consacrées à l'énumération de ses œuvres. On m'assure qu'il est en train d'expédier le 117ᵉ rossignol. L. B. „ (1)

---

(1) Publié le mois suivant par le « Saint Graal » avec cette addition consolante : « 4 mai. La croix est enfin posée. Laide, hélas ! mais tout de même posée et scellée dans de la pierre dure, — tirée de quelles réfractaires profondeurs ! — par les obstinés lapicides que nous sommes, mon très-cher monsieur Signoret. Donc, *Laus Deo !* L. B. „

10. — Rameaux. *Alios salvos fecit, seipsum non potest salvum facere.* Ceux-là seuls qui sont du Saint-Esprit peuvent entrevoir le gouffre de cette parole juive.

11. — Apparition de Montchal, dédicataire du *Désespéré*. Pauvre Louis! vieilli de dix ans, ravagé par le chagrin, à moitié détruit par les misères... L'Allemagne le mange.

13. — Départ de Montchal pour Dresde. Le reverrai-je seulement, ce « frère d'élection » que je vois disparaitre avec un déchirement ?

15. — Crise argentine. Terme impayable. Dettes écrasantes. Je revis les anciennes tortures du *Désespéré*. Je me sens comme captif dans quelque sale prison vitrée de corne, d'où je pourrais à peine soupçonner les formes lumineuses du Monde divin qui est tellement ma patrie.

16. — Office du Samedi saint. Bénédiction du cierge pascal. *Flammas ejus Lucifer matutinus inveniat. Ille, inquam,* Lucifer, qui nescit occasum. *Ille qui regressus ab inferis, humano generi serenus illuxit.* Evidemment, l'Eglise *ne sait pas* ce qu'elle dit, et c'est pour cela qu'elle est *infaillible*.

17. — Pâques. La joie de l'Eglise me pénètre en sens inverse du commun des fidèles. En ce jour d'allégresse, je sens plus durement ma capti-

vité. Cette idée d'une prison m'obsède au point que les grands cierges de l'Autel me paraissent ressembler à des *barreaux*.

A la fin, pourtant, les larmes bonnes, les larmes consolatrices me viennent, au souvenir de tant de Pâques douloureuses où le plus âpre carême continuait pour moi, où j'étais seul et sans secours...

Une pâle espérance renait. Il n'est pas possible, vraiment, que Dieu m'abandonne, car enfin, quelles qu'aient été mes fautes, j'ai pratiqué la miséricorde souvent et même, quelquefois, jusqu'à l'héroïsme. Rien ne peut effacer cela. Puis, *je sais* des choses que nul ne sait. Elles ne m'ont pas été montrées uniquement pour me faire souffrir.

18. — Exégèse géométrique. Le Triangle équivaut à la Croix, c'est-à-dire à deux angles droits.

19. — Déjeuné chez Demay qui s'étonne de m'entendre parler de la Providence et qui m'objecte niaisement le *hasard*.

— Cher ami, dis-je à ce pauvre garçon, un homme viendra tout à l'heure pour moi et cet homme, peut-être, me sauvera. J'ignore son nom, je ne sais d'où il viendra, mais je sens qu'il va venir. Appellerez-vous cela le hasard?

Exclamations de Demay qui se déclare prêt à me

regarder comme un prophète si l'effet se produit. Un quart d'heure après, le personnage annoncé se présente sous les traits d'un ami perdu de vue depuis plus d'un an, qui s'informe de mes affaires et me fait espérer d'éblouissants et prochains subsides.

20. — De Groux a reçu ce matin six cents francs. Il m'en donne spontanément cinq cents, comme il m'en donnerait cinq cent mille, c'est-à-dire avec la certitude et la volonté de rester éternellement mon débiteur.

Pavillon des Arts Libéraux. Le *Christ* est admirablement placé, la *Procession* aussi. Me voici juste au-dessous de cette dernière que je ne connais pas encore. Immense tableau qui me déconcerte, qui me désole. Je n'aperçois ni dessin, ni couleur, ni quoi que ce soit, lorsque, m'éloignant tout à coup, l'étonnante beauté de cette œuvre m'apparaît. Quel visionnaire aimé de Dieu que mon grand et pauvre Henry De Groux !

C'est plaisir de le voir jouir de son succès, lequel est évident et considérable. Mais c'est surtout le terrible *Christ aux Outrages* qui tire la foule. Malgré les protestations de quelques femmes que déroute l'absence de pommade et de lavabo ; malgré la hautaine réprobation d'un soutanier visiteur dont j'étudie, quelques instants, l'animale physionomie, l'impression générale est qu'il n'y a que de Groux dans cette exposition.

21. — Visite à ma propriétaire dont l'aspect est celui d'un gros fromage mobilisé par la vermine. Paroissienne qui donne le pain bénit et fait des affaires. Nulle miséricorde à espérer. Cependant elle n'est pas plus *parfaite* que le fameux parricide qui avouait « n'être pas parfait », car elle me rend vingt francs de trop sur le billet de cinq cents. Ma restitution immédiate la dégèle. Ce trait de probité lui donne sans doute à penser que je suis un imbécile.

25. — Pétards anarchistes. Explosion copieuse chez le marchand de vins où Ravachol fut arrêté. Les gens vertueux sont mal à l'aise dans leurs culottes... *Spiritus ubit vult spirat : et vocem ejus audis, sed nescis unde veniat, aut quo vadat...*

27. — Mon cher Léon Bloy, ce que vous écrivez ne peut pas être lu *dans les salons*. Opinion d'un homme bien élevé.

MAI

3. — *L'Invention de la Croix!* c'est-à-dire la commémoration, dans l'Eglise, de cet évènement démesuré : La Croix de Jésus retrouvée miraculeusement, dans les ruines de Jérusalem, par sainte Hélène, mère de Constantin, en 327. Depuis trois siècles, on ne savait ce qu'Elle était devenue. Depuis trois siècles, on était forcé de se passer d'Elle!

Cet objet, le plus précieux qu'il y eût au monde, était caché sous la terre. La Croix n'avait point eu de part à la Résurrection, étant restée au milieu des morts. Il y eut trois cents ans pendant lesquels personne ne put donner des nouvelles de ce Signe et il vint un Jour tout-à-fait unique, absolument différent de tous les jours qui s'étaient écoulés depuis le commencement des jours, où quelqu'un le retrouva parmi les décombres...

Qui pense à cela?

8. — Rosserie merveilleuse d'un Colombien milliardaire ou prétendu tel, venu à Paris pour se débarrasser de quelques millions. Ce rastaquouère devait me fourrer dans ses bagages et m'emporter à Bogota. Mes livres sur Christophe Colomb et l'approche du Centenaire de la Découverte me désignaient pour des conférences dans les principales villes de l'Amérique du Sud. Occasion superbe.

J'apprends, aujourd'hui, que mon rastaquouère a soudainement filé sans un mot pour moi. Je vivais, depuis quinze jours, sur l'espérance que m'avait donnée cet homme.

Journée comble. Georges L., ami de trente ans, me lâche. La croix, plantée, enfin ! sur la tombe de Barbey d'Aurevilly, lui tourne le cœur. Puis, une dame athée, à qui je fais du chagrin, lui a défendu de me voir.

9. — A propos des lieux communs dont je veux, un jour, élaborer l'*Exégèse*, je dis à de Groux que telle parole banale, éternellement ressassée par les imbéciles, est une affirmation prodigieuse de leur néant et que, par conséquent, elle est *divine*.

10. — Il n'y a pas à dire, je suis admirablement malheureux.

Le Talent, aimé de tout le monde, appartient au Père et au Fils. Le Génie, haï de tout le monde, est exclusivement du Saint-Esprit.

11. — Article de Charles Buet sur le *Christ aux Outrages*, en première page du *Figaro*. Combien il est digne de ce journal d'avoir refusé mon travail sur le même sujet pour héberger une telle prose! Charles Buet! Celui-là, du moins, ne calcinera pas l'abonné.

14. — « Vieille Amérique reconstituée » à la porte Maillot, pour préluder aux fêtes du Centenaire de la Découverte. Rencontré un ami qui m'affirme qu'il n'y aura pas de profanations. Pauvre bonhomme qui ne conçoit pas la profanation par le ridicule! Ce délire de *reconstitutions* m'exaspère. Il montre si bien le néant d'un temps qui ne peut se regarder lui-même.

Ennui et dégoût à la vue de ce public de putains et de saltimbanques. Mascarade immense dans le monde entier. Le Centenaire tant annoncé pourrait-il être autre chose? Le Pape qui, seul, aurait le pouvoir de changer le caractère de ces manifestations, ne fera rien, c'est trop évident. Le Christophore est trop l'image de l'Esprit-Saint, et je sais combien l'Eglise moderne est diligente pour écarter la Troisième Personne divine.

Je suis le seul français, après le comte Roselly de Lorgues, ayant parlé honorablement pour Christophe Colomb de qui tous les journaux vont parler. Naturellement, je ne serai pas cité.

Après une heure d'attente, je prends la fuite sans avoir entendu la Cantate. D'ailleurs, un plus long séjour me devient impossible quand j'aperçois le « Chat Noir », Salis et ses lieutenants, grimpés sur la caravelle où, tout à l'heure, un autre cabot singera le Messager du Salut découvrant la Terre Nouvelle !

15. — Ce matin, conversation assez longue avec de Groux. Texte : « La Vieille Amérique » et l'inertie de Léon XIII. — Si le Pape, lui ai-je dit, avait l'esprit d'un grand Pape qui serait en même temps un grand saint, — s'étant informé préalablement de toutes choses et considérant qu'il est la Bouche de Dieu, — il se demanderait, sans doute, quel est celui de ses fils qui est le plus dans les voies du Feu... Qui sait s'il ne se répondrait pas que Léon Bloy est peut-être un peu trop abandonné par son Père ?

Lettre enragée de Buet. S'il en avait le pouvoir, à quels supplices raffinés ne me condamnerait-il pas, ce polygraphe épais dont j'ai paru dédaigner le 117e rossignol ?

20. — Anniversaire de la mort de *Saint* Christophe Colomb. Les protestants qui ne veulent pas des saints, ne congratulent leurs amis que le jour anniversaire de leur naissance. Or, l'Eglise a nommé le jour de la mort des saints : *Dies natalis.* Etonnante confusion d'idées chez les protestants qui prennent ainsi la mort pour la vie et la vie pour la mort. L'Eglise ne célèbre que trois Nativités ; celle de Jésus, celle de Marie et celle de saint Jean-Baptiste. Ne serait-ce pas un avertissement liturgique et mystérieux que le Précurseur pourrait bien avoir part au privilège surhumain de Marie, conçue sans péché ? L'*Immaculée Conception de Jean.* Quelle pensée !

21. — Exégèse traditionnelle des 46 années de la Construction du Temple (Joan. II, 20) signifiées par l'addition des lettres grecques formant le nom d'Adam. Les lettres hébraïques correspondantes donnent le même résultat.

En outre, les quatres lettres grecques de ce Nom mystérieux sont les initiales des quatre points cardinaux : ἀνατολή, orient ; δόσις, couchant ; ἄρκτος, septentrion ; μεσημβρία, midi.

Analogue à l'ésotérisme du célèbre mot ἰχθύς.

22. — Parole difficile de saint Jacques : « *Estote factores verbi et non auditores tantum, fallentes*

vosmetipsos. Quia si quis auditor est verbi et non factor : hic comparabitur viro consideranti vultum nativitatis suæ in speculo ».

Considérer le visage de sa *naissance* dans un miroir, ne serait-ce pas se voir *mort ?* Est-ce là ce que vous avez voulu dire, ô doux et terrible Apôtre?

24. — Les amertumes les plus douloureuses de mon épouvantable passé renaissent. Lâché par tant d'amis anciens ou nouveaux, déçu par tant de gens pour qui je n'eusse point hésité à me sacrifier, abandonné, semble-t-il, par Dieu lui-même, et de quelle effrayante manière! emprisonné, cadenassé dans les lieux obscurs et ne recevant jamais de salaire, enfin, tourmenté sans relâche par la misère la plus invincible et menacé de toutes parts. Quel destin!

Je fais offrir à Plon, la *Chevalière de la Mort* pour une revue qu'il vient de fonder. Refus de cet éditeur, alléguant un choix exclusif des écrivains « les plus distingués ».

25. — A Emmanuel Signoret, directeur du *Saint Graal :*

« Mon cher Signoret, Buet m'adresse un paquet de basses injures qui me donnent lieu de supposer que vous avez dû recevoir déjà du monsieur une jolie réponse à insérer.

» Etant de ceux à qui « le pain du mensonge est doux », suivant le texte de Salomon, il ne manquera pas de prétendre, comme tout le monde, que j'ai reçu l'aumône de lui, puisque telle est la légende accréditée sur un écrivain redoutable qu'il s'agit de déshonorer par tous les moyens.

» De la part de Buet, le *tapeur* célèbre qui eut le génie de carotter jusqu'à l'indigent Léon Bloy, un renouveau de ce potin, m'obligerait à des représailles dégoûtantes qu'il faut éviter.

» Pourquoi donc, ne publieriez-vous pas, à la place des ordures de ce personnage, une note ainsi libellée :

» Notre ami Léon Bloy, ayant déclaré, le mois dernier, sa volonté de refuser toute passe d'armes avec M. Charles Buet, et celui-ci nous ayant, néanmoins, adressé une lettre offensante pour son supérieur, le grand écrivain que nous sommes heureux de compter parmi les nôtres, nous jugeons ne pouvoir la publier sans déchet pour notre bonne renommée. En conséquence, M. Buet, dont nous n'avons pas promis de publier éternellement la prose, voudra bien se contenter de l'expression de nos pacifiques regrets. »

Vu la brochure de Darzens, *l'Amante du Christ*, frontispice de Rops. Un crucifié saignant et *joyeux*, dont la face est le portrait de Darzens. A ses pieds, une femme nue qui déroule avec précaution le linge voilant les parties sexuelles.

Cochons ! Cochons !

26. — Le plus ancien de mes amis, Victor L., celui de tous que j'aurais cru le plus ferme, m'a laissé fort tranquillement insulter, ce matin, jour de l'Ascension, par sa chienne de femme, une basse bourgeoise issue de domestiques, devant laquelle il tremble. La drôlesse, que je veux croire aussi fidèle à son mari qu'à son extraction et qui m'abhorre instinctivement, jouissait de ma détresse connue, triomphait *dans l'antichambre* de ma ruine supposée. J'aurais pu écraser d'un mot cette punaise. Le souvenir d'une longue amitié m'a retenu.
— Si je crève, ai-je dit au pleutre, en le quittant pour toujours, tu l'apprendras peut-être par les journaux.

Je suis lâché de façon sublime par Henry Carton de Wiart, jeune avocat de Bruxelles, qui vint se jeter dans mes bras, il y a deux ans, que je comblai d'autographes et de conseils, en échange de quelques sous, et dont je croyais l'amitié dix fois sûre.

Son papa, perché lui-même sur le barreau, lui a sévèrement interdit tout contact avec un écrivain aussi vénéneux que moi. Une très-noble lettre dont ma femme honora ce drôle est restée sans réponse.

Amalgame surfin de muflerie brabançonne et de

goujatisme néerlandais. Je ne compte plus mes lâcheurs, mais celui-là mérite une mention.

Lettre à ce Carton :

« Monsieur, Le *Magasin littéraire*, que je viens de recevoir, m'apprend que vous êtes hors de danger et même assez complètement rétabli pour écrire aux petits jeunes gens de Louvain une lettre considérable, des plus habiles, ma foi ! où j'ai l'honneur d'être présenté aux générations nouvelles dans un lumineux paquet de Léon Gautier, de Maurice Barrès et de quelques autres grands hommes.

» Evidemment, cette tartine pressait beaucoup plus qu'une réponse polie à la femme d'un écrivain pauvre.

» Ah ! vous réussirez, vous ! je le savais bien, et vous deviendrez *un grand Belge.* Dieu soit loué !

» En attendant, je vous prie de me renvoyer, dans le délai de 48 heures, la collection très-complète de mes lettres, sans oublier celle de ma femme, datée, je crois, du 20 avril, — la prudence la plus élémentaire ne me permettant pas de laisser de tels documents aux mains d'un homme que la prospérité met à l'abri des inconvénients de mon affection et que je ne me sens plus aucun besoin d'estimer.

» Dans le cas, peu probable, n'est-ce pas? où je n'aurais pas reçu cette collection sous pli cacheté et recommandé, lundi au plus tard, je m'adresserais, le même jour, à M. votre père qui sentirait, je le suppose, l'importance de rentrer en possession de vos propres lettres, dont j'ai déjà proposé l'échange.

» Un conseil pour finir. Il se peut que j'aille, un de ces jours, à Bruxelles. Si vous me rencontrez, ne me reconnaissez pas, je vous prie. Il me serait pénible de refuser publiquement la main à un homme que j'ai tendrement aimé naguère et qui, pour moi, désormais, n'est plus qu'une charogne.

» LÉON BLOY.

» P. S. et sur-conseil. Barbey d'Aurevilly fit remarquer, un jour, que le cuistre Montalembert s'étant avisé de citer Bossuet quelque part, la page entière, aussitôt (la page de Montalembert où se lisait la citation), disparut dans le néant le plus vertical et le plus éternel. Gardez-vous donc soigneusement de citer Montaigne. L. B. »

27. — Vu le premier n° de la *Revue hebdomadaire* publiée par ce crétin de Plon. Toujours la même chose, toujours les mêmes grands hommes : Zola, Daudet, Bourget, Loti, etc.

29. — Office du jour : « *Non vos relinquam orphanos, vado et venio ad vos, et gaudebit cor vestrum* ». Ces paroles furent dites, il y a dix-neuf siècles. Je pense à ce chapitre de l'*Homme* où Hello démontra que le déshonneur, c'est de *promettre* et de *ne pas tenir*. Le déshonneur de Dieu ! Pourquoi faut-il que je sois éprouvé jusqu'à ne pouvoir écarter de telles suggestions ?

J'ai la sensation nette que tout le monde se

trompe, que tout le monde est trompé, que l'esprit humain est tombé dans les plus épaisses ténèbres.

Exemple. Il m'arrive de penser que le célèbre *Microbe*, explicatif de tous les maux, dont la médecine contemporaine fait si grand état, doit être et ne peut pas être autre chose que le plus subtil mensonge du vieil Ennemi. De quoi s'agit-il, en effet, sinon de *prouver* (!) que toutes les causes morbides sont *naturelles*, au lieu d'être SPIRITUELLES, comme l'avaient toujours cru les hommes en qui habitait le Dieu vivant ? Les physiologistes l'ont vu, ce microbe. Ils l'ont *vu* de leurs gros yeux. Ah ! les braves gens, qui se sont donné tant de peine pour arriver à ne pas comprendre que telle est la *forme* que prend *pour eux* le Principe même du Mal, l'antique Démon qui fut un Esprit céleste, et que leur microbe est le dernier travestissement de la Désobéissance !

30. — Je chemine en avant de mes pensées en exil, dans une grande colonne de Silence.

JUIN

1ᵉʳ. — Lettre d'un certain A. R., sous-lieutenant en garnison dans une ville lointaine. Ce guerrier s'est chargé de m'exprimer l'admiration d'un groupe de *désespérés* qui veulent faire une revue et me demandent un titre, des collaborateurs et de la copie !!! Mais tout cela est naïf, d'allure suffisamment militaire, pas du tout répugnant.

Réponse immédiate :

« Mon cher Lieutenant, Vous ne me faites pas trop de phrases et vous dites que vous m'aimez. Comment résisterais-je à cela ? On le sait, d'ailleurs, et on en a beaucoup abusé, mais je ne me corrige pas. Je gobe toujours les protestations affectueuses, dans l'espoir, toujours déçu, de rencontrer, à la fin, quelque cœur sincère.

» Sera-ce vous ? Je le conjecture très-peu. Un instant, la pensée m'est venue de vous demander un service important, pour le seul plaisir de voir décamper aussitôt votre admiration, expérience qui m'a presque toujours réussi.

» Mais à quoi bon cette plaisanterie féroce d'un trop probable succès ? Vous me rappelez que nous touchons à la Pentecôte et, par pitié pour mon âme déjà triste jusqu'à la mort, je préfère l'encourager à quelque illusion nouvelle.

» Vous voulez fonder une revue? Joli ! Si j'avais l'honneur d'être votre *ami*, messieurs, je vous conseillerais énergiquement de donner plutôt votre argent aux pauvres, à moi, par exemple, pour m'aider à finir mon prochain roman qui s'éternise au chantier, faute de ressources. Mais ce serait précisément la fumisterie de tout-à-l'heure, et je risquerais de vous enlever, comme avec la main, tous vos sentiments pour moi, si j'avais l'imprudence ou la malice de vous laisser entrevoir que la misère de *Caïn* n'est pas absolument une fiction.

» Donc, pour vous mettre tout à fait à l'aise, je suis horriblement heureux, épouvantablement riche, c'est bien entendu, et je vais vous répondre bonassement.

» Tiens! j'y pense, vous ne m'avez pas appelé : « cher maître » ; vous ne m'avez pas compissé de ce protocole. C'est donc pour ça que votre lettre ne m'a pas déplu. Tout s'explique.

» Voyons, vous me demandez quoi? Un titre pour votre garce de revue. C'est très-simple : LE DÉSESPÉRÉ, parbleu ! avec l'épigraphe : *Léon Bloy est un ange*.

» Puisque vous attendez quelque consolation d'un complet insuccès et que, par conséquent, la victoire vous affligerait, — vous voilà servis à souhait.

» Vous me demandez aussi des collaborateurs. Superbe cela! Comment m'avez-vous donc lu pour en être à supposer que je connais du monde et que j'ai une influence quelconque sur n'importe qui? Me prenez-vous pour un homme de lettres? N. de D.!

» Enfin, vous ne me demandez pas de capitaux, c'est gentil. En récompense, peut-être vous enverrai-je, un de ces jours, quelques-unes de ces lignes précieuses que vous comparez au diamant!

» Une seule chose m'effare, c'est le *pessimisme* dont vous vous avouez galeux. Si vous êtes pessimistes, ce que semble démentir le reste de votre message, vous vous êtes trompé de guichet. C'est à Huysmans qu'il fallait parler.

» Il n'est rien au monde que je vomisse autant que le pessimisme, qui représente à la fois, pour l'horreur de ma pensée, toutes les impuissances imaginables : impuissance de l'esprit, de la volonté, du cœur, des reins, de l'estomac. Si j'avais l'honneur de commander en temps de guerre, je ferais fusiller les pessimistes, comme on fait fusiller les espions et les déserteurs.

» Je n'estime que *le courage sans mesure* et je n'accepterai jamais d'être vaincu, — moi!

» Je vous salue cordialement.   LÉON BLOY. »

2. — Le massif Buet, charitablement averti, renonce à une polémique.

Appris ceci : M™ Maurice de Fl., à l'époque déjà lointaine où je déjeunais parfois chez elle, à *Sainte-Périne,* se vantait de me faire boire de l'eau rougie, cependant qu'elle buvait, en ma présence et à mon insu, d'excellent vin avec son mari.

Ce dernier, irréprochable domestique de tout angulaire maquereau, et maintenant devenu, à force de sucer l'empeigne des vainqueurs, un pou de lettres assez altier, ne pérorait pas encore dans les bureaux de rédaction. Il me soutirait affectueusement des manuscrits et des exemplaires de luxe, aussitôt *cachés* avec soin, étant juste assez débrouillard pour ne pas déclarer une amitié aussi compromettante que la mienne, en attendant que, salaudement, il me reniât.

4. — A Henri Lavedan, auteur du *Prince d'Aurec,* et ami intime du serviteur qui vient d'être mentionné :

« Mon cher Lavedan, Pourriez-vous, produisant un généreux effort de mémoire, vous rappeler une transaction commerciale déjà ancienne, mais qui fut assez heureuse pour avoir marqué ?

» Il y a quatre ans environ, le manuscrit du *Désespéré* fut acheté par vous 170 francs, payés en trois fois. Un premier versement de 50 francs fut opéré par l'entremise de l'affable Guiches, dont les journaux ont omis de me notifier le décès. La seconde fois, vous apportâtes vous-même 100 francs au logis, alors dénué de faste, du vendeur. Enfin, celui-ci obtint de vous un appoint suprême de 20 francs, au bureau de rédaction du *Correspondant,* bonifié par votre présence.

» En dépit de mon renom de *tombeur d'argent,* renom propagé surtout par quelques athlètes qui me roulèrent adorablement, soyez assuré, ô victorieux qui pataugez dans les droits d'auteur, de mon absolu désintéressement.

» Une ironique Providence a décrété le fiasco miraculeux de tous les apôtres du *silence* qui avaient entrepris à forfait mon extermination par la faim, et la légende fameuse du *Mendiant ingrat* est devenue aujourd'hui la rengaine la plus inféconde, puisque j'ai trouvé décidément l'irrévélable secret de subsister sans groin dans une société sans Dieu.

» Pourquoi donc, bassement, vous accuserais-je aujourd'hui, d'avoir profité naguère de la détresse archi-connue d'un agonisant écrivain, pour acquérir à vil prix l'unique bien qu'il possédât ?

» Mais ne vous semblerait-il pas monstrueux qu'en ma nouvelle condition, j'oubliasse le sein des pauvres et que, négligeant toute pitié pour ces membres douloureux du Christ qui furent, autrefois, mes condisciples à l'école de la patience, je perdisse l'occasion de votre prospérité pour vous rappeler au devoir de pratiquer un peu la justice. Ils en profiteraient, n'en doutez pas. » Votre LÉON BLOY. »

5. — Pentecôte. « Pater major me est », dit Jésus, dans l'évangile du jour. Le « minimus vocabitur » du sermon sur la montagne s'applique mystérieusement à Lui-même, et saint Paul dit aux Corinthiens que la Charité est la plus grande des Trois. Donc, Jésus est bien réellement *minimus.*

9. — Lettre de mon sous-lieutenant qui me transmet une longue foirade glorieuse et comminatoire d'un prêtre de ses amis.

Chaleur horrible. Mon âme est en contact avec le néant.

10. — « Mon cher Lieutenant, Si vous ne *devinez* pas la chose la plus évidente, la plus crevant l'œil qui soit au monde, que diable pourrions-nous faire ensemble?

» Je vous ai offert spontanément — parce que votre allure militaire me plaisait — ce que beaucoup ont désiré ou sollicité sans l'obtenir et je me suis livré autant qu'on peut se livrer à des étrangers. Que pouvais-je faire de plus ?

» Vous m'opposez Veuillot, Drumont et quelques autres charognes dont la Sainte Église est empuantie.

» Vous m'opposez surtout votre ami, le prêtre dont vous vantez la franchise et qui voudrait me tenir « entre ses yeux de myope et sa gueule (*sic*) ». Pourquoi donc? Ô justes cieux !

» Ah ! ce prêtre qui n'a rien perdu de son « vir » ! qui renverse d'une gifle n'importe qui, et qui « joue aux boules avec un cuirassier sur son bras gauche » !

» Je fais bien plus fort, moi. J'écris des lettres d'amour avec un décamètre cube de granit rose suspendu à mon petit doigt et soixante-dix-sept artilleurs en équilibre sur le bout de mon nez. Ajoutons que chaque matin, je viole successivement les dix mille vierges, en manière d'apéritif, dans l'espace de 45 à 53 minutes 1/2. Voilà ! et je n'en suis pas plus fier pour ça.

» Votre ecclésiastique est visiblement dévoré du désir de ne pas se laisser *épater*. Sur ce point, j'avoue ma très-profonde infériorité. Je suis, au contraire, la proie facile de tout homme simple, qui vient à moi, paraissant m'apporter son cœur, et si je rencontrais quelqu'un de grand, je me prosternerais aussitôt, sans songer une minute à contempler mes biceps dans un miroir et sans éprouver le moindre besoin de manifester mon sens critique.

» Il parle de mon « sensualisme » d'âme, dédaigne le secours des « anges », l'appétit des « visions mystiques », toutes choses qui ne sont pas « la foi d'un mâle », mais « une féminine impression venue plutôt d'un frisson de chair que d'un travail de pensée ».

» L'année dernière, j'ai vécu huit mois en Danemark, pays luthérien par excellence. Je peux certifier que tel est le strict langage du protestantisme dont la mission diabolique fut de tout niveler dans l'âme humaine et qui enseigne que les impressions religieuses d'un poëte ou d'un grand artiste ont le *devoir* d'être absolument les mêmes que celles d'un vendeur de cochon salé ou d'un fabricant de cirage. Dans la bouche d'un prêtre catholique, c'est confondant.

» Celui-ci est jeune, et voilà son excuse. Il a beaucoup à apprendre et, s'il s'efforce d'oublier un peu ses « muscles » et sa chère volonté propre, j'espère que Dieu ne lui refusera pas l'humilité sacerdotale.

» A son âge, moi aussi, j'ai cru exclusivement à la force et je fus sottement orgueilleux de la mienne qui était grande. Après avoir prié beaucoup, j'ai fini par comprendre que l'homme complet, le *vrai homme*, digne d'être montré par Pilate à la multitude vile, devait être une combinaison de puissance et de douceur, et je n'ai pas méprisé les Larmes de Notre Seigneur Jésus-Christ, lesquelles ont autant fait pour notre salut que l'effusion de son Sang.

» C'est dans ces larmes, uniquement, que j'ai puisé la vigueur presque surhumaine qu'il m'a fallu pour tant souffrir, pour accepter l'existence la plus effroyable, pour ne jamais cesser d'être *debout* au pied de la Croix, dans les ténèbres, dans la déréliction et dans les tortures.

» Mais sait-il seulement ce que c'est que la Croix ? ce pauvre prêtre qui a découvert du sensualisme dans le chapitre où j'en parle, — tant son esprit est charnel !

» S'il avait le regard d'un simple enfant ou d'un humble serviteur de Dieu, il aurait peut-être entrevu quelque *mystère* dans mes œuvres et dans ma personne, vainement qualifiées par lui de « magnifiques ».

Alors il n'aurait pas pensé au « Jardin des plantes »; il n'aurait pas tant remarqué le N. de D. dont je n'use jamais, d'ailleurs, et qui était une petite concession assez innocente au sous-lieutenant, lequel pouvait être une vieille basane ; il ne se serait pas souvenu de l'admiration des putains pour son torse et pour sa moustache ; enfin, il n'aurait songé à aucune sorte d'antagonisme ou de confrontation avec Léon Bloy, qui est assez âgé pour être son père et qui souffre, depuis vingt ans, pour l'Eglise.

» Non, il aurait compris, peut-être avec émotion, qu'un tel homme s'approchant bonnement de vous et de lui, il pouvait en résulter quelque bien pour vos âmes et pour vos esprits, que l'occasion n'était pas à perdre et que le respect pour les supérieurs est recommandé surtout à ceux-là qui furent dits le *sel de la terre*.

» Cordiale poignée de mains à vous, mon cher officier, et à votre ami que je promets de ne pas étreindre à la Marchenoir, ce qui pourrait bien, qui sait? froisser un peu ses terribles muscles.

» Léon Bloy. »

11. — On me raconte ceci :

Le corps de ma mère bien-aimée, exhumé plusieurs années après la mort, arrivée en 1877, a été vu par un de mes frères, *parfaitement conservé*. Le cadavre de notre père, enterré la même année, était au dernier état de putréfaction. Cette double circonstance me suggère des pensées que je n'ose écrire, que je ne comprends pas moi-même. Mais la fibre la plus profonde est atteinte et je pleure des larmes telles que j'espère la pitié de Dieu.

Vu un marchand de reconnaissances du Mont-de-Piété. Personnage si crapuleux que je le quitte avec violence. Un second est aussi voleur, mais moins ignoble. Il prête 35 fr. sur une valeur de 230, au taux de cent vingt pour cent, et il entreprend affablement de me persuader qu'il *y perd*. Quel monde hideux !

Projet de dédicace pour une édition nouvelle du *Brelan d'Excommuniés* :

« A la désolante mémoire d'un ami de ma jeunesse très-profondément décédé, qui ne connut pas la gloire de Dieu et qui n'aimait pas le Signe de la Rédemption sur les tombeaux. »

12. — N'est-il pas évident que je suis le seul homme capable d'écrire les choses définitives sur la question juive, si bassement agitée par Drumont?

Dire mon mépris pour les horribles trafiquants d'argent, pour les youtres sordides et vénéneux dont l'univers est empoisonné, mais dire, en même temps, ma vénération profonde pour la *Race* d'où la Rédemption est sortie (Salus ex Judæis), qui porte visiblement, comme Jésus lui-même, les péchés du Monde, *qui a raison d'attendre* son *Messie*, et qui ne fut conservée dans la plus parfaite ignominie que parce qu'elle est invinciblement la race d'*Israël*, c'est-à-dire du Saint-Esprit, dont l'exode sera le prodige de l'Abjection. Quel sujet !

13. — Crise prochaine, vraisemblablement. Depuis quelques jours, j'ai le cœur dans un étau, dans ces diaboliques ongles de fer qui me torturèrent dès l'enfance.

Rappelez-vous, Seigneur, que j'ai eu pitié de Vous... Pourquoi ces abominables peines sans issue? Pourquoi, surtout, ces déceptions infernales et le dérisoire privilège de la Parole à un homme de bonne volonté qui n'a pas le moyen de se faire entendre? C'est la même lamentation depuis dix ans et la même surdité divine. Mais mon courage s'épuise...

Dieu n'est pas absurde, pourtant, et je suis bien forcé de me supposer l'objet d'un passe-droit du malheur, en vue d'une exceptionnelle dilatation de ma patience, pour me préparer à quelque mission inconnue. Mais alors, mon Dieu, jusqu'où faudra-t-il descendre ?

14. — Commencé le *Salut par les Juifs*.

15. — Souffrance énorme pour ma femme et our moi. Sans autre cause que le train monotone

de nos angoisses quotidiennes, une mélancolie effroyable tombe sur nous.

J'explique tristement à ma pauvre compagne que telle a été *toute ma vie*, qu'elle peut juger ainsi du miracle continuel qu'il a fallu pour que je ne mourusse pas. Je pense, d'ailleurs, que, m'ayant épousé, il y a trois ans, d'une manière si visiblement providentielle, il ne suffisait pas qu'elle connût la misère matérielle, mais cette agonie de l'âme qui est la misère des misères et le plus parfait de tous les tourments.

J'écris à peine quelques lignes, en luttant contre le plus sombre découragement.

17. — Une pauvre somme tombe du ciel. Voilà bien notre vie ! Le secours arrivant infailliblement lorsqu'on est sur le point de périr, mais *seulement alors*, pour qu'on ait le temps de se soûler de douleur.

Je continue ma brochure juive en me déchirant les entrailles. Œuvre honorable, je l'espère, mais combien difficile !

19. — Alcide G., homme de quarante ans, nous dit qu'il *n'a jamais vu l'aube* qu'une seule fois, en chemin de fer. Ce triste aveu nous donne un certain mépris, mêlé d'un peu d'épouvante.

23. — Le brillant monsieur à qui la littérature

est redevable du *Prince d'Aurec* n'a pas daigné répondre à ma lettre du 4. Pratiquer à la fois l'usure et le *Castigat ridendo,* c'est bien. Mais y ajouter le goujatisme, c'est mieux. Je ne suis pas de force.

Henri Lavedan appartient sans doute à la multitude joyeuse qui m'accuse de parasitisme.

25. — Journée noire. Je n'ai plus de force. Je croule, physiquement et intellectuellement. S'il faut continuer cette existence de damné, je meurs.

27. — Achevé la *Débâcle* de Zola. En somme, livre puissant, si on veut, et qui m'a même obsédé quelques jours, — sans doute parce que je palpite encore de l'horrible guerre — mais semblable à tous les autres livres de l'auteur, *terreux* et charnel, malgré le soin visible qu'il a pris, cette fois, d'écarter le boyau d'égout.

Comme toujours, procédés de peinture identiques pour tous les tableaux imaginables, à révolter les plus bas chiens du naturalisme. Puis, l'artiste est si absent ! Le style de ce chef est une bête robuste qui mange véritablement très-peu.

Il y a, quelque part, un établissement dit hospitalier, tenu par des religieuses de la *Sagesse* ou des *Saints Anges*, qui recueillent les petites filles que leurs parents ne peuvent élever. Elles font signer un pacte en vertu duquel ces enfants doivent les servir jusqu'à vingt et un ans. Les parents ont à peine le droit de les voir une heure tous les quinze jours et ne peuvent les reprendre qu'en donnant une forte somme. C'est le Mont-de-Piété de la chair humaine.

29. — A Georges d'Esparbès :

« Mon cher ami, Vous l'avez dit, « je vous aime toujours » malgré vos milieux horribles et vos charogneuses promiscuités. Je crois même que vous n'avez pas cessé de m'aimer à votre manière qui n'est pas la mienne. *J'ai besoin de voir et de toucher*.

» Le mot « lâché » vous ennuie. Mais, bon Dieu ! que voulez-vous que je pense quand je vois ceux qui se disent mes amis cueillir dans la main hostile de mes plus malpropres adversaires, pour la tourner contre moi, l'arme ignoble destinée à mon extermination : le Silence?

» Ne voyez-vous donc pas que le silence est la conversation des morts et qu'il faut parler aux vivants, surtout lorsqu'ils sont en agonie et que tout le monde les abandonne ?

» Si j'étais heureux, votre disparition, qui pouvait durer encore indéfiniment, ne serait qu'une muflerie banale. Mais vous me savez malheureux et vous savez aussi, vous, *qui je suis* et pour quelles nobles choses je souffre. Si vous aviez appris ma mort par la faim ou par le désespoir, pensez-vous que le sentiment de m'avoir abandonné, comme tous les autres, eût agréablement parfumé votre existence?

» Vous ne luttez pas contre les mauvais, dites-vous. Alors quoi? lutterez-vous contre les bons? Je ne comprends pas.

» Mais laissons cela. Je vous aime sans pouvoir m'en empêcher, comme on aime un enfant, je vous pardonne même un peu de prostitution. Votre âme est neuve et nous reparlerons de ces choses dans une dizaine d'années, si le journalisme, alors, ne vous a pas putréfié.

» En attendant, je vais faire sur vous une épreuve décisive. J'ai naguère scandalisé des porcs en proférant cette affirmation qu'il n'y a qu'un signe, un *seul*, pour discerner ses amis. Ce signe s'appelle l'*Argent*. Je vous étonnerais peut-être furieusement si je vous disais ce que représente, à mes yeux, ce mot dont nul ne parait savoir le symbolisme effrayant. Contentez-vous aujourd'hui de cette leçon préliminaire :

» *Je reconnais un ami à ce signe qu'il me donne de l'argent* (1). S'il n'en a pas et qu'il me donne son désir crucifié, son désir flagrant, visible, crevant l'œil du cœur, c'est absolument comme s'il me donnait de l'argent et je le reconnais aussitôt pour un ami véritable.

» Avez-vous compris? Peut-être. Alors, voici :

---

(1) Cette phrase est pour combler de joie mes bons petits amis de la presse qui ne manqueront certainement pas de la citer, en l'*isolant* avec le plus grand soin.

On meurt de faim chez moi. On est bien logé, on paraît vautré dans les plus bourgeoises délices, et on meurt de faim.

» Donc, ô mon ami, de l'argent! Je vous le rendrai quand je pourrai. Si vous n'en avez pas, mais que vous puissiez en trouver tout de même, je vais vous livrer le secret d'opérations financières que j'ai souvent accomplies, pour d'autres : *Je me gênais.* Je me suis même gêné jusqu'à mendier, me souvenant que Dieu lui-même s'est honoré d'être un mendiant. Cependant, si vous ne pouvez trouver aucune monnaie, même en vous infligeant la torture, dites-le moi, et je vous croirai.

» C'est tout, l'épreuve est ouverte et je vous attends ce soir.

» Votre Léon Bloy. »

D'Esparbès, invisible depuis vingt mois, arrive le soir et me donne avec simplicité ce qu'il possède : quarante francs.

JUILLET

3. — Un ami m'a envoyé un mandat de vingt francs dont le besoin était extrême. Mandat nul, jusqu'à rectification, le commis de la poste ayant écrit Lévy *Bloy !* Que penser de ce nom juif qui m'est hostile, au moment même où je glorifie la Race des Juifs ?

7. — Les images qu'on croit oubliées demeurent au plus profond des magasins de l'esprit, comme des clichés photographiques tenus en réserve pour le Jour où il faudra que tout apparaisse. Et je pense que cette réserve mystérieuse est transmise, avec tout le reste, par voie d'*hérédité* naturelle. Anne-Catherine Emmerich, par exemple, a dû avoir de très-lointains ancêtres qui furent les témoins oculaires et auriculaires des scènes qu'elle raconte. *Elle se souvient.*

.... Les Prophètes furent des témoins qui se souvenaient de l'*Avenir*.

9. — Les criminels peuvent quelquefois ne pas être pris, cela s'est vu. Les gens de bien sont toujours pris.

Au comte Robert de Montesquiou-Fesensac :

« Monsieur, Votre renom d'esprit rare, et surtout l'accueil fraternel que vous avez fait à notre grand Paul Verlaine, me donne lieu d'espérer que vous n'ignorez pas tout à fait le nom et même les œuvres d'un excommunié qui fut précisément le panégyriste le plus enflammé du poëte incomparable de *Sagesse*. Orgueilleux d'être ce proscrit, j'ai l'impertinence de me sentir fier des inimitiés de plume que mon agressive indépendance me suscita.

» L'horreur des canailles pour mes écrits et pour ma personne est le bijou vraiment princier et le talisman très-précieux que je porte à mon petit doigt.

» Pourquoi donc aurais-je peur de vous notifier ceci : Je fus l'ami de Barbey d'Aurevilly pendant les vingt-trois dernières années de sa vie. Nul ne fut plus avant que moi dans l'intimité de cet admirable artiste, et je possède soixante lettres de lui qui me sont aussi chères que mon âme.

» Un jour que sévissait rageusement la sainte misère qui ne s'est jamais assouvie de moi, je me suis vu contraint, pour détourner un grave péril qui menaçait d'autres têtes que la mienne, d'engager cette collection que je suis, aujourd'hui, tremblant de perdre...

» S'il me faut, à toute force, en versant des larmes un peu plus qu'amères, renoncer à ce trésor, je voudrais du moins qu'il tombât en de nobles mains, et je vous prie de m'écrire sans délai s'il vous convient d'en devenir le possesseur.

» Pardonnez-moi de vous presser de la sorte, mais je suis pressé moi-même par l'acerbe voix de l'exacteur qui menace de me dépouiller de mon bien.

» Agréez, etc.   LÉON BLOY. »

11. — Valide et puissante angoisse, aujourd'hui, quarante-sixième anniversaire de ma naissance. C'est l'horrible semaine du terme, et on manque de tout à la maison. Comment ai-je trouvé la force d'écrire la longue lettre que voici :

« Mon cher Lieutenant,... J'ai reçu ce que vous savez, et je l'ai reçu fort utilement, n'en doutez pas.

» Plût à Dieu, en effet, que vous fussiez un capitaliste ! Mais que dis-je ? votre cœur, alors, ne pourrait plus être le même, car vous savez l'inflexible loi. Les pauvres ne peuvent pas opérer la délivrance de leurs frères, et les riches ne veulent jamais. Ne prenez pas cela pour une récrimination banale. J'affirme qu'il y a là un mystère effrayant qui touche à ce qu'il y a de plus profond, et dix ans d'exégèse biblique m'ont mis en état d'offrir quelques hypothèses plausibles qui seront, un jour, la matière d'un étrange livre sur l'*Argent,* dont j'ai le projet.

» En attendant, je travaille avec acharnement à

une brochure sur la question juive. Cette brochure qui n'aura guère plus de cent pages et qui me donne une peine infinie, est certainement ce que j'ai écrit de plus important jusqu'à ce jour.

» On oublie trop, quand on vomit sur les Juifs, que le Sauveur lui-même, parlant à la Samaritaine, a dit cette parole, un peu plus considérable, n'est-ce pas? que les tartines de M. Drumont : « Salus ex Judæis est ». On paraît avoir oublié également que *toute* la Liturgie Chrétienne est puisée dans les livres juifs ; que cette Race, vraiment unique, fut choisie « pour donner au
» genre humain, les Patriarches, les Prophètes, les
» Evangélistes, les Apôtres, les Amis fidèles et tous
» les premiers Martyrs ; sans oser parler de la
» Vierge-Mère et de Notre Sauveur lui-même qui fut
» le Lion de Judas, le Juif *par excellence de nature,*
» — un Juif indicible! — et qui, sans doute, avait
» employé toute une éternité préalable à convoiter
» cette extraction. Mais quoi! ne fallait-il pas suivre
» jusqu'au bout le cupide saltimbanque, organisateur
» et prédicateur de cette croisade pour le boursicaut,
» qui ne cesse de préchailler à « la petite semaine »
» sur le petit nombre des élus du Coffre-fort tout
» puissant? — et quelqu'un pourrait-il citer une *seule*
» protestation catholique, lorsque s'étala, sur nos
» reculantes murailles, l'incroyable effigie de ce
» Turlupin sacrilège : *en armure de chevalier du*
» *Saint Sépulcre et foulant aux pieds........*
» MOÏSE!!!? »

» Ces lignes sont tirées pour vous de ma brochure.

J'ajoute que, sans même parler de l'immense oracle enregistré par l'Esprit-Saint dans la Genèse (IX, 27), et de la parole d'honneur de Dieu donnée à Abraham *in æternum*, les Prophètes, grands ou petits, sont littéralement saturés de la mystérieuse Promesse de retour que le Nouveau Testament n'a pas abrogée — et qui regarde ce qu'on est convenu d'appeler les derniers temps.

» N'allez pas croire après cela, cher ami, que ma nouvelle œuvre, qui sera bientôt achevée, est une contre-partie de Drumont, une polémique. Dieu me préserve de donner une telle importance à ce personnage qui vous dégoûterait fort si vous le connaissiez un peu mieux et dont je nie, de manière absolue, je ne dis pas le talent — sa médiocrité littéraire est indiscutable — mais la *moralité*. On pourrait mettre sous vos yeux, certain dithyrambe, de l'enthousiasme le plus incendiaire, à la gloire des spéculations juives, où *M. Péreire est comparé par lui à Napoléon!* A cette époque, déjà lointaine, le noble Drumont essayait de carotter Israël. N'ayant pas réussi, il lui a déclaré la guerre au nom de l'Eglise.

» Par malheur, il a été un peu loin. La mort de l'officier Juif, tué par Morès, a ouvert les yeux à quelques Chrétiens qui se sont souvenus enfin des censures très-rigoureuses de cette même Eglise, si étrangement défendue par des duellistes et des meurtriers.

» Encore une fois, il ne s'agit nullement de ce monsieur. Mais je me suis indigné de voir avilir jusqu'aux enquêtes financières de l'ordre le plus abject, cette colossale question d'Israël et j'ai voulu parler, à mon tour, pour dire ce que nul ne peut ou n'ose dire.

» Quelque glorieuses que puissent être, pour ce peuple *réservé,* mes conclusions, je vous prie de croire qu'il sera peu facile de me soupçonner d'avoir émargé chez M. de Rothschild ou tout autre potentat de la finance. Pourtant, si on y tient, je m'en fous et m'en contre-fous absolument, résolu, comme devant, comme toujours, à dire ce qui doit être dit, à le vociférer *in lumine, super tecta,* sans nul souci des conséquences.

» Je suis fâché, néanmoins, d'apprendre que ma lettre vous a « troublé au point de vous faire souffrir. » Mais à quoi donc vous attendiez-vous? M'ayant déjà lu, vous saviez que je suis peu habitué au maquillage de ma pensée et vous devez, je crois, m'estimer un peu de vous l'avoir exprimée sans détour. L'abbé D. est votre ami et je n'ai pas l'ombre d'un motif pour le supposer indigne de votre affection. Mais son *impartialité* littéraire me choquait. Je ne puis admettre une minute qu'on ait le droit de « m'admirer » quand on admire Louis Veuillot ou Drumont. Il faut choisir.

» Puis, que voulez-vous? Il parlait un peu trop de ses muscles, en même temps qu'il exprimait, à propos de moi, certaines opinions débiles, empreintes, ai-je cru, de ce jansénisme sulpicien qui me chavire le cœur et qui ressemble si fort à la niaiserie apophtegmatique des protestants.

» Après tout, il est possible que je me sois prononcé de façon rude, — on sait que je n'ai pas la voix douce — mais il eût été viril à M. D. d'accepter la réprimande, en considérant qu'elle lui venait d'un homme qui est terriblement son aîné, dans la foi comme dans la doctrine, et dont il se déclare l'admirateur. Que croire d'une admiration qui n'irait qu'à la forme extérieure de ma pensée, en rejetant ma pensée même? Ce serait me mettre au niveau d'un vil phraseur.

» Vous m'écrivez qu'une « admiration aveugle » n'a rien de flatteur. Je pourrais vous répondre, avec un orgueil d'enfer et une impertinence de réprouvé, que c'est précisément de cette admiration-là que j'ai soif. Je n'en ai jamais désiré d'autre et, quand il m'est arrivé à moi-même d'admirer quelqu'un, j'ai admiré le plus généreusement que j'ai pu, sans retour, sans restriction ; m'effaçant, m'oubliant complètement, surtout lorsque je savais que l'admiré était un pauvre *admirablement* privé de son salaire, un captif dans les lieux obscurs.....

» On a toujours le temps de formuler sa petite critique, mais quand, *pour la première fois*, on serre dans ses bras un abandonné lamentable en qui on a deviné la Grandeur, le moment est aussi mal choisi que possible pour lui dire qu'il a des glandes scrofuleuses ou un champignon sur la face.

» L'admiration est, ou elle n'est pas. Si elle est, qu'est-elle donc, sinon une forme sublime de l'amour? Et l'amour se donne entièrement, spontanément, s'il est véritablement l'Amour, c'est-à-dire autre chose que le *Rien* dont parle saint Paul. *Omnia suffert, omnia credit, omnia sperat, omnia sustinet.*

» C'est ce qu'Ernest Hello, un grand méconnu, privé de salaire, lui aussi, appelait « la Charité intellectuelle », qu'on lui refusa toujours. Les prudents et les réservés n'aiment pas et sont incapables d'admiration.

» Ces réflexions très-générales ne sont pas, précisément et rigoureusement, pour votre ami qui peut avoir de très-hautes qualités d'âme, mais qui n'est certainement pas un *humble*, au sens chrétien et sacerdotal de ce mot. Sa réponse à ses supérieurs est mauvaise : « Je n'ai aucune raison de vous obéir, mais je vous obéis ». Sérieusement, que penseriez-vous d'un de vos sous-officiers, qui vous ferait une telle réponse? On a toujours *raison* d'obéir, autrement l'obéissance serait absurde au lieu d'être raisonnable, ainsi que le veut l'Apôtre, *rationabile obsequium*.

» Sa lettre à moi-même, lettre de douze lignes à un écrivain qu'il dit admirer, est simplement la lettre d'un homme blessé. Franchement, que voulez-vous que je réponde ? La vie est courte, et j'aime mieux relire, pour la deux-centième fois, le 34ᵉ chapitre d'Ezéchiel.

» L'offre que vous me faites au sujet d'une publication dans le genre du *Pal* me touche, et je vous prie de remercier pour moi votre imprimeur, mais j'ai renoncé à de telles aventures. C'était bon, il y a sept ans. Aujourd'hui, je dois ménager mes forces et me réserver pour mes livres. Surtout, je ne veux pas être le *pamphlétaire* à perpétuité. Je serai peut-être tué par la misère, mais non pas, je veux l'espérer, sans avoir accompli ma destinée aussi généreusement qu'il m'aura été donné de le faire, en m'efforçant de notifier la Gloire de Dieu dans des œuvres capables de durer un peu plus que moi. Je vous serre les deux mains. LÉON BLOY. »

En ai-je assez écrit de ces lettres, mon Dieu ! Si quelqu'un s'avise de publier, un jour, ma correspondance, quand j'aurai cessé de souffrir en ce monde, quelles lamentations ! quelles implorations douloureuses ! et quels cris de colère sortiront des vieux tiroirs.

Destinée singulière ! Nul ne semble plus fait que moi pour trouver la *Parole* qui est identique à l'*Argent*, et je passe ma vie à chercher l'une et l'autre. Même recherche à l'intérieur et à l'extérieur.

On gueulait aujourd'hui l'exécution de Ravachol, *devant ressusciter dans trois jours*. Idiotes crapules !

12. — Au comte Robert de Montesquiou-Fesenzac :

« Inclyte et solivage Comes, Quid est quare nil mihi respondes ? Quomodo tibi non est in optatis vehementibus negotium illud eximium quod suavissime — quanquam dolenter — ante oculos tuos proposui ? Rescribe, quæso, ad efflagitatum (1) singularem quo lacessivit animam tuam humilis tortor.

---

(1) Je sais que le mot *efflagitatus* n'est usité qu'à l'ablatif singulier. Mais j'ai bien le droit d'être original en toute langue.

» Existimatio tua præcellens in media senectute poeseos, sed potissime, nobilis urbanitas viscerum tuorum — ut dicitur — erga fratrem tuum Paul Verlaine, philomelarum in valle lacrymabili præstantissimum caput, gratis conjectionibus locum aperiebat.

» Reipsa, decet te turmas optimatum antecedentem iuire misericordiam, lenitudinem, diligentiam accuratissimam in conspectu pauperum et blanditias humanitatis expletæ.

» Ergo nunc, recordare, obsecro, tigrinam vocem fœneratoris et pericula *gemmarum* de quibus admonui te, instanti epistola, recentiore sabatto, in ædibus tuis viæ Franklin.

» Dignare, domine comes poeta, benigniter accipere salutationem salutatoris, — extra multitudinem salutatorum — qui dicit tibi : salve amplius in Salvatore gentium.   Léon Bloy. »

13. — Lettre de Montesquiou exclusivement polie. Regrette de ne pouvoir acquérir la collection d'Aurevilly. Résolution, aussitôt exécutée, d'aller simplement chez lui et de lui offrir mon art d'enlumineur pour un exemplaire unique de son livre.

Accueil aimable, extérieurement. Ce grand garçon pâle, maigre et bavard, qui parle d'une voix *presque* éclatante, me dit tout d'abord qu'il lui est impossible de m'accorder un seul instant et parle d'un rendez-vous à fixer pour la semaine prochaine. J'obtiens pourtant qu'il m'introduise quelques minutes, à peu près entièrement remplies, hélas ! par le flux de ses paroles. C'est à peine si j'ai le temps de lui apprendre que je suis enlumineur et que j'offre de lui faire, pour une modique somme, un exemplaire unique de son livre, les *Chauves-Souris*, je crois. Cela paraît l'atteindre un peu, mais il répond qu'il aurait besoin de voir ce que j'ai déjà fait en ce genre. Quant à la collection d'Aurevilly, il promet de me chercher quelqu'un qui consente à n'en devenir acquéreur que par *fideicommis*. Absurde et impraticable combinaison. Naturellement, il lui est impossible de faire la chose lui-même, étant sans exemple qu'un riche ait jamais pu faire lui-même quoi ce soit.

L'auteur des *Chauves-Souris* est meublé et aménagé comme pour le photographe des «grands écrivains chez eux», et il m'a parlé de ma bonne mine, ayant l'air d'opposer cette observation à ma détresse prétendue. Je sens la pointe de l'épine et je quitte ce jeune homme étourdissant, peu satisfait de lui et de moi-même.

14. — Fête nationale du Goujatisme. Expédition à Médan. Voyage cruel, avec des griffes autour du cœur. Introduit dans cette maison vilement cossue, je fais passer une lettre ainsi libellée :

« Monsieur, J'arrive de très-loin — de toutes manières — et je vous prie de m'accorder un quart d'heure d'entretien, une demi-heure, s'il est possible, pour une communication dont vous apprécierez l'importance. Mais *seul à seul*.

» Ne croyez pas trop aux légendes de la haine et n'écoutez pas non plus vos ressentiments personnels. Dites-vous simplement que ma démarche doit avoir pour objet quelque chose de tout à fait impossible à conjecturer et recevez-moi, sinon par *curiosité*, du moins avec la bienveillance et la bonne humeur qui conviennent à votre force.

» Agréez, Monsieur, l'assurance de mon respect *insolite* pour l'auteur de la *Débâcle*. LÉON BLOY. »

— Il s'agit, aurais-je dit à Emile Zola, de Barbey d'Aurevilly, enterré depuis trois ans, dont vous fûtes l'ennemi et qui fut le vôtre. Et je lui aurais *offert* de m'aider à sauver la précieuse collection. Le portrait du dernier des Goncourt était devant moi, me rappelant un abominable passé. Après cinq minutes, le domestique vient me dire que *Monsieur ne peut me recevoir*. Il a du monde et ne saurait se déranger. J'insiste pour savoir si je serai plus heureux un peu plus tard. La consigne est absolue. Le drôle ne me recevra pas. Je m'en vais donc, délivré de l'horrible constriction du cœur, mais submergé, noyé de dégoût.

Comment est faite cette âme ? Voici un homme comblé de bonheur, rassasié de triomphes, qui sait que je suis un artiste pauvre, VOLONTAIREMENT *pauvre,* que je viens de faire un vrai voyage : trois quarts d'heure de chemin de fer et une demi-heure de marche, pour essayer de le voir, ayant dépensé peut-être pour cela mes derniers sous — et qui ne me reçoit même pas !

Il avait du monde, Huysmans ou quelque autre ennemi. Naturellement, on dira partout que je suis venu lui demander l'aumône. Un instant, je suis tenté de revenir sur mes pas et d'exiger la restitution de ma lettre. A quoi bon ?

J'explique ceci à ma chère femme qui se désolait d'avoir prié vainement pour moi : La prière n'est pas pour obtenir, mais pour *consoler Dieu.* (II Machab. VII, 6.)

Il paraît qu'à Montmartre, on a dressé une grande croix lumineuse. Cette profanation manquait. Fruit charmant du républicanisme de Léon XIII. Visiblement, la fin est proche.

15. — Quand je m'éveille le matin, j'ai souvent, depuis des ans et des ans, l'impression d'être un de ces malheureux condamnés à la mort lente et qui, tout rompus des tortures de la veille, sont tirés

d'un affreux sommeil pour endurer de nouveaux tourments.

Au comte Robert de Montesquiou-Fésenzac :

« Monsieur,... Je ne sais si vous avez été frappé de la proposition que je vous ai faite avant-hier. J'avais à peine le temps de vous parler, et ce fut grand dommage pour moi.

» La proposition de transcrire moi-même votre livre sur un vélin fastueux, en écriture divine de moine carlovingien, et d'orner chaque page d'exfoliations extraordinaires, était une offre magnifique, je vous prie de le croire, et de nature à tenter un prince.

» Car je vaux, *au moins*, dans cet art profondément oublié, ce que je vaux en littérature. Et cela n'est point une vanterie non plus qu'une illusion. C'est le sentiment de quelques artistes horriblement délicats et passionnément difficiles que j'ai beaucoup étonnés.

» Vous m'avez dit que vous auriez besoin, avant tout protocole d'affaires, de voir un échantillon. Je ne pouvais le produire à l'instant, mais il me serait possible de vous le procurer en m'adressant à l'un ou l'autre de ceux qui en possèdent.

» Ah ! certes, on vous dira de moi tout ce qu'on voudra. Mais si avez le cœur profond et si vous saviez qui je suis, peut-être !... Me voilà prêt à vous donner un an de ma vie épouvantable, à faire pour vous *seul* un chef-d'œuvre, si vous voulez me sauver, car je péris absolument. Vous m'avez parlé hier de ma « bonne mine ». Dieu veuille que vous sachiez, un jour, combien cette parole courtoise et, peut-être, affectueuse, était pour moi, à ce moment, une ironie cruelle, déchirante!...

» On m'a fait la réputation d'un mendiant cynique. Cela est même devenu une légende, propagée surtout et accréditée par des gens pour qui j'ai autrefois donné mon pain et « mis mon corps en péril de mort », comme disait le bon Joinville. C'était si facile, n'est-ce pas? de parler ainsi d'un homme assez redoutable, qu'on croyait tout à fait vaincu, abattu par la misère, pour sa punition de n'avoir pas voulu devenir une putain de lettres!

» Ce que je vous demande ressemble-t-il, d'ailleurs, à l'aumône? En vérité, je ne le crois pas. J'offre d'être, pour vous, l'ouvrier d'une œuvre très-belle, et il se trouve que votre consentement me sauverait des tourments les plus horribles. Est-ce là une raison pour le refuser? Cette fantaisie d'art, l'une des plus hautes que puisse avoir un homme de votre condition, vous la refuserez-vous donc à vous-même, sachant qu'au moment précis où elle vous donnerait une vraie joie, elle délivrerait d'un gouffre de douleurs, un écrivain qui vaut bien, n'est-ce pas? qu'on fasse un effort, pour lequel vous n'avez pas caché votre estime, et qui vous estime assez lui-même pour vous avouer qu'il meurt?

» Pourquoi ne supposeriez-vous pas que je suis absolument digne d'être préservé de ce désespoir dont vous me parliez, désespoir courageusement, héroïquement bravé jusqu'à ce jour et qui, maintenant, me menace d'une façon si pressante, si dure, si précise?

» Pourquoi ne mettriez-vous pas dans votre vie, une belle folie, si c'en est une, vraiment, de risquer un mouvement chevaleresque pour cet artiste abandonné que vous vîtes, hier, pour la première fois, mais à qui votre âme correspondait, peut-être, mystérieusement, depuis toujours?

» Enfin, je vous écris cette lettre plus que douloureuse, au retour d'une démarche lointaine, folle, désespérée, inutile — et qui m'a crevé le cœur.

» Je me cramponne à l'espoir que je ne vous aurai pas imploré vainement et je vais compter les horribles heures, car j'en suis au point d'avoir tout essayé, et d'être réduit à ne pouvoir plus espérer qu'un élan spontané de votre âme, qui est, aussi bien que la mienne, aux mains d'un Juge dont la miséricorde, quelquefois, paraît étrangement inactive ou parcimonieuse.

» Agréez, etc.   Léon Bloy. » (1)

16. — Un inconnu m'envoie vingt francs par la poste, accompagnés d'une lettre explicative des plus touchantes. Si je dédiais le *Salut par les Juifs* à cet inconnu !

Qui sait? La démarche effroyable chez Zola ne serait-elle pas, enfin! la lie de ce calice d'humilia-

---

(1) Voir le résultat de cette démarche, à la date du 22 août.

tions et de douleurs que Dieu posa devant moi, dès ma jeunesse, et dont je me suis soûlé vingt ans?

« Mon cher Lieutenant,... Je n'ai pas voulu désigner l'affiche de Willette, que je n'ai jamais vue, d'ailleurs. Ma dernière lettre faisait allusion à une *autre* affiche, de je ne sais qui, placardée partout, un peu après l'apparition de la *France juive*, et qui était telle que je vous l'ai dépeinte. Drumont avec sa gueule de pion à lunettes, en chevalier de Rhodes, si on veut, et, sous son pied vainqueur, *Moïse*... — dont je ne peux pas prononcer le nom, moi, sans trembler d'amour, — Moïse reconnaissable à ses deux cornes lumineuses, vautré sur le dos et retenant, d'une main *crochue*, une bourse d'où s'échappent des pièces d'or... L'ignominie de cette image est indicible.

″ Je l'ai revue, il y a deux ans, chez Savine, qui doit en avoir encore quelques ballots. Donc il faut croire ce que je dis, quand je parle de façon grave, et me supposer documenté, quand j'avance un fait précis, ayant une importance considérable.

″ La réponse de Drumont, à propos des Péreire, est simplement ridicule. « Il *ignorait* » !!! Voyons, vous voulez rire, n'est-ce pas?

″ Pourquoi me parlez-vous de cette ordure de Taxil ? Pensez-vous donc agir sur moi, en me menaçant de l'opinion des lâches ou de la sentence des goîtreux ? Vous me connaissez mal, ô soldat.

″ La menace du mépris de toute la terre — vous m'entendez bien, — est absolument le *Rien* pour moi, lorsqu'il s'agit de proférer, de vociférer, ce qui me paraît être la Vérité sainte, et l'imminence même des plus raffinés tourments ne pourrait que stimuler mon zèle.

» Relisez ma dernière lettre, je n'ai pas mieux à vous dire. Ma brochure sera, je crois, mon plus grand effort, parce que j'exprimerai ce que je n'avais pas encore *osé* exprimer, *en conscience*. Vous m'accordez, cependant, que je ne manque pas de toupet.

» La question est placée infiniment haut. Je nomme il est vrai, Drumont, dans les premières pages, mais comme on frappe du pied sur un tremplin. Le curculionide, soudain, ne paraît plus. *Je ne sais si vous pourrez me suivre*. Il en sera ce que Dieu voudra. Il faut, pour cela, un peu plus que du simple courage, — certaines choses qui me furent autrefois données par un être extraordinaire, n'ayant jamais été dites par *personne*.

» Ceux qui me chercheront du côté Juif se tromperont, ceux qui me chercheront du côté anti-Juif se tromperont, ceux qui me chercheront entre les deux se tromperont plus lourdement encore. Je vous attends à la lecture. Alors seulement, je saurai qui vous êtes.

» Votre lettre, souffrez que je vous le dise fraternellement, est un déballage des idées de tout le monde. *Il ne s'agit pas de ça*. Et vous êtes exactement à soixante-dix-huit milliards de myriamètres de ma conception.

» Votre LÉON BLOY. »

17. — Relu quelques pages des *Soirées de Saint-Pétersbourg*. Impossible de retrouver l'ancienne

saveur. Peut-être étais-je mal disposé. Mais sans trouver de Maistre *vide*, comme l'a déclaré le pneumatique Huysmans, il est certain que je me suis prodigieusement déplacé depuis le temps où je l'admirais avec passion. J'essaierai encore.

18. — Je crève tellement que le *Salut par les Juifs* est interrompu depuis dix jours.

20. — Sans cesse chercher de l'argent ! Chaque matin, reprendre les affres de mort ! Je pense qu'on est plus heureux au bagne. Comment achever ma brochure ? Je dérive sur la rivière d'ombre.

26. — Exégèse. C'est par Joseph, nommé *Sauveur du monde,* en langue égyptienne (langue de l'angoisse), que la *Race* élue est offerte au Pharaon (celui qui dissipe ou divise). C'est donc par Jésus que les enfants de la Promesse et les enfants de l'Adoption seraient offerts à Celui qu'on ne connait pas encore.

30. — Déménagement. Nous quittons Vaugirard et le voisinage trop brutalement significatif de la rue *Cambronne*, pour nous réfugier à Antony.

AOUT

11. — A Gustave Guiches, dit le *Tapeur de l'Arkansas*.

« Mon cher Guiches, Je me console, comme je peux, de la perte de votre amitié, en me persuadant que c'est un signe non douteux de votre prospérité et qu'il vous était profitable, pour conjurer la male heure, de me jeter par-dessus bord.

» Quelques-uns, avant vous, et, particulièrement, l'aimable Fleury, avaient déjà su réfréner leurs cœurs au point d'accomplir ce sacrifice douloureux, avec une dextérité sans égale.

» Je suis, d'ailleurs, tellement sûr de vous retrouver tous, les uns et les autres, fidèles et mains tendues, et non moins fermes que des rocs, le soir même du bienheureux jour où le succès m'aura visité !

» En attendant, les vignes du Lot exubèrent, ce dit-on, et l'argent pleut dans vos tiroirs. Je tiens cet avis consolant de M..., dont vous vécûtes quelque temps, à l'époque noire, et qui n'est pas moins crucifié que moi-même de votre abandon.

» Or, ne vous semble-t-il pas, mon généreux ami, qu'après m'avoir privé de votre affection, il est un peu dur de me ravir, par surcroît, les faibles sommes dont je me suis dépouillé pour vous, quand nous étions miséreux ensemble, et dont le total peut s'élever tout au plus à une centaine de francs.

» Mon infériorité commerciale n'a pas permis que je consignasse exactement les divers emprunts dont vous m'honorâtes, mais vous savez que c'est à peu près cela, et vous avez trop d'aristocratie pour contester un si méprisable chiffre.

» Vous me pardonnerez, j'en suis certain, ce rappel financier de nos bons jours d'autrefois, en considération de ceci que je n'ai pas encore obtenu les faveurs de la capricieuse Fortune, et que je serais, à coup sûr, moins nécessiteux, si j'avais été moins énergiquement soutiré par quelques âmes d'élite qui m'accusent, aujourd'hui, d'avoir été leur bourreau.

» Dans l'espoir d'une réponse cordiale qui ne peut tarder, je vous serre confraternellement la main.

» LÉON BLOY.

» P.-S. Il serait évidemment excessif de vous rappeler les quelques livres coûteux que vous m'empruntâtes aussi et que vous avez, sans doute, annexés, depuis longtemps, à vos échalas. » (1)

---

(1) Il va sans dire qu'aucune réponse n'est jamais venue. Gustave Guiches, qui est un de nos bons écrivains à tout faire

13. D'Esparbès m'apprend la prochaine apparition du *Journal* et me conseille d'écrire à Séverine, capable, pense-t-il, de m'y faire admettre.

Remy de Gourmont me reproche de n'avoir pas utilisé encore le mot de Villiers sur Huysmans : « Huysmans ! des mains d'évêque ! des mains d'infante ! Allons donc ! Bloy : des mains de *bossu !* »

De Gourmont flaire volontiers Huysmans, comme une cantharide flaire un excrément.

14. — A Madame Séverine :

« Madame,... Vous aimez les opprimés, je le sais bien, mais vous ne les aimez peut-être pas de ma sorte. Il vous les faut surtout fragiles et pâles. Votre sensibilité, d'ailleurs charmante, et l'enthousiasme facilement audacieux de votre pitié sont à ce prix, j'en ai grand'peur.

» Ai-je tort de supposer que les *plaintes de la Force*, par exemple, n'atteindraient pas votre cœur et qu'un rude mâle accablé par la multitude vous toucherait infiniment peu ?

» Si les expressions bibliques vous plaisent, je suis, ne le savez-vous pas ? un de ces *hommes du soir* « dont la main est levée contre tous et contre qui la main de tous est levée. » J'ai vécu, sans vergogne, dans une extrême solitude peuplée des ressentiments et des

---

et qui a tous les genres de courage, a été promu *Chevalier*, à l'occasion du 14 juillet 1895. Chevalier !!! L'Académie guette cette proie.

désirs fauves que mon exécration des contemporains enfantait, écrivant ou vociférant ce qui me paraissait juste, fallût-il crever, et ne réclamant pour mes agressions ou pour ma défense, le secours d'aucune autre plume séculière.

» Je ne vous ferai donc pas l'injure de commencer, aujourd'hui, par vous, Madame, dont la prose alerte est, sans doute, implorée d'un très-grand nombre d'écrivains besogneux et de vanités mendicitaires.

» Je voulais seulement vous dire que j'ai lu votre bel article sur le Pape et qu'en ma qualité de catholique, apostolique, romain, connu pour l'intransigeance ombrageuse de sa pensée, je vous félicite et vous remercie profondément, m'instituant, dès aujourd'hui, votre débiteur.

» Il se peut que ce suffrage vous soit agréable, venant d'un homme, qui ne ressemble pas à tous les autres, qui ne sollicite rien, qui ne blague pas, et qui ne fut jamais un traînard quand il s'agissait de gifler tel ou tel puissant.

» Quelque habitant que je sois des plus solitaires lazarets, je ne pouvais pas ignorer votre plaidoirie généreuse, étant moi-même à la veille de publier, sur la question juive, un bien étrange opuscule où il y a des claques pour tout le monde, excepté pour ceux qui pensent et agissent comme il vous a plu de le faire.

» En somme, je défends les circoncis pour des raisons que le Vicaire de Jésus-Christ n'a pas cru devoir vous dire et qui sont, croyez-le, un peu plus hautes et plus profondes que les bavardages de l'hypocrisie ou de la cupidité pusillanime.

» J'ai été *payé*, d'ailleurs, à la même caisse que vous, mais beaucoup plus cher, à cause de ma notoriété supérieure de spadassin catholique, laquelle m'a valu déjà de si abondantes richesses, comme chacun sait.

» J'espère, Madame, que vous voudrez bien agréer, en toute simplicité de cœur, l'hommage d'une sympathie fraternelle dont j'ai rarement l'occasion de me servir. Léon Bloy ».

Aujourd'hui, X° dimanche après Pentecôte, vu ceci : Le Pharisien représente Jésus et le Publicain le Saint-Esprit. Remarqué que le premier dit *ce qu'il n'est pas*, non sum, tandis que le second affirme, en demandant grâce, qu'il *est* un pécheur.

Une étrange lumière sur cet évangile est donnée par le rapprochement de ces deux textes : *Omnis qui se* exaltat, *humiliabitur.* (Luc. 18,14). *Oportet* exaltari *Filium hominis.* (Joan. 12,34).

15. — Combien de fois ai-je été frappé de cette idée que les premières messes, dites à l'aube ou au lever du soleil, qui prennent le cœur si suavement, sont dites surtout *pour les domestiques!* Les maîtres ne se lèvent pas si tôt.

Il y aurait quelque chose à écrire sur cette monstrueuse déréliction de la Sainte Enfance du Jour. Quel sujet! La Messe des Domestiques.

Lu quelques chapitres du *Salut par les Juifs* à d'Esparbès. Expérience curieuse. Cet ignorant garçon, aussi peu préparé que possible à de telles pensées, jouit néanmoins de leur expression et il en jouit à crier... Ce serait inouï de faire avaler, à force d'art, une œuvre aussi spéciale, aussi profondément religieuse.

« Quand on parle amoureusement de Dieu, tous les mots humains ressemblent à des lions devenus aveugles, qui chercheraient une source dans le désert ». (*Salut par les Juifs*).

22. — Lettre de Zurich, insuffisamment affranchie, qu'on me fait payer cinquante centimes. Je les avais, par miracle. Réponse *négative* de Montesquiou à mon cri de désespoir du 15 juillet. Mais combien négative, qui le pourrait dire ? L'écriture même est inexistante, indéchiffrable comme le néant qui est l'habitacle de cette âme.

Esurivi, et non dedistis mihi manducare : sitivi, et non dedistis mihi potum... « Ces mots sont simples, dit Hello, mais les Colonnes du Ciel tremblent ».

26. — A Georges d'Esparbès :

« Je ne suis pas content de moi, mon cher d'Esparbès. Vous m'avez conté, hier, une chose admirable et je n'ai pas su vous dire mon émotion qui fut très-puissante. Elle dure encore. Elle s'est tenue au milieu de moi dans le grand calme de la nuit et j'ai senti sa présence dans tous les plis des ténèbres.

» Cette fosse du Chaos qui engloutit un front de bataille, cette gueule de la terre qui ingurgite, en une seule fois, les cavaliers et les fantassins, les canons et les clairons, et les tambours, enfants du tonnerre, et tout le vacarme de la mêlée autour des drapeaux ; cet avalement soudain, par la Mort, d'une multitude en conflit avec la Gloire ; et ce creux du Globe d'où remonte péniblement, — comme une lente araignée du gouffre sur le fil pâle de l'effroi, — l'aphone clameur de majesté, le frisson d'insecte mourant, presque inaudible déjà, qui fut l'Oraison Dominicale de la liturgie du Potentat, sanglotée maintenant, tout au fond, par un peuple en agonie, dans les intestins de l'abîme !...

» C'est prodigieux, cela, mon ami, et je me croirais criminel si je ne vous le disais pas aussi fortement que je le puis.

» C'est un devoir strict et la plus noble charité du monde que de remplir un homme évidemment supérieur du sentiment de sa propre force. Je le sais, moi, qui n'obtins presque jamais cette aumône.

» En conscience et en toute vérité, mon cher d'Esparbès, je ne connais pas un contemporain capable d'inventer un tel poëme. J'en suis obsédé.

» Votre LÉON BLOY. »

27. — Dans le *Mercure de France*, long article sur moi. OEuvre d'un petit Suisse allemand qui

s'est beaucoup gavé à ma table, l'hiver dernier. On ne saurait être malveillant de façon plus basse et il est difficile d'être plus bête. Cet effort mérite salaire :

« Très-assurément, cher monsieur William Ritter, il vous était loisible de ne voir en moi qu'un pamphlétaire scatologue, injuste, orgueilleux, féroce excitateur des sentiments les plus abjects, commis exclusivement, ou peu s'en faut, à des besognes de vidangeur, etc. Telles sont vos amicales expressions. Vous n'avez omis que l'épithète gracieuse de *mendiant ingrat*, oubli fâcheux qui contristera, n'en doutez pas, de très-nobles cœurs.

» Il vous était permis également, c'est incontestable, de ne pas adorer mes livres et de m'offrir même quelques conseils, tels que celui d'écrire pour « les jeunes filles nobles » !!! Que dis-je ? Aucune loi n'exigeait de vous l'acceptation d'une amitié, *compromettante*, il est vrai, que je vous donnais de bon cœur.

» On a toujours le droit d'avoir des sentiments bas et d'exprimer des opinions sans génie.

» Mais trahir l'hospitalité la plus... imprudente au point de mêler, en termes odieux, le nom des miens à la divulgation d'une pauvreté dont j'ai peut-être le droit de m'enorgueillir, l'ayant préférée au putanat fructueux de mes ennemis littéraires, cela, mon très-cher monsieur, est simplement une vilenie. J'ignore le suisse ; mais, en français, il n'existe pas d'autre mot pour qualifier exactement une cochonnerie de ce tonneau.

» Il vous manque même, c'est effrayant, cet instinct

de justice épicière qui, à défaut de noblesse, vous eût averti du *préjudice matériel* que ce reportage indécent pouvait me causer.

» En conséquence, je vous prie de me renvoyer immédiatement les deux dédicaces qu'à la demande d'un ami commun j'ai eu la sottise d'écrire pour vous. Je ne veux pas que vous puissiez, à l'avenir, vous prévaloir faussement d'une amitié ou d'une estime que je vous refuse désormais.

» Devenu mon ennemi déclaré, vous me dégoûterez infiniment moins.

» Léon Bloy. »

28. — « Nous n'avons pas besoin de *chiens enragés* ». Réponse de Fernand Xau à qui ma collaboration était proposée.

29. — Je touche à la fin du *Salut par les Juifs*, œuvre horriblement difficile et qu'il m'a fallu élaborer dans des circonstances où la rédaction d'un mémoire de fumisterie eût été décourageante pour un héros.

La difficulté est si grande que j'ai senti, ce matin, une heure de profond abattement. Exemple. Le XXIIIe chapitre d'Ezéchiel à expliquer ainsi : *Oolla* est la Synagogue et *Ooliba* est l'Eglise, mais comment dire cela ? Puis, il faut prendre une allure de prophète et annoncer que l'Eglise traitera l'Esprit-Saint comme la Synagogue a traité Jésus. Terrible !

Et ce n'est pas tout. Il est nécessaire de revenir au « Figuier maudit » et aux *excréments* qui le font revivre, pour que le Salut par les Juifs soit la conséquence d'une fructification nouvelle de cet arbre symbolique. Etc. Tout l'art du monde est inutile, il faut des idées et des faits. Mon œuvre sera vaine et absurde si ma conclusion n'est pas parfaite, et me voilà très-anxieux.

31. — J'ai trouvé ma conclusion. Je vais donc enfin pouvoir m'évader de cette brochure qui me tient captif depuis plus de deux grands mois.

Je suppose que, désormais, il n'y a plus pour moi, d'amis espérables dans ce qu'on appelle le monde catholique.

Il se passe de jolis petits drames autour de nous. C'est effrayant de penser aux choses qu'on ne sait pas, aux bêtes venimeuses qui se cachent et dont le voisinage est immédiat.

SEPTEMBRE

1ᵉʳ. — Fin du *Salut par les Juifs*.

Visite fort imprévue d'un artiste du Michigan ou de l'Illinois. Cet américain a traversé le Pacifique et l'Asie, et a pris son élan vers moi du sommet de la grande Pyramide. Malheureusement il ne parle que l'Anglais. Notre conversation est plutôt pénible.

2. — Relu quelques pages de Balzac (*Peau de Chagrin*) presque avec ennui. La faiblesse de style de ce grand homme me parait extrême, et mes récentes préoccupations scripturales me font voir cruellement le *rien* de cette intelligence toute extérieure qui n'alla jamais plus loin que les surfaces.

Il est clair qu'un vaste abime vient de s'ouvrir et que me voilà séparé profondément des plus fortes impressions de ma jeunesse.

4. — Encore la *Peau de Chagrin*. Balzac me reprend un peu le cœur. Forme toujours nulle et pensée trop souvent débile. Mais il a le don mystérieux de la *vie* et il paraît bien que cela suffit. N'importe, je ne retrouve plus le Balzac de ma jeunesse.

6. — De Groux me déclare qu'il « a honte de porter des breloques pendant que je crève ». Et il me fait passer cinquante francs.

7. — Entendu dans un café : « Je me baisse toujours pour l'argent ».

Raconté par de Gourmont. Un journaliste va interviewer un professeur de théologie de Saint-Sulpice *sur le Saint-Esprit*. Réponse : « Il a fait son temps » !!!

8. — De Gourmont me dit sa colère contre Huysmans qui lui a fait une préface ridicule pour le *Latin mystique*. Oh ! nous nous entendons très-bien.

10. — A Henry de Groux.

« Cher ami,... Avec une stupéfaction indicible, j'apprends que, fatigué d'être un grand artiste, vous êtes sur le point d'accepter un emploi de frotteur chez un marchand de tableaux qui vous offre le salaire éblouissant de cinq francs par jour.

» Vous n'avez pas compris que vous seriez ainsi le

pigeon bénévole d'un joli truc dont profiterait évidemment l'aimable S. qui se donne les airs de vous mépriser et qui, de concert avec le brocanteur trois fois odieux, vous ferait suer le sang pour entretenir les putains chlorotiques de son choix.

» Vraiment, j'étouffe de rage de vous voir si désarmé, si dupe de toutes les canailles, alors qu'une attitude ferme vous ferait sûrement triompher.

» Car il crève les yeux que vous êtes, en ce moment, le SEUL peintre et *qu'on a besoin de vous.* Comment faut-il vous le dire?

» Vous valez cinquante mille francs par an, au moins, et c'est parce qu'on a une confiance illimitée en votre bêtise d'homme de génie, qu'on vous offre, sachant que vous êtes sans le sou, une place de fille du tube à cent sous la passe.

» Vous consentiriez à cela, vous, l'artiste le plus grand que je connaisse à l'heure actuelle! Non, n'est-ce pas? On m'a raconté une blague.

» Votre *seul* ami, peut-être, l'homme rude qui vous dit la vérité comme il vous aime.

» LÉON BLOY. »

12. — Lu article de l'immonde Lepelletier sur Barbey d'Aurevilly, qu'il proclame grand homme, trois ans après l'avoir traîné dans la boue, le jour même de l'enterrement.

20. — « M. Adrien Demay, libraire, 21, rue de Châteaudun, à Paris, vient de mettre en vente un

nouveau livre de Léon Bloy, l'écrivain audacieux dont le nom seul épouvante la presse entière :

» LE SALUT PAR LES JUIFS

» L'auteur, franchement hostile aux antisémites dont il démontre le néant intellectuel, ne craint pas de prendre parti pour la race d'Israël, au nom des intérêts les plus hauts, et il va jusqu'à prétendre que le *salut du genre humain est solidaire de la destinée des Juifs.*

» Ce livre où Léon Bloy, si connu pour son éloquence extraordinaire, paraît s'être surpassé, sera, sans doute, regardé comme la réponse la plus décisive aux agressions furieuses d'un parti dont l'Eglise catholique, elle-même, condamne les emportements. » (*Prospectus d'éditeur.*)

Article de Remy de Gourmont dans le *Figaro*. Très-habilement fait. Il m'avait annoncé l'ironie. Elle est absente. Le sujet paraît l'avoir saisi.

Demay m'apprend que Georges L., l'ami de trente ans qui m'a si salement lâché, est venu, en mon absence, lui conseiller insidieusement la *modération*. Qui donc a députe ce petit Judas ?

Dédicace entre autres :

« A vous, mon très-cher ami, Georges d'Esparbès, ce livre écrit dans la caverne des Molosses équitables, pour que vous ayez, s'il se peut, la vision de cette Epée flamboyante qui *tourne*, dont il est parlé dans le Livre. »

21. — Reçu : *Au Ciel !* volume de poésies eucharistiques de Jean Casier, lyrique belge. Idiot.

24. — Journée douloureuse. Notre vie ressemble à un pauvre bateau criblé qui ne peut tenir la mer une seule heure.

Mon éditeur ne vend pas un exemplaire.

26. — Le *Gil Blas* me reprend. Autant cet argent-là qu'un autre, et tous les journaux se valent. Les pauvres n'ont pas le droit d'être dégoûtés.

OCTOBRE

3. — La nécessité de chercher des sujets d'articles pouvant s'ajuster, en même temps, à moi et au *Gil Blas*, m'exaspère ! Ce cochon de journal et ce journal de cochons prodigue, ce matin, de tels éloges à Renan qui vient de crever, que je rate la belle chronique invoquée par cette charogne. *La Fin d'une charmante promenade* est certainement une exécrable tartine dont je ne m'absoudrai jamais.

6. — Vraiment, je ne puis croire encore que je sois condamné à cette ignominieuse collaboration au *Gil Blas*.

8. — A Alfred Vallette, directeur du *Mercure de France*, en lui envoyant « Le Secret de Renan ».

« Mon cher Vallette, je vous avais promis le commencement de mon *Exégèse des Lieux Communs*, et vous me voyez affligé de ne pouvoir, aujourd'hui, tenir ma parole, car je suis un homme *exact* et très-fier de cette vertu que mes seuls amis connaissent.

» Vous n'aurez donc pas ma copie, cette fois, mais, par grand bonheur, j'ai beaucoup mieux à vous offrir.

» Voici un ancien article, assez court, d'Ernest Hello, le grand Méconnu, sur le dieu des lâches qu'on vient d'enterrer avec équité, comme une vieille vache pourrie.

» Cet article publié par la *Revue du Monde Catholique*, le 10 novembre 1863, me paraît une chose forte et curieuse à reproduire, au lendemain des oraisons funèbres de ce Judas... *machabée*.

» Il ne fut enchâssé, je crois, dans aucun des livres du pauvre grand homme — livres profondément ignorés, d'ailleurs, — et je pense que le *Mercure* ne sera pas déshonoré par cette insertion.

» Veuillez agréer, etc.

» Léon Bloy. » (1)

9. — Entendu parler de Georges L., l'ami de trente ans. Il n'y a pas à dire, il m'a complètement et irrévocablement lâché. Son parti est pris. Il soutient avec acharnement qu'une croix a existé sur la tombe de d'Aurevilly, tout le long des *trente-trois* ou *trente-cinq mois* durant lesquels aucun œil humain ne la put apercevoir. Une dame le lui

---

(1) L'article de Hello, « Le Secret de Renan » a été publié, avec cette lettre, dans le *Mercure de France*, novembre 1892.

a dit, et cela lui suffit. Il avoue me devoir beaucoup, il ne nie pas que, sans moi, il serait exactement au-dessous de rien, mais la vie est ainsi faite que les meilleurs amis se brouillent à la fin, hélas! Nous concluons au gâtisme.

10. — Croix de saint Paul. I Cor. XIII, 13. « Nunc autem manent, fides, spes, charitas ; tria hæc : *major* autem horum est charitas ».

```
         CHARITAS
FIDES      SPES
```

12 — Ah! ils me font durement gagner ma vie, les gens du *Gil Blas* !

Voilà quinze ans que je suis dans l'huile bouillante, au devant de la *Porte Latine*, et c'est par cette porte, cependant, que doivent entrer les triomphateurs.

15. — Bon article de Bernard Lazare sur le *Salut par les Juifs*. Ce Lazare paraît avoir vu, *seul*, que le fond de ma doctrine est « l'adoration du Pauvre ».

16. — Continuation des prodiges agréables. Une

lettre exquise me vient d'un lecteur de l'Indre, Henry Hornbostel, jusqu'à ce jour parfaitement inconnu de moi, qui cultive son admiration pour ma prose comme si c'était une plante infiniment rare, pour l'entretien de laquelle il fût expédient de ne reculer devant aucune prodigalité.

Déjeuné à Berny, chez Yvanhoé Rambosson, avec d'Esparbès, et Alcide Guérin. Au dessert, je raconte des anecdotes militaires, souvenirs de 1870. D'Esparbès, tout fumant de gloire, pense que de tels récits, dans le *Gil-Blas*, consolideraient ma situation, en me révélant autre que le pamphlétaire des légendes. Peut-être.

17. — A Henry Hornbostel :

« Cher Monsieur,... Je suis profondément touché de la façon extraordinaire dont vous m'exprimez votre estime. J'ai tant d'ennemis et je suis si habitué à l'injustice parfaite, aux plus atroces manœuvres de la haine, que les témoignages de sympathie qui me sont donnés, je ne sais pourquoi, depuis quelque temps, me causent toujours une surprise extrême.

» J'ai commencé trop vieux ma vie littéraire, et j'ai trop vécu hors du monde, séquestré dans les pensées qu'il méprise, pour n'avoir pas, vis-à-vis de lui, le désavantage d'une incorrigible *naïveté* d'âme, dont mes ennemis ont abusé contre moi, je vous prie de le croire, avec une merveilleuse cruauté.

» En dépit des facultés de vociférateur qu'on s'accorde généralement à me reconnaître, je me suis donc présenté dans ce triste monde, effroyablement désarmé, dupe facile, désignée d'avance. Je me suis livré à des habiles qui ne se livraient pas et j'ai donné toute mon âme en échange de protestations hypocrites. Quand je me suis repris, il était toujours trop tard, et mes plaintes indignées passaient naturellement pour le comble de l'ingratitude.

» Il est facile, n'est-ce pas ? de concevoir l'effrayante situation d'un homme privé de fortune, indigent parmi les indigents, comblé, pour en mourir de désespoir, du besoin de la Justice absolue, aussi incapable de résignation que de calcul, et face à face avec une société de ruffians ou d'empoisonneurs, contre lesquels il se sent irrésistiblement appelé à proférer la Clameur divine...

» Vous avez lu le *Désespéré*. Eh ! bien, dites-vous que le sombre Marchenoir, c'est moi, et que je n'ai pas raconté la moitié de mon enfer.

» Vous le savez sans doute, je fus mis en interdit par la presse entière, seul contre tous pendant *des* années, sans qu'il se rencontrât, fut-ce par pitié, un seul être assez courageux pour me défendre. Les plus intrépides parmi ceux que révolte l'iniquité dont j'ai tant souffert, ceux-là même qui passent généralement pour des téméraires ou des casse-cou, ont tremblé et tremblent encore.

» Ah ! la vie ne me fut pas douce !...

» Depuis trois semaines, pourtant, une accalmie se

déclare. Le *Gil Blas*, menacé de crever dans son liquide, a imaginé de s'infuser du sang humain. Cette ressource arrivait à temps. Ayant à préserver d'autres existences que la mienne, j'ai renfoncé mon dégoût et me suis mis à cette besogne qui dévore le temps irréparable...

» A la grâce de Dieu! Je veux espérer que ce provisoire journalisme n'éloignera pas de moi ceux qui m'aiment, comme vous le faites, pour « mon talent et mon caractère ».

» Ci-joint les trois chroniques déjà publiées. Je pense que vous sentirez l'embarras d'un étalon de ma sorte, attelé à ce véhicule de prostitution et de bêtise. J'écris ce que je peux, aussi sincèrement, aussi noblement qu'il m'est donné, mais avec des prudences qui ne me vont guère, et dans quels horribles voisinages!

» Agréez, etc.

» Léon Bloy. »

Lu dans le *Figaro* la préface du prochain livre de Bourget : *Terre promise.*

Oh ! l'imbécilité et le pédantisme de cette préface !

18. — A Bernard Lazare, *ut reviviscat :*

« Je suis tellement habitué à n'espérer de mes contemporains aucune sorte de justice, et un héroïsme si introuvable est supposé par le seul effort de me divulguer, que votre article m'a donné, j'ose le dire, un saisissement.

» Je vous avais adressé le volume sans arrière-pensée ni calcul, uniquement parce qu'il m'avait plu de le faire, parce que votre *nom* « d'adjuteur de Dieu » m'était agréable et que, vous sachant dénué de richesses quoique circoncis, j'avais lieu de croire qu'on ne me soupçonnerait pas d'avoir voulu bazarder une dédicace.

» Vous m'avez répondu par un bel article vraiment généreux, — chose peu israélite, vous en convenez vous-même. Je vous envoie donc, en surplus de la dédicace, une chaleureuse étreinte de mes deux mains qui ne sont pas encore, je vous prie de le croire, sur le point de tomber en pourriture, ainsi que de rossables individus voudraient se le persuader.

» Vous avez *su* voir que le Pauvre était le fond de ma pensée, le captif adoré de mon solitaire donjon. Cela, Monsieur, est infiniment honorable pour votre esprit.

» Le fait est que je n'ai pas autre chose à dire. Les Juifs et les Chrétiens, liseurs charnels d'un Livre effroyablement symbolique, vivent tous, depuis quarante siècles, sur l'illusion d'un Dieu magnifique et omnipotent. Je pense, au contraire, qu'il faut tout quitter, tout *vendre*, pour faire l'aumône à ce Seigneur qui ne possède rien, qui ne peut rien, qui est infirme de tous ses membres, qui sent très-mauvais, qui se râcle sur tous les fumiers de l'Orient ou de l'Occident, et qui crie d'angoisse, depuis les éternités, en attendant le Carillon du Septième Jour.

» C'est pour cela, Monsieur, que j'exècre les triomphants et les délicats.

» Si les Juifs étaient opprimés injustement, ils m'intéresseraient encore, puisqu'il y aurait un Pharaon à couvrir d'outrages; mais, par bonheur, ils sont opprimés le plus justement du monde, étant eux-mêmes les oppresseurs les plus équitables et les plus abjects qu'on ait jamais vus. Occasion merveilleuse pour moi d'une œcuménique insolence.

» Je les aime donc pour me l'avoir procurée et, en ce sens, vous avez mille fois raison de m'appeler un *philosémite*.

» Agréez, etc.

» Léon Bloy. »

20. — L'*Eunuque*, ma chronique sur Bourget, parait ce matin. L'épigraphe est très-remarquée :

« Paul Bourget : — Enfin, Bloy, vous me détestez donc bien ? Léon Bloy : — Non, mon ami, je vous méprise. *Chez Barbey d'Aurevilly, en 1882.* »

J'y suis encore, et Bourget doit s'en souvenir, quoi qu'il y ait dix ans. Etait-il assez furieux !

Tout le monde me conseille de tomber, maintenant, sur Maurice Barrès. Pourquoi pas? *La fille Renan !!!*

22. — Lisons ce chameau, puisque notre profession l'exige. Impossible de dénicher autre chose que la petite mécanique du *Moi*. Putasserie narcisséenne pour fomenter le muflisme des potaches. Imagination curieuse, si on y tient absolument;

âme ignoble, certes, mais combien ignoble! qui pourrait le dire?

23. — Eruption de crotte. « Le Mauvais Pauvre » article contre moi dans le *Gil Blas* même. Il est dit que je suis « hystérique, ordurier, lanceur de boules puantes dans les salons, triste sire intermittent et falot, mais invariablement abject ; un Diogène de lupanar et un fantoche cynique, résumant à lui seul tous les vices, toutes les compromissions, toutes les bassesses ; enfin, un *cagot lubrique* et parasitaire ».

OEuvre d'un pauvre diable issu, par les domestiques, d'une vieille famille du Périgord, et actuellement en service chez Bourget qui me le décoche. Signature: *un nom de femme*. Précaution bien inutile, je serais vraiment désolé de lui faire la moindre peine.

26. — Réponse. Je fais observer, avec modération, que tout cela est bien ennuyeux, parce que les gens simples croiront bonnement que j'ai refusé de coucher avec cette *dame*. Je termine en annonçant au public que je l'entretiendrai, la prochaine fois, de Maurice Barrès.

27. — Huysmans raconte qu'il m'a *dicté* tous mes livres. Gustave Guiches lui-même, le silencieux tapeur, m'aurait secouru de quelques conseils.

31. — Démarche de Richepin, envoyé par Barrès à l'administration du *Gil Blas*, pour obtenir que ma nouvelle chronique soit refusée. Insuccès de l'ambassadeur qui s'en console, en songeant à l'irréprochable volée que son excellent ami va très-probablement recevoir.

NOVEMBRE

1er. — Cloches de la nuit des morts. Cloches qui sonnent si longtemps, à cause de leur parenté avec l'Esprit qui doit ressusciter tous les morts. Ne pourrait-on pas définir ainsi le Paradis : Un lieu où les cloches sonnent toujours ?

8. — Lu la *Terre promise* de Bourget. Ennui sans pardon. La médiocrité de l'auteur est si infaillible que je ne rencontre pas même les sottises remarquables que j'avais espérées.

Si c'était seulement de l'eau de vaisselle dont on pût nourrir des porcs ! Mais c'est de l'eau de toilette, de la relavure de bidet !

11. — Publication de *l'Abyssinien*, premier de mes contes militaires. Essai concluant. Je lâcherai donc mes contemporains littéraires — provisoirement — pour manger un peu de Prussien. Ça me

changera et je deviendrai peut-être durable au *Gil*.

Une écurie où on aurait des repas réguliers. Paradis d'une rosse dédaignée par l'équarrisseur. Tel est mon partage.

14. — Nouvelle tentative de lecture de la *Terre promise*. Il est clair que Bourget a donné là son plus grand effort d'esprit indigent. Mais que son âme vile transparaît bien! Le pauvre drôle est hypnotisé par les lieux communs tels que celui-ci: « Les enfants ne demandent pas à venir au monde ».

18. — J'invente l'histoire d'un vieux gendarme qui, ne voulant rien savoir que sa fonction, laquelle est d'arrêter tous les malfaiteurs, entreprend l'arrestation de cinquante mille Allemands.

20. — Vu, dans les journaux, l'horrible affaire de Bismarck, avouant au monde entier ses iniquités. Cet épouvantable vieillard assumant ainsi l'extermination d'un million d'hommes !

24. — A un jeune écrivain qui ne tiendra pas ses promesses :

« Mon cher ami,... Pardonnez-moi de vous écrire une lettre, d'ailleurs très-rapide, sans nécessité d'aucune sorte, pour me faire plaisir à moi-même, tout simplement.

» J'ai lu votre livre d'un seul coup, *avec une extrême satisfaction*. Je vous prie de me croire. Je n'ai jamais flatté personne, vous le savez, et je vous dis ma pensée, absolument. C'est du Maupassant, peut-être, mais, alors, du Maupassant très-supérieur, du Maupassant *au bord des gouffres*, insufflé par le plus âpre Flaubert.

„ Les époux D. m'ont visité, comme des fantômes que n'avait pas prévus mon mépris du monde, et m'ont saturé de la plus bienfaisante horreur...

„ Certes, il vous manque encore du côté de la forme. Vous en êtes à l'hésitation devant le mot définitif, le mot implacable qu'on ne retire plus jamais, et qui peut mettre en mouvement d'occultes puissances. Cependant, quelle main sort de vous, déjà, pour prendre les cœurs !

„ Et voilà ce qui m'étonne, puisque vous m'avez dit n'avoir pas souffert. Vous ne le savez peut-être pas, mais je vous dis que c'est énorme d'avoir tant reçu *gratis*. C'est à faire trembler pour l'avenir.

„ Il y a, particulièrement dans le dernier conte, une sorte de pressentiment, comment dirais-je? quelque chose comme l'acte de se pencher sur un balcon pour regarder ce qui est *au-delà*, infiniment au-delà du récit même. Le rachat du Pauvre par la Prostitution ! Ah ! si vous saviez où cela porte !

„ Poignée de main très-cordiale.

„ LÉON BLOY. „

DÉCEMBRE

2. — De Paris à Mamers. Je suis le voisin immédiat d'une pauvre tuberculeuse qui s'en va mourir dans son pays, et que j'enveloppe dans ma couverture pour ne pas la voir expirer de froid, en chemin. Cette infortunée voyage par *charité*, et les bons cœurs qui l'expédient au cimetière de son village, lui ont offert, naturellement, l'homicide 3ᵉ classe. Je suppose l'intention chrétienne de hâter la fin de ses souffrances.

Lu, dans un café mamertin, *l'Obstacle*, quatrième de mes récits militaires. Joie de contempler mes phrases, à quarante lieues de Paris.

5. — L'*Art Moderne*, de Bruxelles, vient de publier la chronique suivante, refusée, cela va sans dire, par les maquereaux du *Gil Blas*, avec l'indignation la plus impétueuse.

L'*Archiconfrérie* dont il est parlé n'est autre que l'Anarchie, l'explosive et militante Anarchie, qui fit une pâtée sanglante, le mois dernier, du commissariat de police de la rue des Bons Enfants.

L'ARCHICONFRÉRIE DE LA BONNE MORT

*In momento, in ictu oculi,
in novissima tuba.*

On va croire, sans doute, que je suis sur le point de vociférer une homélie. Qu'on se tranquillise. Je voudrais simplement, après tant de monde, rassurer un peu le public frappé d'inquiétude, en lui conférant, à mon tour, d'inestimables avis.

Mais, avant tout, je tiens à faire observer, comme une chose *amusante*, qu'à la minute précise où la Dynamite pastichait, une fois de plus, la Vraie Colère, on n'avait pas encore tout à fait fini de paraphraser, çà et là, dans les églises tendues de noir, les quelques mots canoniques dont j'estampille audacieusement ce bavardage et qui sont la rubrique très-essentielle du mélancolique et redoutable Novembre des Trépassés.

« Au moment même, en un clin d'œil », et même dans le cinquantième de l'interminable durée d'un clin d'œil, on est réduit en bouillie, ostensiblement et irréparablement dessoudé par le souffle crapuleux, mais incontestablement décisif de l'Anarchie.

Pourquoi donc, alors, me serait-il interdit de désigner exactement les compagnons anonymes de la *Propagande*, en décernant à leur troupe sympathique la dénomination méritée d'Archiconfrérie de la Bonne Mort ?

Ah! je sais bien qu'elle a déjà trop servi, cette appellation. Je serais inexcusable d'ignorer qu'une masse de chrétiens l'a, depuis longtemps, usurpée.

On ne m'apprendra pas que beaucoup de gens dévots, plus ou moins promis à l'éventrement et à la calcination, se coalisèrent maintes fois, en vue d'échapper, par de réciproques suffrages, à l'inconvénient de parraître inopinément devant Dieu, avec une conscience malpropre. Mais les anarchistes, informés de l'inexistence de ce Dieu, ont heureusement trouvé l'expédient sortable qu'il fallait pour envisager, à notre époque, avec moins d'effroi, la nécessité de mourir.

**

En 1871, Louis Veuillot qui ne fardait pas plus sa pensée que son visage, et qui plastronnait volontiers ses adversaires, fut, un beau jour, averti de l'inclémence du populo. On lui fit savoir qu'il se pourrait bien qu'on allât le massacrer à domicile.

Il répondit aussitôt, dans un article fameux, que l'accomplissement de cette menace comblerait ses vœux, en le dérobant de façon certaine à la dégoûtante agonie que, sans doute, il prévoyait amèrement et que l'inaction déloyale des assassins ne lui permit pas d'éviter.

Imitons ce grand homme qui mourut gâteux et dont l'âme forte se liquéfiait, dix ans à l'avance, à la pensée du lit mécanique et des « vases ridicules présentés par de larmoyantes affections ».

Ce rude mâle nous eût envié les foudroyantes consolations de la dynamite. Etre dissipé en une seconde, comme par le tonnerre, en consternant les multitudes, et terminer — à la façon de Romulus — une existence ordinairement remplie de cochonneries et de troubles ; obtenir même, à l'instar des plus illustres citoyens, des funérailles aux frais de l'Etat et le panégyrique d'un Président du Conseil, déclarant que « vous avez trouvé la mort au moment où vous remplissiez votre devoir, comme le soldat tombe sur le champ de bataille, *en défendant le drapeau* » ; recevoir le « suprême adieu » du Conseil municipal et de la Préfecture de police, et laisser au monde cette impression qu'on fut l'holocauste sacrifié pour quelque chose d'infiniment grand !... Ah! la *Bonne Mort* et l'enviable destin !

Car il n'y a pas à dire, c'est pour de sacrées et nobles choses que nous sommes *tous* invités aux expressives contredanses de l'Anarchie : la Propriété, l'Argent, le droit de jouir, celui d'être des poltrons ou des imbéciles, et surtout le privilège facultatif de n'avoir aucune pitié des pauvres, — depuis Christophe Colomb qui découvrit soixante peuples et fit la Terre une fois plus grande, sans avoir obtenu jamais l'ombre d'un salaire, jusqu'au dernier de nos claquedents vagabonds, qui ne sait pas même où trouver un morceau de pain et qui ferait, de si bon cœur, la charité de ses inutiles yeux aux poissons du fleuve.

***

Un individu rappelait, dans le *Gil Blas,* il y a quelques jours, la curieuse histoire des caïsses de dynamite volées à la petite gare de la Chapelle, à Paris, au mois de juillet dernier, et que la police ne put retrouver.

D'après cet informateur, la précieuse matière ainsi détournée peut s'évaluer à 150 kilos, et la charge de la bombe de la rue des Bons Enfants était, au dire d'expert, de 7 à 8 kilos, seulement.

Il y aurait donc, en supposant que les anarchistes fussent aidés par la Providence, une bonne petite explosion par semaine, pendant tout l'hiver. Délicieuse pensée ! Ne trouvez-vous pas que cette archiconfrérie de dynamitards est sur le point de devenir singulièrement intéressante, et que nous allons être mis par elle en assez glorieuse posture pour mépriser, par exemple, le retour éventuel de cet ignoble choléra qui n'avait à nous offrir qu'une sale et puante mort ?

Mon Dieu ! il suffira de s'y habituer, comme on s'habitue aux punaises ou à la gale, et si on ne parvient pas à s'y habituer, il faudra, nécessairement, crever de peur.

On pourra contempler alors, si on a le temps de s'élever un peu plus haut que les idées basses, la merveilleuse fructification des semailles de l'hypocrisie bourgeoise et de l'athéisme philosophique, depuis une demi-douzaine de lustres.

Les jouisseurs, à peu près sans nombre, qui ne se

croyaient pas des canailles, avaient rêvé de s'accommoder avec l'Absolu divin et d'instituer, pour toute la durée des siècles, une mitoyenne morale. Mais l'Absolu a refusé de souscrire, et l'échéance des blagues étant venue, c'est la Panique tout en sueur qu'on entend cogner à la porte...

***

Veut-on savoir ce qu'écrivait, il y a quelques ans, un prophète guenilleux et famélique dont je n'ai pas le droit, on le comprendra, de faire connaître le nom, d'ailleurs fort obscur. Cette page atroce, mais non pas sans éloquence, est assez curieuse à lire, *en ce moment:*

« Ah ! vous enseignez qu'on est sur la terre pour s'amuser. Eh ! bien, nous allons nous amuser, nous autres, les crevant de faim et les porte-loques. Vous ne regardez jamais ceux qui pleurent et ne songez qu'à vous divertir. Mais ceux qui pleurent, en vous regardant, depuis des milliers d'années, vont enfin se divertir, à leur tour, et, — puisque la Justice est décidément absente, — ils vont, du moins, en inaugurer le simulacre, en vous faisant servir à leurs divertissements.

» Puisque nous sommes des criminels et des damnés, nous allons nous promouvoir nous-mêmes à la dignité de parfaits démons, pour vous exterminer ineffablement.

» Désormais, il n'y aura plus de prières marmonnées, au coin des rues, par des grelotteux affamés, sur votre passage. Il n'y aura plus de revendications, ni de récriminations amères. C'est fini, tout cela. Nous allons devenir silencieux...

» Vous garderez l'argent, le pain, le vin, les arbres et les fleurs. Vous garderez toutes les joies de la vie, et l'inaltérable sérénité de vos consciences. Nous ne réclamons plus rien, nous ne désirons plus rien de toutes ces choses que nous avons désirées et réclamées en vain, depuis tant de siècles. Notre désespoir complet promulgue, dès maintenant, *contre nous-mêmes*, la définitive prescription qui vous les adjuge !

» Seulement, défiez-vous !... Nous gardons le FEU, en vous suppliant de n'être pas trop surpris d'une fricassée prochaine. Vos palais et vos hôtels flamberont très-bien, quand il nous plaira, car nous avons attentivement écouté les leçons de vos professeurs de chimie et nous avons inventé de petits engins qui vous émerveilleront !

» Quant à vos personnes, elles s'arrangeront pour acclimater leur dernier soupir sous la semelle sans talon de nos savates éculées, à quelques centaines de pas de vos intestins fumants ; et nous trouverons, peut-être, un assez grand nombre de cochons ou de chiens errants, pour consoler d'un peu d'amour vos chastes compagnes et les vierges très-innocentes que vous avez engendrées de vos reins précieux...

» Après cela, si l'existence de Dieu n'est pas la parfaite blague que l'exemple de vos *vertus* nous prédispose à conjecturer, qu'il nous extermine, à son tour, qu'il nous damne sans remède, et que tout finisse ! L'enfer ne sera pas, sans doute, plus atroce que la vie que vous nous avez faite.

» Mais, dans ce cas, il sera forcé de confesser devant tous ses Anges, que nous aurons été ses instruments pour vous consumer...

» Tel est le cantique des modernes pauvres, à qui les heureux de la terre — non satisfaits de tout posséder — ont imprudemment arraché la croyance en Dieu. C'est le *Stabat* des désespérés !

» Ils se sont tenus debout, au pied de la Croix, depuis la sanglante Messe du Grand Vendredi, — au milieu des ténèbres, des puanteurs, des dérélictions, des épines, des clous, des larmes et des agonies. Pendant des générations, ils ont chuchoté d'éperdues prières à l'oreille de l'Hostie divine et — tout-à-coup — on leur dévoile, d'un jet de science électrique, ce gibet poudreux où la dent des bêtes a mangé leur Rédempteur... Zut ! alors, ils vont s'amuser ! » (1)

J'ai promis, en commençant, quelques conseils et je les crois si excellents... et si parfaitement inutiles que je les ai gardés pour la fin. Les voici donc :

1° Solennelle translation de la pourriture de Renan, par une équipe de vidangeurs, dans le dépotoir national le plus lointain ;

---

(1) *Le Désespéré*, édition Soirat, chap. LXVIII.

2° Erection au sommet de la tour Eiffel, d'une colossale Croix en or massif, du poids de plusieurs dizaines de millions de francs, aux frais de la Ville de Paris ;

3° Obligation, pour tous les Français, d'entendre la Messe tous les dimanches et de communier au moins quatre fois par an, sous peine de mort ;

4° Abolition du suffrage universel, etc.

Je m'arrête, car je sens trop combien tout cela est à prendre ou à laisser, et combien, aussi, sont prématurés de tels avis, qui ne manqueront pas de paraître d'autant plus cocasses que la minute est infiniment prochaine où les enfants même du peuple écriront sur les murs croulants de Sodome, ces simples mots : LE CATHOLICISME OU LE PÉTARD !

Choisissez donc, une bonne fois, si vous n'êtes pas des morts.

LÉON BLOY.

13. — Consulté l'*Année liturgique* de dom Guéranger, pour le temps de Noël. Peu de profit. Les rares aperçus ou documents liturgiques sont noyés sous un fatras mortel de phrases dévotes. Il faut vraiment avoir faim et soif pour y trouver de la saveur.

17. — Enfin ! on me fait grâce de l'ignominieux examen de ma copie. Livré, aujourd'hui, le septième de mes contes militaires. Il faut croire qu'un certain public m'avale, et qu'un peu de confiance

naît, puisque l'humiliation d'une lecture d'essai, aux fétides et caligineux administrateurs du *Gil*, m'est décidément épargnée.

18. — Je croyais connaître l'ignorance de d'Esparbès. Comme j'en étais loin. Du point de vue religieux, c'est ahurissant. Ce soir, à 6 heures 35, *il ne savait pas encore que l'Eglise croit à la Virginité de Marie !!!* Et son inintelligence est plus étonnante encore que son ânerie. Obturation invincible et sentimentalité diabolique.

Quelque chose de très-amer entre en moi, lorsque, essayant de lui expliquer qu'il a le devoir de faire baptiser son enfant, — un garçonnet de quelques semaines, silencieux et triste comme les tout petits qui vont mourir, — je rencontre l'obstacle insurmontable de son refus.

— Mon fils est à moi ! m'a-t-il dit, avec la netteté sans réplique d'un marchand d'esclaves. La paternité antique, alors ! O la férocité des écrivains sentimentaux !...

19. — Encore d'Esparbès. Lu la longue, l'interminable faridondaine impériale : *Un Régiment*, publiée, aujourd'hui, en supplément du *Journal*. Il a voulu faire un prêtre catholique, un curé de village sur un champ de bataille, en 1814. Hélas! Quel prêtre ! Un horrible bavard, genre

puritain ou covenantaire, qui vomit, du haut d'un fourgon, des passages bibliques traduits en français par Osterwald et inconcevablement ajustés à Napoléon, cependant qu'on se massacre autour de lui, — au lieu de secourir les agonisants!...

Le pauvre d'Esparbès croit qu'un bon prêtre catholique doit être comme ça. Je me rappelle avoir lu une scène tout à fait analogue dans les *Puritains* de Walter Scott, qu'il ignore certainement. Je vais l'avertir.

27. — A un créancier qui me réclame de l'argent.

« Mon cher monsieur Maur... Votre lettre me touche profondément. Si nous n'étions pas à la veille du terrible Jour de l'an, je ne laisserais pas une heure s'écouler, sans vous rendre le service d'argent que vous me faites l'honneur de solliciter de moi. Je m'exécuterais avec une joie d'autant plus vive que j'aurais ainsi l'espérance d'adoucir un peu l'amertume dont mes pauvres petits succès littéraires inondent votre âme. Soyez assuré, pourtant, que ce réconfort ne se fera guère attendre et que, dès les premiers jours de l'an prochain, vous recevrez un gage nouveau de mon affection. » Votre dévoué,

» LÉON BLOY. »

29. — Rencontré d'Esparbès au *Gil*. Mal disposé, déjà, par le crapuleux accueil d'un des trois voyous

administrateurs de ce lupanar, je lui parle durement de son dernier conte qui m'a tant déplu. Je me heurte à un entêtement de zèbre. Il veut, à toute force, que son conte soit excessivement bien.

30. — A d'Esparbès :

« Mon cher ami,... Je souffrais un peu, hier'soir. J'ai été, pour vous, plus dur que je n'aurais voulu l'être, et je vous en demande pardon. C'est tout ce que peut faire un homme de bonne volonté.

» Cependant je ne peux, sans injustice et sans fausseté, modifier le jugement qui vous afflige.

» *Je suis sûr que vous vous trompez.*

» Mon admiration pour vous est grande, et je crois vous l'avoir exprimée, avec force, plusieurs fois. Me suis-je montré avare de louanges, quand il s'agissait de glorifier en vous ce que j'estime le plus, humainement : le sens militaire et le sens français ? Je ne me marchanderais pas davantage, croyez-le, si j'avais à parler publiquement de votre œuvre.

» Pourquoi donc, en retour, ne m'accorderiez-vous pas un peu de confiance ? Je vous dis avec simplicité, avec *amour*, que vous vous trompez, je vous le dis avec ma raison et mon expérience, froidement, sans exaltation ni préjugé. Pourquoi refuseriez-vous de croire un homme qui vous aime, qui est *seul*, peut-être, à vous aimer dans l'horrible monde littéraire, et qui *en sait plus que vous?* Pourquoi voudriez-vous flétrir, altérer profondément notre amitié, en me condamnant à constater chez vous une tare d'orgueil en démence ou d'écriturière vanité que j'étais infiniment loin de soupçonner ?

» Allons, d'Esparbès, ignorant et merveilleusement *doué* d'Esparbès, souvenez-vous que vous êtes un « homme », et répondez-moi noblement.

Votre ami, Léon Bloy. »

31. — Fin malpropre de cette année. Il s'en est a peine fallu d'un petit cheveu que je giflasse éperdument l'administrateur Albiot, litigieux et fantasque politicien, dont le goujatisme congénital claironne, parfois, avec un peu trop de magnificence.

J'ai terriblement besoin de me rappeler que je ne suis pas seul au monde.

1893

Nonne qui oderunt te, Domine, oderam? et super inimicos tuos tabescebam?

Perfecto odio oderam illos, et inimici facti sunt mihi.

Psalm. CXXXVIII, 21, 22.

JANVIER

1ᵉʳ. — Jour de l'an sinistre.

2. — Les adorateurs du Père me semblent dévolus aux péchés d'Orgueil, d'Envie, de Colère et de Paresse. Ceux du Fils, aux péchés d'Avarice et de Gourmandise. Ceux du Saint-Esprit, au seul péché de Luxure.

C'est parmi les luxurieux que le Paraclet ramassera son troupeau.

Le souvenir pieux des trépassés, seul remède contre la Luxure. L'empire des Morts appartient au Saint-Esprit que symbolisa le Pluton mythologique.

Un reporter joyeux me dit son projet de m'interviewer et de *m'enquêter*, en supposant ma candidature à l'Académie. Que d'esprit dans le monde !

Scène ignoble avec mon rédacteur en chef, qui

souffre cruellement d'être eunuque et qui ne me le pardonne pas.

5. — A d'Esparbès :

« Mon cher ami, N'auriez-vous pas reçu la lettre que je vous écrivis, le vendredi, 30 décembre, et qui pouvait vous paraître assez importante ? Une des grosses douleurs de ma vie, n'en doutez pas, serait d'apprendre que vous êtes *comme les autres*. Mais cela, je refuse de le croire, aussi longtemps que vous ne me l'aurez pas prouvé vous-même, et je vous serre très-affectueusement et très-fraternellement la main.

» LÉON BLOY.

» P. S. — Voici, pour moi, le titre de votre volume : *La Chanson des Aigles*. J'avoue, cependant, qu'il faudrait moins de panache lyrique, pour populariser votre œuvre dans les casernes. Peut-être avez-vous trouvé mieux. »

A Georges L., l'ami de trente ans, dont il fut parlé:

« Aussi longtemps que Georges L. n'avait pas lâché odieusement le plus ancien et le plus sûr de tous ses amis, l'écrivain pauvre qui l'aima comme un frère, pendant un quart de siècle, il pouvait se croire autorisé à retenir, sous divers prétextes, les livres, assez nombreux, de Léon Bloy qui ornent sa bibliothèque. Ce n'était, alors, qu'un abus des privilèges de l'amitié. Aujourd'hui, ce serait un *abus de confiance*.

» Donc, Léon Bloy croit être certain que Georges L. ne remettra pas au lendemain cette restitution nécessaire. » LÉON BLOY. »

J'imagine de fourrer une aventure de Prussiens dans l'effrayante maison de ce peintre fou dont j'ai visité l'atelier, près d'Elseneur, il y a deux ans.

10. — Lettre, enfin ! de d'Esparbès qui m'assure toujours de son amitié. J'y crois encore un peu. Mais combien le pauvre garçon est négligent et superficiel !

11. — A Georges L., l'ami de trente ans :

« Georges L., évidemment incapable de s'humilier autrement que par voie postale, a dit, un peu partout, mais particulièrement à Henry de Groux, qui préféra mon témoignage, et à Victor L., dont la couardise fut sans égale, que je l'avais lâché moi-même !!!

» Cette vile calomnie me donne amplement le droit de considérer sa récente lettre comme mensongère.

» Georges L. avait reçu une mission dont l'accomplissement importait au salut de son âme. *Il avait reçu la mission d'être l'ami fidèle de Léon Bloy.*

» Ayant déserté ce poste, il était inévitable qu'il se livrât affreusement aux athées et aux sataniques.

» Que Dieu ait pitié de lui !

» LÉON BLOY. »

12. — Ah! les bestiaux du *Gil Blas!* Certes! Je gagne ma vie.

14. — Aperçu Gustave Guiches dans le mauvais lieu. J'ai regardé ce drôle bien en face. L'expression de ses yeux fuyants est abominable. Elégance de propriétaire cadurcien. Allure de chat mouillé. Il a toujours l'air d'avoir été rossé avec ses propres échalas, par un métayer sans douceur.

17. — Il me semble que le pamphlétaire meurt en moi. J'accouche, cependant, de l'*Expiation de Jocrisse*, chronique jaune à l'occasion de Huysmans, qui devient un peu trop pontife, depuis ses nauséeuses compilations sur le Diable.

Exercice qui me repose, un moment, des contes militaires.

18. — Lu le *Latin mystique* dont j'ai promis de parler, au *Mercure de France*. Lecture plus fatigante qu'agréable. De Gourmont n'a que de l'esprit et de la sensibilité nerveuse, et il ne les délivre qu'au compte-gouttes. Il faudrait ici bien davantage. Je ferai mon article *par-dessus lui,* non sans peine, j'en ai peur. C'est vrai que la préface de Huysmans est exécrable. Au moins, de Gourmont est latiniste et Huysmans ne le fut jamais. Pourquoi donc cette préface dont rougit le bénéficiaire ? Ils ont dû tuer quelqu'un ensemble.

30. — Le *Gil Blas* et son rédacteur en chef !...
Mon Dieu ! délivrez-moi de cet esclavage ignoble.

Lettre à de Groux qui va se marier et qui compte, naturellement, sur moi. J'avoue ma détresse financière, la faible splendeur de mes vêtements, et j'implore un avis suffisamment préalable du jour de son mariage.

FÉVRIER

2. — Mariage d'Henry de Groux, à Enghien. Après la petite blague préliminaire de la mairie, l'église. Là, émotion profonde pour moi. De Groux et sa fiancée ont voulu absolument la dernière classe, le mariage des plus pauvres. Cela me parait si grand que je ne peux retenir mes larmes. Je dis à de Groux : « C'est plus beau, cela, que le *Christ aux Outrages* » !

4. — Lecture du *Bismarck* de Moritz Busch. Livre ignoble. L'auteur a voulu glorifier le Chancelier, et il l'a fait si bassement, si sottement, que son lourd volume est le plus terrible pamphlet contre ce faux grand homme, dont la médiocrité éclate à chaque page. Faut-il que l'esprit allemand soit abject pour qu'un tel livre, où la guerre est racontée, jour par jour, ne donne jamais l'impression de la grandeur !

10. — Achevé ma grande étude sur le *Latin mystique*. Titre: *La Langue de Dieu*. De Gourmont comprendra-t-il que c'était là le *vrai* titre de son livre, si son livre eût été franchement chrétien? J'en doute.

En manière de récréation et pour me changer, lu *Par le Glaive*, drame romantique de Richepin, d'une fougueuse médiocrité, me semble-t-il.

20. — Lettre de de Groux fort triste. Il se sent menacé gravement et craint de mourir. Je réponds qu'il dépend de lui de recouvrer la santé parfaite, s'il veut obéir au médecin extraordinaire que, «par privilège inouï et parce qu'il était mon ami», on lui a trouvé.

Je lui reproche de dire toujours *nous*, depuis qu'il est marié, au lieu de *je*, quand il m'écrit, — comme s'il était évêque! Lorsque ses lettres m'arrivent, il me semble, chaque fois, que je reçois un bref du Pape.

22. — Rencontré, au *Gil Blas*, Maurice de Fleury, l'un de mes lâcheurs les plus agiles, qui, ne pouvant m'éviter, me tutoie audacieusement.

Sans bouger, je fixe le pleutre, en silence, et il prend la fuite.

Le dégoût m'étrangle.

24. — A un inconnu :

« Cher monsieur, Je serais évidemment un individu peu digne d'intérêt, si je ne répondais pas à votre lettre aimable en vous disant le très-vif plaisir qu'elle m'a fait. Je suis peu habitué à de tels hommages et la justice, que j'ai passé ma vie à demander pour quelques autres, m'a été refusée avec une énergie singulière. On a même fait tout ce qu'on pouvait pour que je mourusse de faim, — tant ce monde est incompatible avec les êtres qui cherchent Dieu seul, et pour qui l'Absolu est un besoin.

» Je vous envoie donc, de bon cœur, la « clef » du *Désespéré* que vous me demandez, en vous priant de la garder. Beaucoup d'autres la possèdent, écrite de ma main, et je n'y vois, certes! aucun danger. Une seule erreur dans votre lettre : le *Pilori* pour le *Pal*. Vous ne connaissez donc pas le *Pal*, ce malheureux pamphlet hebdomadaire qui n'a vécu que quatre semaines et qui est mort de ma misère? Je suis prêt à vous l'offrir, s'il vous est agréable de le recevoir.

» Le *Désespéré* que vous avez eu tant de peine à vous procurer, dites-vous, est, sans doute, l'édition Soirat. Il en existe une autre qui vient de paraître, *à mon insu et sans mon autorisation* (librairie Stock), très-défectueuse, d'ailleurs. Vivant de mon travail, au jour le jour, et n'ayant aucun moyen de plaider contre les pirates, je suis forcé d'endurer le préjudice qui résulte pour moi de ce brigandage.

» Pour finir, mon cher lecteur, votre enveloppe, très-commerciale et timbrée de Bordeaux, m'a fait supposer, me pardonnerez-vous cela? que vous pouviez être négociant en vins.

„ — Il te demande la clef de ton livre, me disait, en riant, ma femme, demande-lui la clef de sa cave.

„ Je vous donne cette plaisanterie pour ce qu'elle vaut et vous serre affectueusement la main.

„ Léon Bloy. „

MARS

2. — De Gourmont, tu me désenchantes!...

Impossible, je crois, d'aborder avec cet homme les points élevés. Spirituel, assurément, et doué, croirait-on, de quelque générosité intellectuelle, il n'aime pas l'Absolu et déclare n'apercevoir aucun objet digne d'enthousiasme. A propos de mes contes, il me reproche ma *dureté* pour les Allemands, qu'il ne juge pas inférieurs aux Français. La supériorité de *race*, évidemment, n'existe pas pas plus pour lui que la *présence réelle* de Dieu dans les évènements humains. Il parle des Slaves qui noieront Germains et Latins, et des Chinois qui noieront le monde entier. Opinion dont l'extrême banalité me surprend et me déconcerte.

Ma femme lui dit, alors : — Vous êtes pour l'évolution et Léon Bloy est pour le *miracle*.

Délimitation précise qu'il ne paraît pas comprendre.

Enfin, ce ne sera rien de plus, j'en ai peur, qu'une amitié quelconque. Tant pis!

De Gourmont a été trop l'ami de Huysmans. Il a gardé, non seulement la plupart de ses points de vue, mais encore quelques-uns de ses *gestes*.

Quand on sait de quel néant Huysmans est le tabernacle, c'est à faire peur.

6. — Lettre circulaire :

« *Antony, 6 mars 1893.*

« Monsieur le Rédacteur en chef, Vivant loin de Paris, dans une solitude profonde, je sollicite la publicité de votre journal pour une protestation tardive, sans doute, mais nécessaire et de nature à intéresser tous mes confrères, quels que puissent être, à mon égard, leurs sentiments personnels.

» J'apprends qu'une édition d'un de mes livres, le *Désespéré*, vient de paraître, à mon insu et contre ma volonté formelle, dans la maison Trésse et Stock.

Cette édition, antérieure à la seule que connaisse le public, avait dû être mise au pilon en 1886, — M. Stock n'ayant pas osé la publier à cette époque et la seule pensée d'en exhiber un exemplaire, le faisant expirer d'effroi.

» Certaines menaces qui paraissent, maintenant, ne plus agir sur son âme, l'y avaient fait renoncer au dernier moment.

» *Aucun contrat* ne l'autorisait, d'ailleurs, à réaliser une publication jugée par lui-même si dangereuse et qui dut rester, en conséquence, à l'état de projet complètement défunt.

» On me révèle, aujourd'hui, que cet éditeur surprenant s'est déterminé, depuis trois semaines environ, à déballer son papier, actuellement en vente à peu près partout. Cette opération industrielle, je le répète, a été faite à mon insu, au mépris de toute équité et dans un superbe dédain de ce qui constitue les droits les plus élémentaires d'un écrivain.

» J'ajoute que l'édition, aussi clandestine que *carottée*, de M. Stock, *n'étant pas conforme à l'édition véritable*, expurgée avec soin et lancée par moi-même, en 1887 (chez Alphonse Soirat, Paris), — j'ai cru devoir, avant toute autre démarche, désavouer publiquement cette spéculation de librairie, qu'une loi, maternelle aux individus malins, m'interdit, malheureusement, de qualifier.

» J'espère, Monsieur le Rédacteur en chef, que vous ne me refuserez pas l'insertion de ces quelques lignes, et vous prie d'agréer l'assurance de ma parfaite considération.

» Léon Bloy. » (1)

7. — Je vais essayer de mettre en scène l'odieux Bismarck. Retour de la tristesse qui me martyrise habituellement, surtout lorsqu'il me faut écrire

---

(1) Publiée par l'*Evénement* et l'*Eclair*.

pour le *Gil Blas*, dont je suis si peu sûr et auquel je suis si honteux d'appartenir. Quelle dure et abjecte captivité! Ma femme vient me consoler, en me parlant de sa très-prochaine profession de tertiaire de saint François.

8. — Une grosse revue lyonnaise, l'*Université Catholique*, parlant du *Salut par les Juifs*, m'accuse de renouveler « l'hérésie de Vintras » et « d'aboutir à une conclusion franchement hétérodoxe ».

10. — Autre tartine sur le *Salut par les Juifs*. Cette fois, on ne me dit pas hérétique, mais le texte « Salus ex Judæis », mal traduit ou mal interprété par moi, n'est pas *aussi mystérieux* que je me plais à le supposer. D'ailleurs, je ne parais pas connaître moi-même le sens de mon livre.

Salus A *Judæis*, quia *Salus* EX *Judæis*, pourrais-je répondre à un tout autre docteur. Mais je connais trop celui-là. C'est un tout petit avocaillon hollandais, récemment *naturalisé belge!!!* pour faire plaisir à son papa. Il m'honora de quelque amitié, à l'âge de vingt ans, quand il n'était pas encore devenu l'ornement de cette patrie. (Voir 26 mai 92.)

14. — J'espère être bientôt délivré de cette infamante collaboration au *Gil Blas*.

19. — Le Saint-Esprit recrute continuellement, *pour la délivrance de Jésus en croix*, une armée

innombrable qui doit être le genre humain. Les Croisades, formées de chevaliers et de goujats, préfigurèrent mystérieusement cette universelle et définitive coalition.

24. — Je ne puis ouvrir le Saint Livre sans que m'arrive une douceur infinie, une suavité merveilleuse, une ivresse qui me cogne contre les étoiles !... Je suis, alors, à combien de milliards de lieues du *Gil Blas* ?

30. — Au Directeur de l'*Université Catholique*, à Lyon.

« Monsieur le Directeur, Je n'ai pu lire que long-temps après sa publication, l'article signé *Calamus*, sur le *Salut par les Juifs*, dans la partie bibliographique de votre numéro du 15 février.

» J'aurais, certes ! mauvaise grâce à contester aux autres un droit de critique ou de blâme, dont j'ai si largement usé moi-même, que beaucoup de gens, plus ou moins sincères, plus ou moins informés, me croient exclusivement un pamphlétaire.

» Il serait donc, à mes yeux, très-naturel que votre collaborateur n'aimât pas mon livre, et je trouverais parfaitement légitime qu'il le condamnât littérairement, fût-ce avec une extrême dureté. Dieu me préserve de supposer que le personnage qui se cache sous le pseudonyme de *Calamus* soit dépourvu de l'autorité nécessaire pour juger un écrivain aussi peu considérable que moi.

» Mais ne vous semble-t-il pas, Monsieur le Directeur, que le droit de critique est, en cette occasion, singulièrement outrepassé ? Si *M. Calamus*, ou tout autre individu masqué, avait écrit, à propos de mon livre, que je suis un faussaire, par exemple, ou que j'ai des mœurs infâmes, il est probable que vous n'eussiez pas inséré d'aussi dangereuses calomnies, dont les lois françaises autorisent la victime à demander un compte sévère.

» Dois-je croire, que, profitant de l'athéisme de ces mêmes lois, vous avez accepté, *sciens et prudens*, qu'un de vos rédacteurs m'accusât sans preuves, du crime le plus énorme que puisse commettre un chrétien ?

» Je parle du crime d'hérésie, infiniment plus grave, aux yeux de l'Eglise, que toutes les autres prévarications ou injustices. Depuis le 15 février, tous les lecteurs de votre revue peuvent croire que je suis un rénovateur de l'hérésie de Vintras et que j'annonce, dans les termes les plus explicites, une prochaine « incarnation du Paraclet ».

» Cette vieille hérésie, bien antérieure au misérable Vintras, m'a toujours fait horreur, et mon livre n'en dit pas un mot. Je ne puis donc expliquer l'exorbitante accusation dont je suis l'objet que par ce que les typographes appellent, je crois, un *mastic*. Certaines lignes et certains mots, destinés à figurer dans un autre article, se seront indûment glissés dans celui de *M. Calamus*. Comment concevoir, sans cela, l'effroyable légèreté d'un homme qui s'exprime avec une certaine gravité apparente et qui ne doit pas, sans doute, se dispenser de lire avec attention les ouvrages qu'il daigne juger ?

» Quoi qu'il en soit, le préjudice est énorme, et je vous prie de vouloir bien insérer cette lettre dans votre numéro le plus prochain. J'ose espérer, Monsieur le Directeur, que vous ne refuserez pas cette réparation nécessaire, à un écrivain catholique dont personne, jusqu'à ce jour, n'a contesté l'orthodoxie.

» Agréez, etc.

» LÉON BLOY. »

Publié par le *Gil Blas :*

« Une lettre solennelle, en patois franco-germain, adressée de Dresde à l'administration du *Gil Blas,* m'apprend que MM. les officiers prussiens ou saxons, patriotiquement indignés de mes récits militaires, en veulent à ma peau.

» — Lorsque nous croirons l'instant venu, disent-ils, on verra ce que pèse votre homme de plume en présence d'un sabre prussien.

» Il y aurait, peut-être, — même en Allemagne — une certaine pudeur à ne pas rappeler ce *sabre prussien* que j'ai vu, dans la Sarthe et dans le Loiret, beaucoup plus héroïque en présence des femmes et des blessés qu'à l'apparition des marins ou des francs-tireurs.

» Néanmoins, voici ma réponse, très-simple :

» J'habite Antony (Seine), 53, route d'Orléans. Ma maison a une porte et plusieurs fenêtres qui s'ouvrent très-facilement...

„ Je verrai venir ces guerriers avec une satisfaction que je me sens incapable d'exprimer. Je vais d'ailleurs, dès aujourd'hui, faire une commande considérable de désinfectants.

„ Cependant, comme je veux les supposer plus bêtes que méchants, je leur conseille charitablement — avant de m'apporter la pointure de leurs museaux, — de s'informer, avec soin, d'un certain Marchenoir qui se cache dans la peau de Léon Bloy et qui, en 1870, eut la douceur de crever plusieurs Prussiens, parmi lesquels se trouvèrent, je crois, quelques Saxons.

„ LÉON BLOY. „

AVRIL

3. — Visité le crématoire du Père La Chaise. C'est, je pense, la chose la plus impie et la plus atroce du siècle. Moyennant quelques sous, on me montre tout. On ouvre même, pour la joie de mes yeux, l'exécrable four où sont calcinés les morts. L'horreur physique est tolérable parce que j'arrive à la fin de l'opération. Je n'aperçois, en somme, qu'un crâne en train de se consumer et des restes indiscernables...

Il paraît qu'en outre des calcinés volontaires, on brûle odieusement les restes *déchiquetés* des pauvres diables morts dans les hôpitaux et que nul ne réclame. Certes, je parlerai, quelque jour, de cette infamie qui appelle toutes les tempêtes de Dieu.

Vu aussi le *Columbarium*. C'est admirable que l'impiété soit condamnée à être si grotesque !

8. — Le manque d'argent est tellement le mystère de ma vie que, même lorsque je n'en ai pas du tout, il a l'air de *diminuer*. Le manque d'argent est la forme de ma *captivité*.

15. — Reçu le *Courrier Australien* de Sydney qui reproduit, en français, un de mes contes, mais non pas sans mutilations. Il paraît que ma forme littéraire scandalise les forçats — libérés ou non libérés — de la Nouvelle-Galles du Sud. Si, du moins, ces convicts me payaient la reproduction !

20. — Autre insertion dans le *Gil Blas* :

« Il paraît, décidément, que nos affables vainqueurs sont plus aptes à l'escrime de la plume qu'à celle du sabre.

» Tandis que j'attends chez moi l'effet de leurs menaces de mort, ces messieurs continuent de faire pleuvoir sur l'administration du *Gil Blas*, des lettres comminatoires, ayant pour objet de *contraindre* ce journal à me refuser une hospitalité que je déshonore, en l'utilisant contre les plus sales ennemis de la France.

» Voici le dernier message, dont je me reprocherais, toute ma vie, d'atténuer le crétinisme :

Berlin, 11 avril 1893.

« Aux très-honorés administrants de *Gil Blas*, à Paris.

» Messieurs ! Rien autre que des inphamyes peuvent
» sauter du cœur français ! Les adresser tout de suite

» à très-honorable Herrn Dr Busch est témérité
» punissible. L'employé Bloy doit être rejeté. Nous
» connaissons que vous détestez cet « insulteur à
» gages », comme l'appelle notre très-grand Bismarck.
» C'est pour cela que nous vous accordons l'agrément
» d'imprimer les lignes ci plus basses.

» Si cette chose ne feziez pas bien juste, nous
» publierons partout que le *Gil Blas* vend au lekteur
» des documents militaires volés par le Bloy. Alors, à
» ce prix, il est plausible d'être exact, curieux et
» important !

» Voici le Réferat qu'il va falloir confié à l'impres-
» seur, sans le moindre p'tite changé, ou non alors
» nous détacherons plainte pour Parise.

» *Le Monsieur Léon Bloy jamais n'a été à*
» *notre Rédaktion. Il fut un tout simple Reporter*
» *de croniques. Dorénavant, il n'est plus ici. Les*
» *bien méchantes provoques, nous les déplorons*
» *avec sincérité.*

» Bernh-Khramer.
« Secrétaire du Dr M. Busch ».

« J'avais, tout naturellement, adressé mon récit : *Bismarck chez Louis XIV*, à « l'honorable doc- teur » Moritz Busch, historien du Chancelier. C'était mon devoir, n'est-il pas vrai ? et j'eusse manqué aux plus élémentaires convenances en ne faisant rien pour l'anniversaire du grand homme. Tel est le résultat de ma démarche empressée.

» C'est si fort, néanmoins, que je crois à une sim- ple farce. Le docteur Busch est, certes, un crétin, et il a écrit un énorme bouquin pour le prouver, — 500 pages, de 40 lignes chacune, pour établir, *inconsciemment*, que son patron est un MÉDIOCRE et une effroyable crapule !

„ Mais il doit savoir un peu de français, juste autant qu'un pédant saxon peut en apprendre, et quelque bête que soit son livre, je refuse de croire qu'il ait pu dicter à son secrétaire, ou prétendu secrétaire, une lettre aussi imbécile.

„ Je préfère supposer, jusqu'à plus amples informations, que le bafouillage ci-dessus est l'œuvre pénible d'un de ces excellents officiers prussiens, qui ont parlé de m'ouvrir le ventre, et j'imagine, sans trop d'effort, que ce personnage plein d'astuce a prudemment emprunté la signature d'un individu quelconque pour échapper à la schlague prolongée que mériterait son outrecuidance.

„ Léon Bloy. „ (1)

21. — Réponse glabre du Directeur lyonnais de l'*Université Catholique*. Ce fumeron de cierge pascal refuse l'insertion de ma lettre du 30 mars. Je pourrais l'y contraindre. A quoi bon ?

22. — Tombé aujourd'hui sur un père capucin

---

(1) Est-il nécessaire de faire observer que cette querelle d'Allemands était une simple mystification concertée avec un de mes amis habitant l'Allemagne, en vue de savoir ce que les administrateurs du *Gil Blas*, le millionnaire gâteux Desfossés et son domestique Albiot, pouvaient avaler ? Résultat décourageant : les deux *goinfres en redemandèrent* !

que je ne connais pas. Confesseur affligeant et grotesque. J'en ai, certes, rencontré beaucoup d'exécrables, mais je ne me souviens pas d'avoir été expédié avec une telle vélocité. J'étais confondu de l'entendre défiler son exhortation stéréotype, dont je ne parvenais pas à saisir le sens, tellement les mots se précipitaient les uns sur les autres. Ce religieux m'a paru appartenir à l'espèce des ratiers. *In momento, in ictu oculi,* il vous casse les reins au pécheur.

25. — Qu'il faut être sot pour croire au hasard ! Comme je revenais de porter au mauvais lieu le manuscrit de l'*Aumône du Pauvre*, la meilleure chose, peut-être, que j'ai donnée au *Gil Blas*, je rencontre Coppée dans la rue, et me voilà salué par cet académicien !

Ma foi ! oui, l'aumône du pauvre ! Je n'en avais pas besoin, mais il me la fait tout de même, cette largesse du coup de chapeau, et il s'éloigne, le cœur doucement balancé, disant en lui-même : Je viens de faire un heureux ! Excellent François ! C'est vrai qu'il ne m'avait pas aperçu de loin, que je le cognais, pour ainsi dire, et qu'il eût été difficile de feindre la distraction. N'importe, c'est si bon d'être généreux, et je serais une jolie canaille si la reconnaissance ne m'étouffait pas !

Le cœur de Coppée! Ah! je n'en connaitrai jamais de plus lâche, de plus indigent. — Qui vive? crie l'envoyé de Jupiter. — *Ami de tout le monde!* répond, en tremblant, le valet d'Amphitryon.

Affable et terreux Coppée! tu n'ignores pas, mon garçon, que nous avons un petit compte à régler ensemble, qu'on attend *toujours* la réponse à certaine lettre goujatement méprisée par toi, en mai 1890; qu'un poète plus haut que toi l'attend *sous la terre*, et que je suis, en une façon, le plus solvable des contemporains.

26. — Reçu la brochure de Verlaine : *Mes Prisons*. Littérature de pochard. Pauvre grand Verlaine !

30. — Quatre lâcheurs en un seul jour! Ceux-là venaient s'emplir, tous les dimanches, à ma table, depuis six mois.

MAI

1ᵉʳ. — Les hongres du *Gil* me demandent *comme un service personnel*, dont je serai payé avec magnificence, de vouloir bien me laisser amputer d'un tiers de mes appointements. Bonne journée.

6. — Scène dans la rue. De dignes jeunes gens m'accusent d'avoir troublé volontairement l'âme de leur sœur. Réponse :

— J'ignore si mademoiselle votre sœur est amoureuse de moi, mais, si elle l'était, cela, messieurs, lui ferait le plus grand honneur !

7. — Ma femme bien-aimée me dit :

— Tout s'agite, tout change, tout périt, excepté Dieu. Et, par sa volonté, les images les plus humbles de Lui-même ou de ceux qui l'ont aimé, *demeurent* et nous apparaissent immuables. Pendant que les générations se précipitent, et que changent continuellement nos pensées ou nos affections, un peuple innombrable de figures saintes, par toutes les églises du monde, se tient immobile, dans l'Adoration perpétuelle.

9. — Entendu une conférence plus que médiocre de Laurent Tailhade sur les Mages. Il se moque de Péladan et de Huysmans. Mais il vante Guaita, Papus, etc., il admire Simon le Magicien (!) et autres gnostiques. Je ne vois donc pas très-bien en quoi il s'exhausse au-dessus de ses ridicules adversaires.

19. — Discours de Zola aux étudiants. A conserver. Cet idiot remplace Dieu par le *travail*.

25. — Reçu la *Légende de l'Aigle*, de d'Esparbès. Lecture vaine et fatigante. Ses contes sont, quelquefois, amusants et paraissent même assez beaux, lus isolément dans un journal; mais réunis en volume, c'est monotone et enfantin. Toujours le même récit. Puis il a tenu sottement à faire passer sa mauvaise pièce : *Un Régiment*, que je l'avais tant pressé de supprimer.

30. — Hier soir, vers 10 heures, en notre absence, attaque et siège de notre maison par un groupe de pions qui se prétendent offensés.

On aurait pu croire que c'était, enfin, la giboulée de ces patriotes saxons qui me menacèrent en mars. La forteresse, défendue par une jeune fille et une enfant de deux ans, ne se laissa pas surprendre et put, fort heureusement, tenir jusqu'à l'arrivée de quelques voisins, — ces messieurs ayant négligé de se munir d'une catapulte ou d'un mangonneau capable d'enfoncer la porte du premier coup. Mais le vacarme fut horrible, et les assiégées auraient très-bien pu mourir d'effroi.

En attendant une équitable rétribution, *dont je me charge seul*, les fonctionnaires que cela regarde sont informés de la présence de malfaiteurs anonymes et des mesures, probablement efficaces, vont être prises.

Mais quel flair ils ont eu, ces cochons enragés, de venir en l'absence de Marchenoir!

JUIN

3. — Vu, au Champ de Mars, les deux pastels de de Groux. C'est la même couleur hallucinée, le même rêve d'intensité folle. Sa *Tribu errante* est confuse et la principale figure de sa *Fille de Pharaon* est traitée comme un accessoire. Mais ces choses donnent l'obsession et cela tient, sans doute, à l'âme visible du peintre. S'il parvenait à se refréner, quel paysagiste effrayant !

Le reste de l'exposition, à peine vu, est exécrable. A noter, un tableau de Frappa, montrant Coquelin Cadet, Silvestre, Coppée, etc., en costumes religieux, prélats ou moines. L'infamie de ce vitrier est inexprimable.

Reçu le volume de Pontavice de Heussey, sur Villiers de l'Isle-Adam. J'y jette les yeux et, aussitôt, je suis accablé d'une insupportable amertume.

L'auteur, un très-pauvre homme, paraît s'être inspiré de Huysmans, adjudicataire de l'agonie du grand écrivain, et il a dû être indignement trompé sur tous les points essentiels. L'impression d'horreur est si forte que ma femme cache le livre. Plus tard, je raconterai, peut-être, le *vrai* drame.

7. — Je communie à la gloire de Joseph, pour que Dieu lui «ouvre les lèvres», et qu'alors soit tiré de sa prison *Celui qui peut expliquer les songes*.

10. — Reçu la *Fin des Dieux*, de Henri Mazel. A ne pas lire.

11. — Alcide Guérin, qui a vu Tailhade, m'apprend que ce bizarre individu a le projet d'une conférence sur moi, en octobre, et qu'il veut me parler, un de ces jours, afin de ne rien dire qui ne me soit agréable.

17. — Ollendorff, sondé par un ami, refuse d'accepter la série de mes contes militaires *(Sueur de Sang)*. Editeur de Maupassant, il ne saurait être le mien, à l'heure même où cet auteur, indignement calomnié par moi, agonise. Farceur !

20. — Dentu, moins honorable, sans doute, qu'Ollendorff, consent volontiers, Camille Lemonnier m'ayant, il est vrai, chaleureusement recommandé.

25. — Saintes Ecritures. Plus je comprends, plus je m'enfonce dans les ténèbres. Dit à Alcide Guérin, l'ami fidèle : — Vous êtes fait pour le silence et la joie. Je suis fait pour le bruit et la douleur.

26. — Au même :

« J'ai bien peu de temps pour vous écrire, ce matin, mon ami. Je me sens poussé à le faire, cependant. Je vous dis ce que je vous disais hier. Il faut me suivre, parce que j'ai besoin de vous et que vous avez besoin de moi. Il faut me suivre *dès* maintenant, parce que je vais toujours et que vous resteriez, à la fin, trop en arrière.

» Dieu sait ce qu'il fait et ce n'est pas pour rien qu'il nous a si particulièrement rapprochés. L'un des plus énormes deuils de ma vie serait de vous perdre.

» J'ai senti, ces jours derniers, que vous n'étiez pas où vous deviez être, et il fallait bien vous le dire, sous peine d'être un faux ami. Mais, en même temps, je voyais, le plus lumineusement du monde, votre vraie voie.

» Si vous avez confiance en moi, soyez donc très-docile, très-fidèle à votre résolution généreuse. Lisez, ce soir, quelques lignes du Livre et vous ne tarderez pas à savoir ce que valait mon conseil.

» Encore une fois, vous vous égariez du côté de la guerre et du côté des supplices, alors que vous êtes si clairement, à mes yeux, un homme fait pour la paix et pour la joie.

» La Joie! Laissez-vous précipiter dans ce fleuve, mon très-cher ami, vous qui me restâtes fidèle, aux jours de l'effroyable tribulation. Ne doutez pas de ce que je vous ai dit et persuadez-vous que *l'écrivain* n'est que l'accident de ma substance, que j'ai quelque chose de plus...

» QUELQUE CHOSE DE PLUS, en vérité, et que je peux recevoir d'étranges lumières pour vous conduire.

» Votre LÉON BLOY. »

28. — Oh l'ennuyeuse lettre de Wagner qui sert de préface à la traduction de ses poëmes d'opéra! Cette lecture m'assassine. Le prétendu frénétique, est un assommant et vil professeur allemand. Son christianisme, certifié par Villiers, est une monstrueuse blague, et je sens le besoin de conspuer cette gloire qui pue déjà le cadavre.

30. — Vexations parfaites au *Gil Blas*. Les cochons triomphent. Mon Dieu! quand donc serai-je délivré de ce gagne-pain de vomissement?

JUILLET

2. — Attendrissement extrême, à l'église. Le psaume 41° me semble exprimer, plus qu'un autre, ma détresse, et j'invoque mon Père des Lys, dans l'esprit divin de cette prière.

Ce sentiment de la haine universelle dont je suis l'objet, quoi que je fasse ! *Il y a des gens qui croient m'aimer et qui me haïssent.*

5. — *Antiquités judaïques* de Josèphe. Pour la centième fois, je remarque, en cet historien, la préoccupation peu sublime de ne mécontenter personne. «Je laisse à chacun d'en penser ce qu'il lui plaira». Tel est son mot ordinaire. On dirait du Coppée.

Quel personnage singulier, pourtant, que ce Josèphe qui paraît avoir été une sorte de prophète, et quel effrayant tourbillon que ce peuple Juif roulant aux gouffres de son châtiment !

6. — J'apprends la mort hideuse de Maupassant. Quelques jours de bruit dans les gazettes, puis l'oubli éternel. C'est un des hommes qui m'ont fait le plus de mal.

9. — L'Idolâtrie, c'est de préférer le Visible à l'Invisible.

Adultère. Il se dit encore, quelquefois, que l'amant d'une femme mariée souffre du partage. Quelle hypocrisie ! C'est le contraire qui est vrai. C'est précisément ce partage qui est le grand ragoût. L'homme assis dans la viande est un indicible cochon.

14. — Commencé la série des *Histoires désobligeantes*, au *Gil Blas*.

Je souffre terriblement de cette corvée littéraire et je voudrais bien que Dieu ne me l'infligeât pas plus longtemps. C'est effrayant de penser que l'existence de plusieurs dépend de moi seul et que je n'ai d'autre ressource que mon imagination !

Après la série militaire, qui m'a fait honneur, je ne sais plus où je vais.

22. — Les dernières feuilles de *Sueur de Sang* s'impriment. Je me suis demandé quel pouvait bien être, parmi les vivants ou parmi les morts,

l'homme assez universellement, assez injustement et assez lâchement décrié, pour que je lui dédiasse mon livre. Je n'ai pas trouvé mieux que Bazaine.

Dédicace de *Sueur de Sang* (1870-1871)

A la mémoire diffamée

de

François-Achille BAZAINE

Maréchal de l'Empire

Qui porta les péchés de toute la France

Et fut condamné

Par une injustice épouvantable

Sur le témoignage de tous les lâches

Et de tous les désobéissants

Qu'il avait eu la faiblesse ou l'héroïque générosité

De ne pas flétrir.

L'éditeur ne veut pas aller au delà du mot *France*. Evidemment, cela peut marcher encore. Peut-être même, est-ce mieux ainsi. En tout cas, on ne dira pas que je néglige les moyens d'assurer l'insuccès complet de mes livres.

25. — Lu le *Fantôme* de Remy de Gourmont. Peu de chose. Autant d'esprit ou de talent qu'on

en peut avoir. Mais, obsession des philosophards allemands, imitation sensible de Villiers, tracas des idées charnelles et mauvais besoin d'ironie, allant jusqu'au bord du sacrilège.

27. — On me dit que ma nouvelle série de contes a du succès. Il est curieux, vraiment, que je sois toujours condamné à des tours de force qui ne sont pas de mon goût, dont je me juge incapable, et qui, néanmoins, réussissent. Avant *Sueur de Sang*, je ne me croyais pas un conteur.

Il y a, dans le nouveau conte porté ce soir au *Gil Blas*, une phrase, d'ailleurs bien faite, sur le *Bourgeois*. On me fait savoir que l'administrateur Desfossés, le millionnaire gâteux, déjà mentionné, pourrait s'en indigner comme d'une injure personnelle. Je rature donc. Mais quelle puante sottise !

29. — Vu de Gourmont, très-médiocre, ce soir. A propos de l'Ecriture, je l'amène à déclarer qu'*il n'en conteste pas la lettre, mais l'esprit.* Je renonce à lui expliquer que c'est LA MÊME CHOSE.

AOUT

8. — Vague projet d'une *galerie* des écriveurs de faible calibre. Titre : *Le Plutarque des avortons :* Bourget, Loti, etc.

9. — Un photographe, d'une infamie exceptionnelle, me livre trois épreuves différentes de mon *portrait*. Les deux premières me font ressembler incroyablement à de Goncourt ! la troisième à Rochefort !!!

11. — Lettre infiniment ridicule du très-jeune Emmanuel Signoret : « Que l'azur soit avec vous ». Ainsi s'exprime-t-il.

22. — *L'Estime littéraire*, long article de Camille Lemonnier, dans le *Gil Blas*. J'y trouve ceci : «...l'hyperbolique et grandiose Léon Bloy, le génie le plus classiquement latin des lettres françaises, depuis trois siècles, je le proclame ».

J'écris spontanément :

« Mon cher Lemonnier, Mon livre, *Sueur de Sang*, est sur le point de paraître et vous êtes naturellement un des premiers à qui je l'envoie. Il y aurait une sottise évidente à vous faire des phrases. Nous en sommes, hélas! marchands, quelquefois marchands à vil prix, et nous n'avons que faire d'échanger notre pacotille.

» Il se trouve cependant, — Dieu sait ce qu'il fait, — que vous fûtes désigné pour me secourir efficacement, lorsque nul ne me secourait, et pour être, en somme, le bienfaiteur d'un individu réputé fort au dessous de la racaille la plus vile. Ne pensez-vous pas, cher ami, que cela me donne des droits sur vous?

» Mon joli destin vous est connu. Vous savez que tout le monde se croit tout permis contre moi et qu'aux yeux de beaucoup de gens, qui sont à peine des avortons de crapules, le commencement de l'Evangile selon saint Jean, c'est de me vomir.

» Les sages expliquent cela. Je porte, disent-ils, le châtiment d'avoir conspué mes contemporains. Il se pourrait que les simples, ordinairement plus clairvoyants que les sages, eussent d'autres pensées, qu'ils conjecturassent autre chose, et que le seul crime de n'avoir jamais consenti à lécher, leur parût expliquer insuffisamment l'universelle proscription d'un écrivain.

» J'ai un jour hasardé ceci : « N'eussé je, de ma vie, attaqué personne, l'exécration dont me gratifie la multitude serait identique. C'est l'*Absolu* qu'on réprouve en moi, l'Absolu détesté du monde, parce qu'il implique le viol des consignes et l'intransigeance des lamentations ».

» M'en a-t-on assez servi du « grand pamphlétaire »! Quand messieurs les journalistes sont forcés de me nommer, de rompre, une minute, le *silence* concerté qu'ils croient si mortel, ils n'ont à dire que cela et ils le disent le plus fort qu'ils peuvent. Quelle ressource ! Pamphlétaire ! Ah ! je suis autre chose, pourtant, et on le sait bien. Mais quand je le fus, c'était par indignation et par amour, et mes cris, je les poussais, dans mon désespoir, sur mon Idéal saccagé !

» Aussi, quelle rage, ô Lemonnier, de découvrir en moi un conteur, un artiste qui, chaque semaine, s'inflige à l'attention d'un public nombreux et qu'on ne peut accuser, sans ridicule, de continuer le pamphlétaire !

» Combien d'âmes généreuses, qui voudraient me voir crever ! On ne m'exterminera donc jamais ! On avait bien cru, cependant, se débarrasser de moi par la famine et par le chagrin. Seul contre tous, j'ai enduré ce que peut endurer un homme, et je VIS toujours, *plus que jamais*. Quelle bredouille prodigieuse et quel fiasco magistral des folâtres gentilshommes qui me condamnèrent au pourrissoir !

» Voici donc le service que je vous demande. A l'occasion de ce nouveau livre, si peu semblable à ceux qui l'ont précédé, dire, en plein *Gil Blas*, qui n'osera pas me refuser cette réclame, ou dans tout autre journal retentissant, TOUT ce que vous pensez de moi ; le crier très-fort, dans l'unanime silence des lâches, dans la plénitude de votre force et de votre autorité de haut écrivain. Quelle belle justice !

» Je vous serre affectueusement la main.

» Léon Bloy. »

27. — Le curé de B. nous intéresse. Il a vraiment l'air de croire en Dieu.

31. — Réponse de Lemonnier :

« J'attends votre livre. Je le lirai avec passion... Et, alors, oui, n'en doutez pas, je rugirai mon admiration, comme, avec vous, il faut qu'on rugisse. »

SEPTEMBRE

3. — A Paul Adam :

« Mon cher Paul Adam, Malgré le « cher maître »
dont vous me flétrissez sans justice, votre lettre, reçue
au *Gil Blas*, m'a, je vous assure, vivement touché.
J'étais un peu triste, comme souvent, dans ce bordel,
et vos paroles m'ont été un réconfort. Considérez donc
en moi, je vous prie, un homme, pas très-heureux,
devenu votre débiteur.

" Je voudrais l'être encore plus. Pourquoi ne l'avoue-
rais-je pas ? Vous savez que peu d'écrivains furent,
autant que moi, privés de caresses. On a même tout fait
pour me tuer Cependant, on m'accorde généralement
des dons supérieurs. On a cette bonté. Quelques-
uns même vont jusqu'à me donner du génie. Mais tous
se feraient arracher la peau du derrière, avant d'en
informer un public quelconque.

" Quelques gifles retentissantes, sur les faces de
quelques gourmets d'étrons, n'expliquent pas assez

l'unanime détestation de la truandaille. Il y a des causes plus profondes, que j'ai dites et que je dirai sans cesse. On ne veut pas d'un personnage qui profère l'Absolu, fût-ce dans un clairon d'or. Vous êtes, je crois, parmi les rares qui peuvent comprendre...

» Je n'ai pas votre tempérament. La pitié ne peut pas éteindre en moi la colère, parce que *ma* colère est fille d'un pressentiment infini. Je suis mangé par le besoin de la Justice, comme par un dragon affamé depuis le Déluge.

» Ma colère est l'effervescence de ma pitié.

» Donc, voulez-vous ou pouvez-vous me faire l'aumône d'un peu de cette justice dont je brûle pour tant d'autres ? Vous recevrez mon livre demain.

» Ma situation d'*ennemi* m'interdit toute imploration d'articles, et vous êtes, — après Lemonnier, mon ami ancien, — le seul à qui je veuille demander un tel service. Où serait donc le troisième ?

» Il y a bien de Gourmont qui pourrait marcher, et qui marchera peut-être. Mais c'est un solitaire des glaciers roses, qui ne fait que ce qu'il lui plaît de faire.

» A vous donc, Paul Adam. J'ajoute que je suis père de famille, s'il peut vous être agréable de le savoir.

» Votre ami LÉON BLOY. »

8. — J'apprends la mort de l'odieux bouddhiste Charcot. Il paraît que, la nuit de son agonie, les malades de la Salpêtrière sautaient comme des démons.

10. — Exemplaire de *Sueur de Sang* à de Groux. Dédicace : « En attendant Dieu ».

13. — Carte de Georges Bazaine et de ses frères, me «remerciant de l'hommage à la mémoire de leur oncle. »

Réponse, en leur envoyant la dédicace *complète* :

« Messieurs, Voici la dédicace complète de *Sueur de Sang*. Cette dédicace coupée après le mot « France » par mon éditeur qui l'a crue trop dangereuse, a été publiée intégralement par le *Mercure de France*, dans son numéro de septembre.

» Je suis parfaitement heureux, messieurs, d'avoir eu l'occasion de protester contre l'une des iniquités les plus effroyables du siècle, quelles que puissent être, pour moi, les conséquences d'un acte que les lâches trouvent audacieux. Ainsi ai-je toujours fait, ainsi ferai-je toujours.

» J'ai l'honneur d'être l'écrivain le plus redouté et, par conséquent, le plus calomnié de ce temps. N'était-il pas naturel que j'allasse pieusement, de tout mon cœur, au plus malheureux des hommes, et que la mémoire de votre oncle fut honorée, devant tous, par un artiste que les microbes de la plume ont cherché, depuis dix ans, à faire crever de misère, pour son châtiment d'avoir démasqué, sans peur, la sottise et la turpitude contemporaines?

» Soyez assurés, messieurs, de ma sympathie la plus vive.

» LÉON BLOY. »

24. — Laurent Tailhade, Henry C. et de Groux passent la journée entière chez moi. Tailhade me fait lire, deux fois de suite, le *Réveil d'Alain Chartier,* ma nouvelle « histoire désobligeante », encore inédite, et je ne sais combien d'autres choses.

Je n'ai jamais plus joui de sentir ma force et d'agir de façon si certaine sur des intelligences. C'est un bonheur très-grand, une véritable ivresse, je l'avoue, et la préfiguration mystérieuse des Joies futures.

26. — Vu Rodin, qui avait exprimé le désir de me connaître. Il m'étonne par sa figure. On ne peut pas avoir moins la physionomie de son art. Ce grand sculpteur, dont les œuvres suent la force, paraît être un homme quelconque. On pourrait le croire pharmacien ou chef de bureau. Il me reçoit, pourtant, de manière affable et me montre son atelier pendant une heure.

Il me semble que je sortirai toujours d'un atelier de sculpture comme d'une carrière souterraine, avec l'impression bizarre d'être dans le voisinage des ossuaires et des puits noirs.

27. — Lu, dans le *Journal,* une apologie de la Presse française, par Bergerat !!! qui reproche à Zola de n'avoir pas assez vanté cette salope, au congrès de Londres. Je découpe quelques lignes où il

est dit que la *conspiration du silence n'existe plus pour personne*, je colle ce précieux fragment sur une feuille de papier blanc et je l'envoie au dit Bergerat avec l'apostille : « Ah ! elle est bien bonne ! Léon Bloy. »

Qu'est-ce qu'un « scatologue » ?

C'est un auteur qui *ne se vend pas*. Un romancier qui tire à cent mille, n'est jamais un scatologue.

OCTOBRE

2. — *Vitraux*, par Tailhade. Naïveté absente et couleur nulle, ce qui est le comble de la disgrâce pour des vitraux.

3. — A Paul Adam :

» Mon cher Paul Adam, Ne recevant pas les *Entretiens*, je n'ai lu que très-tard ce que vous avez écrit de moi, et je vous offre, aussitôt que possible, une expression telle quelle de ma gratitude.

» Il faut y croire, Paul Adam. Je ne suis ni journaliste, ni écrivain, ni pamphlétaire, ni penseur, ni artiste, ni maître, ni écolier, ni même patriote, — comme vous le supposez sans profondeur, — ni quoi que ce soit, enfin, sinon le *catholique* Léon Bloy, dont la mémoire est fidèle.

» Vous n'aimez pas la guerre ! Vous n'aimez donc rien ! C'est terrible, vous savez, de n'aimer rien. On est comme le Diable, et ce qu'on s'embête, alors, qui pourrait le dire ?

» Il est affligeant et merveilleux qu'un esprit tel que le vôtre, un des rares qui soient vivants, renonce à l'Eblouissement, pour se mettre en condition chez un lieu commun déclamatoire.

» Mes phrases, mes chères et pauvres phrases dont vous parlez, ne sont qu'*apparence*, comme la guerre elle-même, comme tout ce qu'il y a dans le crépuscule de la vie sensible, que vous prenez pour le grand jour.

» C'est ce qu'il y a derrière l'horizon qui est beau !

» Votre ami LÉON BLOY. »

13. — Après la communion :

— Mon Dieu ! vous êtes avec moi, chez moi, en moi. Je vous vois, je vous sens, vous me parlez, je vous parle, et, cependant, il m'est impossible de *penser à vous*. Ayez pitié !

A un parfait drôle :

« M. Maurice de Fleury est, depuis 1889, le dépositaire d'un manuscrit de Léon Bloy, — le *Pal*, précédé d'une enluminure, de la main même de l'auteur.

» Ce manuscrit ayant été donné par le dit Léon Bloy à un ami *mort depuis quatre ans*, — et de quelle sale mort !!! — M. Maurice de Fleury doit comprendre qu'il est de la plus stricte équité de restituer l'objet, *intact*, le plus promptement possible.

» En conséquence, Léon Bloy attend son manuscrit, dans le délai de huit jours, — sinon, la guerre.

» LÉON BLOY. »

14. — Admirable sottise de Zola, qui nous pré-

pare un roman sur Lourdes et qu'interroge un imbécile du *Journal :*

« Si je voyais un miracle incontestable, cela me gênerait beaucoup. *Je n'y croirais pas*, cela créerait un duel entre mes sens et ma raison, je n'aurais plus mon équilibre. *Cela serait* DANGEREUX *pour moi!!!* »

17. — Au Président du Cercle artistique, littéraire et scientifique d'Anvers :

« Monsieur, Je vous écris en hâte, d'un café où je reçois votre lettre inopinément.

» Je consens à faire des conférences en Belgique et en Hollande. Je m'engage même à être sublime, c'est-à-dire à me manifester l'égal du premier venu. N'est pas le premier venu qui veut. C'est un don que Dieu ne prodigue pas.

» De si éblouissantes promesses valent quelque chose, n'est-il pas vrai ? En conséquence, voici mes conditions :

» 1º Voyages payés en 1re classe ;

» 2º 300 francs, *au moins*, par conférence, tous frais compris ;

» 3º Six conférences, *au moins*, assurées d'avance ;

» 4º Une avance *immédiate* de 500 francs ;

» 5º Enfin, l'assurance formelle que je ne serai, dans aucun cas, forcé de serrer la main de M. Henry Carton de Wiart.

» Ces cinq articles consentis par vous, je suis, Monsieur, à votre entière disposition.

» LÉON BLOY. »

A l'ami intime d'un de mes lâcheurs :

» Monsieur, j'ai eu l'honneur de vous rencontrer tout dernièrement. Vous m'avez donné votre main que je n'ambitionnais pas, je vous prie de le croire. Donc vous êtes un ami, n'est-ce pas ?

» Voulez-vous, alors, m'expliquer la lettre odieuse, venimeuse et absolument incompréhensible de M. Léon Deschamps, directeur de la *Plume*, à Laurent Tailhade ? Dans cette lettre, M. Deschamps, votre ami et l'ami de Scholl, prétend repousser *une demande de secours pécuniaire à accorder à Léon Bloy*, — lequel Bloy ne demande rien, quoiqu'il ait été *refait* de huit cents francs.

» Je pense, Monsieur, qu'ayant reçu votre poignée de main amicale, j'ai le devoir de vous avertir du danger que court M. Léon Deschamps, ami de Scholl et serviteur empressé de tout le monde, *excepté des fiers*, en continuant cette plaisanterie de voyou.

» Agréez, etc.   Léon Bloy. »

19. — Déménagement. On se réinstalle à Paris. Antony n'a plus de mystère, après quatorze mois de séjour, et je quitte ce village de brigands, avec des rugissements de bonheur.

22. — A Henri Mazel, directeur de l'*Ermitage* :

« Monsieur, je vous avoue que l'article de votre collaborateur Saint-Antoine, m'eût été des plus agréables et m'aurait paru plus *littéraire*, s'il avait traité de mon livre, au lieu de s'acharner exclusivement sur la dédicace.

» Il est vrai que votre collaborateur n'avait pas le devoir de m'être agréable. Je suis trop indépendant moi-même pour contester aux autres les points de vue qui leur conviennent.

» Me permettrez-vous, cependant, de répondre par quelques lignes d'une modération surprenante ?

» 1º Saint-Antoine, qui veut bien m'offrir des leçons de *crânerie* et d'histoire, aurait pu se dire que la coupure dont il me demande compte me fut peut-être imposée par mon éditeur. Il me serait facile de le prouver, en produisant une lettre de ce dernier. Il fallait passer par là ou renoncer à la publication de *Sueur de sang*.

» Pourquoi aurais-je sacrifié mon livre, puisque la rature exigée n'ôtait rien, en somme, à l'absolu de la dédicace ? Le soupçon de manquer d'audace étonne profondément Marchenoir.

» 2º Saint-Antoine me pose *dix-sept*(!) questions, qu'il croit accablantes, sur Bazaine, dont la prétendue trahison est une légende opportuniste, orléaniste et mac-mahonienne, que les gens instruits ou seulement *attentifs* ont abandonnée, depuis longtemps, au populo.

» Un seul mot me parait, ici, plus que suffisant. Voici :

» *A défaut même de toute autre preuve, l'innocence de Bazaine serait démontrée, surabondamment, par l'épouvantable canaillerie de ses accusateurs et de ses* Juges.

» En vous priant, monsieur, de vouloir bien publier

cette lettre dans le prochain numéro de l'*Ermitage*, Marchenoir vous offre de très-bon cœur, l'expression de ses sentiments confraternels.

„ LÉON BLOY. „ (1)

Grand'messe à Saint-Pierre de Montrouge, église dont l'architecture me remplit de pensées mérovingiennes. Fait mémorable, vraiment extraordinaire. A la fin de la messe, *Te Deum* solennel en l'honneur des Russes, je suppose, et, aussitôt après, chant non moins solennel du *Libera*, pour le maréchal de Mac-Mahon qui vient de mourir.

De Groux me propose cette idée : la disparition de mon livre de l'étalage des libraires ne serait-elle pas une conséquence du délire franco-russe ? On lit, en effet, dans la préface même, cette affirmation, jugée, sans doute, peu hospitalière :

« *La France est tellement le premier des peuples que tous les autres, quels qu'ils soient, doivent s'estimer honorablement partagés, lorsqu'ils sont admis à manger le pain de ses chiens.* »

24. — Fête à l'Opéra ; cabotinage exceptionnel

---

(1) Publiée en novembre, avec cette addition : « Saint-Antoine se borne à faire remarquer, en réponse à la lettre ci-dessus, que la triste fin du général d'Andlau, à qui il est sans doute fait allusion, ne détruit nullement la condamnation, ratifiée par l'histoire, de Bazaine comme traître. „

Ratifiée par l'histoire ! Quelle histoire ?

pour l'amusement de la marine russe. Toujours les Russes! Depuis quelques jours, impossible de franchir le boulevard. Ivresse publique tant soit peu déshonorante. Je voudrais que, par le moyen de quelque très-puissante projection électrique, ces mots parussent dans le ciel noir :

La France n'a besoin de personne.

27. — Ma seconde, à un parfait drôle, pour faire suite à la négociation entamée, le 13 de ce mois :

« M. Maurice de Fleury peut prendre toutes les attitudes qu'il lui plaira. Ces postures ne changeront rien au fait bien connu de lui, et qu'aucune blague ne peut abolir.

» En novembre 89, M. Maurice de Fleury et sa femme cessèrent brusquement de voir Léon Bloy. Deux lettres de celui-ci, restèrent sans réponse. Léon Bloy comprit alors que toute démarche serait inutile, qu'on le lâchait simplement et ignoblement, parce qu'on avait le besoin de valeter ou de putasser au *Figaro*, et que son amitié devenait compromettante.

» M. Maurice de Fleury a dit à tout le monde que Léon Bloy avait été son parasite, parce que celui-ci, toujours obsédé d'invitations ridicules, venait, une fois par semaine, le lundi, manger quelques restes du dimanche, à l'asile de *Sainte-Périne*. Mme de Fleury a raconté, depuis, à diverses personnes, qu'on choisissait, tout exprès pour Bloy, les pires morceaux, et qu'on lui faisait boire de l'eau rougie, pendant qu'elle buvait elle-même, avec son mari, du vrai vin *prétendu pharmaceutique*. Naturellement, elle s'est fait honneur de cette vilenie comme d'un trait spirituel et d'une action méritoire. Inutile d'ajouter qu'on ne dit pas un mot des dîners ou ribotes authentiques payés par Léon Bloy, avec son propre argent.

» Léon Bloy, accoutumé pourtant à subir toutes les trahisons et crapuleries, a trouvé cela d'autant plus fort que Maurice de Fleury avait paru se livrer à lui, sans réserve, comme un ami véritable. Le *pamphlétaire* tient de lui les informations les plus curieuses sur les Daudet, sur Mendès, Hervieux, Bonnetain, de Goncourt, etc., enfin *sur lui-même*. On ne fait de telles confidences qu'à un homme qu'on aime de tout son cœur, et cet homme, si parfaitement lâché et calomnié, aussitôt après, déclare ne pas comprendre.

» Léon Bloy qui ne pourrait avoir que des gifles à offrir à M. de Fleury, n'ira pas chez lui. Il s'y refuse avec énergie, en s'étonnant que le manuscrit n'ait pas été remis à son messager. Il ne veut pas voir un personnage qui n'est, à ses yeux, qu'un sot littéraire et un domestique malpropre. Mais il faut le manuscrit, absolument.

» Léon Bloy prend cette occasion de renouveler à M. de Fleury l'assurance de son dégoût, en lui rappelant que Marchenoir a la claque facile, la dent longue et la patience infiniment courte.

» Léon Bloy. »

30. — Vu le catalogue de la librairie Sagot, où figurent, en nombre considérable, des livres ayant

appartenu à Tailhade et qu'il a vendus. Les miens sont presque tous mentionnés et cotés d'autant plus honorablement que le vendeur *a laissé toutes les dédicaces*. Il est, peut-être, un peu mufle, l'auteur du *Pays du Mufle*.

31. — Reconquis enfin le manuscrit du *Pal*. Le « parfait drôle » ne s'exécutant pas, j'ai dû me résigner, pour en finir, à prendre moi-même l'objet chez lui, malgré mon excessive répugnance, — décidé à m'en emparer de façon violente, s'il l'avait fallu. En prévision d'un scandale, j'étais accompagné de trois témoins, parmi lesquels Marius Tournadre !...

Gentillesse irréprochable de mon ex-Amphitryon. Par manière de récompense, je lui ai promis une raclée abondante pour le premier jour où je le rencontrerai *hors de chez lui*.

Mot de Tournadre en descendant l'escalier :

— Encore un que je ne pourrai pas *taper !*

NOVEMBRE

1. — Bavardé, ce soir, plusieurs heures, avec des mimes et des fantoches, dans un café du boulevard...

Me pardonnerez-vous, mon Dieu, ce gaspillage des heures précieuses de la Nuit des Morts?

6. — A quelqu'un de Marseille :

« Cher Monsieur, Je vous renvoie la pièce d'*identité* que j'ai reçue ce matin et qui peut vous être utile. Je suis content de savoir que vos principes, conduite, *tenue*, mœurs et santé sont bons et bonnes, que votre physique est agréable et que vous êtes, à la fois, célibataire et avocat. Il ne me manque plus que de savoir si vous êtes riche ou pauvre.

» Je vous suppose, naturellement, un catholique de rare ferveur, puisque vous avez pu m'avaler. Donc, rien ne s'oppose à ce que des relations amicales s'établissent entre nous.

» J'aime le ton de votre lettre et je ne hais pas, sur mon retour d'âge, de me faire quelques clients. Jusqu'à ce jour, cette expérience m'a peu réussi. Un certain nombre de personnages qui jetaient des flammes au début, se sont évaporés quand ils ont vu que mes livres ne mentaient pas, que j'étais véritablement un homme qui souffre. La crainte sage d'être, un jour ou l'autre, *utilisés*, les a mis en fuite.

» Il va sans dire que ces généreux lâcheurs ont répandu, çà et là, que j'avais essayé de les détrousser. Je parierais que l'écrivain qui vous a donné mon adresse, et qui a « si peur de moi », est un de mes anciens « tout dévoués ». Mais qu'importe ?...

» Lisez-vous mes *Histoires désobligeantes*, publiées par le *Gil Blas*, tous les vendredis ? Je m'efforce de bien faire, quoique je sois chiennement payé, parce que je n'aurais aucune raison d'être, en tant qu'écrivain, si je venais à manquer de conscience, à l'exemple de tant de cuisiniers littéraires. J'ai trop maltraité les catins de plume pour avoir le droit de me débrailler un seul instant, et on me le fait, d'ailleurs, assez sentir...

» J'espère, monsieur, que vous aurez la charité de ne pas me soupçonner immédiatement d'orgueil bête. Mais j'écris, — à quel prix ! — pour dire quelque chose. J'écris pour le petit nombre de ceux qui m'aiment, ou qui disent m'aimer, et je veux que ce ne soit pas en vain.

» Amicalement, Léon Bloy. »

7. — A Victor Havard, éditeur :

« Monsieur, Je vous prie de mettre à ma disposition le manuscrit de *Belluaires et Porchers*, que je prendrai ou ferai prendre chez vous. Mais pourquoi m'avez-vous écrit que vous ne voyez, là, aucune chance de succès, et que c'est la raison de votre refus ? Oubliez-vous que je ne suis plus du tout un petit jeune homme ?

» Il eût été mieux, je crois, de m'avouer bonnement, — comme la première fois, — qu'on vous a *défendu* de me publier.

» Je veux bien agréer, selon votre désir, l'assurance de votre *dévouement sincère*, mais je veux bien aussi que le diable m'emporte si je devine le secret de m'en servir.

» Je vous salue profondément.

» LÉON BLOY. »

12. — Fête de la Dédicace des églises. Evangile de Zachée. Ce publicain reçoit Jésus dans sa maison qui paraît être un *mauvais lieu* — comme le *Gil Blas*, — et le Seigneur affirme que le salut est accordé à cette demeure qui devient alors, aux yeux de l'Eglise, le type de la Maison de Dieu.

24. — Visite au Grand Rabbin, à qui j'avais fait passer, quelques jours auparavant, le *Salut par les Juifs*. Vainement, j'essaie de lui faire sentir l'importance de ma conclusion. Plus vainement encore, j'explique la violence de certaines pages

par le dessein d'*épuiser l'objection*, méthode fameuse, recommandée par saint Thomas d'Aquin. Il tient, absolument, à ne voir que la *lettre* de ces violences et se désintéresse de la conclusion, dont il n'a pas même daigné s'enquérir. Enfin, il m'oppose les lieux communs les plus abjects : Apaisement, conciliation, etc. Ce successeur d'Aaron m'affirme qu'IL Y A DU BON DANS TOUTES LES RELIGIONS !!!!!

Décidément, on est aussi bête et aussi capon, chez les Juifs que chez les Catholiques.

26. — Le plus terrible châtiment pour des époux criminels, ne serait-ce pas d'engendrer un monstre ? C'est précisément l'histoire d'Adam et d'Eve, qui ont engendré le Fils de Dieu. — *Ego sum vermis et non homo : opprobrium hominum et abjectio plebis.*

XXIV° Dimanche après la Pentecôte. L'admirable Liturgie de ce jour demande à Dieu « d'exciter les volontés des fidèles ». Comme je disais à ma chère Jeanne que la Volonté humaine signifie, sans doute, le Saint-Esprit, de même que l'Etre se rapporte au Père et la Connaissance au Fils, d'après saint Augustin, elle me fait remarquer, à son tour, que le *Fiat voluntas tua*, de l'Oraison Dominicale, peut, alors, se traduire ainsi :

Que l'Esprit-Saint soit au Ciel et sur la Terre!

Nous déplorons, une fois de plus, l'impossibilité d'être compris, fût-ce de nos amis les plus intimes. Elevée dans les ténèbres palpables du monde luthérien, ma femme, longtemps avant de me connaître, fut tourmentée du désir, du besoin violent de ne plus *protester*, d'entrer enfin dans l'Absolu, et demanda, avec une simple foi, d'être entièrement séparée du monde. N'a-t-elle pas été exaucée d'une manière tout à fait parfaite, en m'épousant?

« Si tu savais les jouissances que Dieu donne et le goût délicieux du Saint-Esprit! » disait Ruysbroeck l'Admirable.

30. — Je demande à l'Apôtre saint André, que le Seigneur aima « comme un parfum », *in odorem suavitatis*, la grâce de ne plus être une abominable charogne.

DÉCEMBRE

2. — Si vous fermez votre porte, une seule nuit, craignez au réveil, de trouver un de vos frères, mort de froid et de faim, devant le seuil.

6. — Se défier des gens qui promettent des millions et dont on est forcé de régler les consommations.

8. — Nous sommes tellement dans les ténèbres, me dit ma femme, que le seul pressentiment d'un mystère est, pour nous, de la lumière.

10. — Les journaux m'apprennent qu'on a lancé une bombe en pleine Chambre législative. Une cinquantaine de blessés, dont le plus mal accommodé est un prêtre, l'abbé Lemire, nouveau député, qui aurait mieux fait de s'occuper des âmes. J'avoue ne sentir que la plus parfaite indifférence, au récit de cette catastrophe.

Léopold Lacour déjeune chez nous. Il profère que ces explosions, renouvelées assidûment, finiraient par contraindre les bourgeois à pratiquer un peu de justice. Idée de gardien de phare.

Ce Lacour n'est pas dégoûtant, mais on le trouve un peu braillard.

18. — A Eugène Demolder, à Bruxelles :

« Monsieur, Je vous écris sur le conseil de mon excellent et très-cher ami de Groux, qui m'a dit que je ne pouvais mieux faire. J'en avais déjà formé le dessein, depuis quelques semaines, et c'est une circonstance bien étrangère à ma première impulsion qui me détermine aujourd'hui, je suis forcé de l'avouer.

» N'importe. Quelle que soit la conjoncture, j'en veux profiter pour vous dire, en toute candeur, qu'ayant lu, le mois dernier, les *Contes d'Yperdamme,* sur l'expresse recommandation du même de Groux, cette lecture me donna une joie très-grande que je me reproche de ne vous avoir pas exprimée plus tôt.

» *Le Massacre des Innocents, la Pêche miraculeuse, Marie-Madeleine* et, surtout, *le Nocturne de Malbertus,* m'ont procuré une sorte d'ivresse religieuse et d'ivresse d'art, dont je devais, en conscience, vous rendre grâce du fond du cœur.

» Ces choses, monsieur, sont, à mon estime, très-supérieures à la plupart des productions belges contemporaines, *contrefaçons* écolières ou provinciales de l'art français, qui m'ont lassé, quelquefois, jusqu'au dégoût et jusqu'au vomissement.

» Accoutumé, dès longtemps, à dire ou écrire tout ce qui me plaît, je n'attends que l'occasion de publier sur ce point, mon sentiment...

» J'aborde maintenant le sujet, d'importance infiniment moindre, que voici. Une agence de publicité me communique le document ci-joint : *Le Passé de la vieille fille*, par Léon Bloy, inséré dans le *Patriote* de Bruxelles, à la date du 3 décembre.

» Ce conte *véridique* a été publié, le 20 octobre, par le *Gil Blas*, signé, en effet, de mon nom, sous la rubrique déjà fort connue : *Histoires désobligeantes*, MAIS, avec ce titre : le PASSÉ DU MONSIEUR, — titre voulu par moi, exclusivement et absolument.

» C'est une règle que la reproduction de tous mes contes est interdite, et c'est uniquement par la négligence de l'imprimeur que le susdit ne porte pas cette mention, qu'on peut lire à la fin de chacun des autres, immédiatement au-dessous de ma signature.

» Ne vous semble-t-il pas, comme à moi, que le choix de ce morceau qui, *seul*, n'est pas expressément et *typographiquement* protégé contre les voleurs, démontre jusqu'à l'évidence un parti pris de m-dépouiller, toutes les fois qu'on croira le pouvoir faire sans inconvénient. Votre *Patriote* me fait penser à ces caboulots, où la plus continuelle vigilance est indispensable, si on tient à garder son chapeau ou son parapluie.

» Cependant, je pourrais me consoler de cette friponnerie. J'ai l'habitude ancienne d'être filouté. La soi-disant dernière édition du *Désespéré* a été publiée, l'avril dernier, par la maison Stock, *sans contrat préalable, sans autorisation d'aucune sorte et sans qu'on daignât m'en informer*, publiée même avec modifications et RETOUCHES !!! C'est un peu plus fort, n'est-ce pas ? que le *Patriote*, qui me paraît n'appartenir qu'à la pègre la plus infime.

» Je pourrais encore, à la rigueur, me cicatriser d'un semblant de collaboration à cette feuille de la Cour des Miracles, bien qu'une telle promiscuité me blesse profondément. Mais, je l'avoue, le travestissement de mes œuvres m'exaspère et je refuse, avec la plus indomptable énergie, de paraître épouser la sottise de mes démarqueurs.

» Tout le monde sait que je suis le plus méprisable des hommes. Il n'est plus permis d'ignorer que l'ingratitude, la cupidité, l'ivrognerie, la paillardise, la calomnie, le chantage et le maquerellage le plus fangeux sont mes pratiques. Tout cela fut écrit par des citoyens de haut mérite qui se sont toujours tenus soigneusement hors de portée des abatis de Marchenoir. Oserai-je vous dire que ces témoignages me consolèrent efficacement de plusieurs tintouins et développèrent en moi le sens esthétique ?

» Ma réputation d'*écrivain*, cependant, fut respectée, j'ignore par quel prodige. Nul de mes justiciers austères ne voulut ou n'osa prétendre que l'art d'écrire m'était refusé. Il est donc assez naturel que je tienne à ce seul bien et que je ne permette pas aux helminthes littéraires de se propager dans mes intestins.

» Si je n'élevais aucune protestation, demain, sans doute, une autre feuille, brabançonne ou luxembourgeoise, donnerait, à son public le *Navré*, par exemple, roman de Léon Bloy, ou le *Whist d'Excommuniés*, du même auteur, avec les coupures ou remaniements jugés agréables ou nécessaires. Et je n'en verrais pas la fin.

» La voilà donc, ma protestation. Je parlerai plus fort, si on l'exige. S'il le faut absolument, je ferai violence à ma nature pacifique et me départirai, non sans chagrin, de ma coutumière douceur. Provisoirement, j'arbore tout ce que je puis avoir d'urbanité, de courtoisie et de révérence.

» Voulez-vous, monsieur, vous charger obligeamment d'offrir, de ma part, cette lettre à quelque périodique de Bruxelles, assez indépendant pour la publier ? Je l'adresserais directement à tel ou tel qui toujours fut parfait pour moi, si je ne craignais de tomber fort mal, en même temps que j'aurais perdu l'occasion de vous demander quelque chose. On m'assure que tel est le secret de vous ravir.

» Agréez, etc.

» LÉON BLOY. » (1)

25. — Réclamation :

(*Gil Blas*)

« Depuis quelques jours, le célèbre fumiste, Marius Tournadre, occupe le public d'on ne sait quel ridicule différend avec le baron Alphonse de Rothschild, et le

---

(1) Publiée par l'*Art Moderne* de Bruxelles, 18 février.

nom de notre collaborateur Léon Bloy, mentionné par un grand nombre de journaux, se trouve inexplicablement mêlé à cette farce.

„ Léon Bloy, justement révolté, nous prie de publier qu'il se déclare absolument étranger aux combinaisons de M. Tournadre, qu'il n'a jamais autorisé, d'aucune manière, un pareil abus de son nom et qu'il repousse énergiquement toute solidarité avec ce mystificateur. „

— Il faut toujours se défier des hommes qui n'ont pas d'argent et qui sont sans Dieu, m'a dit quelqu'un.

31. — Evangile de saint Sylvestre : « Estote similes hominibus expectantibus Dominum suum, quando revertatur a nuptiis ».

Je le veux bien, ô Saint Luc, et j'attendrai, sur votre parole, que mon Seigneur revienne des Noces, puisque vous me dites qu'alors, « Il me fera asseoir à Sa table et me servira ».

1894

Deus non patietur vos tentari
supra id quod potestis.
          I. *Corinth.* X, *13.*

JANVIER

23. — L'Eglise fait, aujourd'hui, mémoire de la Prière de Jésus au Jardin :

— *Pater mi, si non potest hic calix transire nisi bibam illum, fiat voluntas tua...*

Je répète, comme je peux, cette prière terrible qui me fait trembler, et je sens quelque chose de la Peur mystérieuse du Maître : *Cœpit pavere.*

Mon Dieu ! que faudra-t-il que j'endure encore ?

25. — Toujours des contes à inventer ! L'idée me vient d'une adaptation de l'histoire de Naundorff à quelque famille bourgeoise.

Je relis donc la petite histoire populaire du personnage, et cette lecture me déconcerte. Comment toucher à un tel poëme de douleur ?

Il m'est impossible de penser à cet homme de rêve et de prodige, sans être atteint dans l'intime de mon âme. La figure de Louis XVII, errant et renié par toute la terre, n'est-elle pas le plus étonnant *symbole* ?

Je songe qu'il y a certainement Quelqu'un de très-pauvre, de très-inconnu et de très-grand, qui souffre de la même manière, *en ce moment*, et qu'il faut avoir peur de Le méconnaitre, quand on Le rencontrera.

27. — L'imbécillité sentimentale du Protestantisme, compliquée vaguement des saloperies du Spiritisme, quoi de plus invincible ?

Pour discuter, il faut descendre dans un marécage. Les paroles dépensées en vain *reviennent*, aussitôt, comme un jusant de boue fétide, sur le cœur de l'homme qui les a proférées.

Les trois Concupiscences dont parle saint Jean :

Concupiscentia carnis. — On pèche comme une brute.

Concupiscentia oculorum. — On pèche comme un homme.

Superbia vitæ. — On pèche comme un Dieu.

28. — Sexagésime. La liturgie de ce jour si particulièrement dévolu à saint Paul, nous inspire quelques réflexions, l'Evangile surtout.

Le « Semeur » : le Père ; et « sa Semence » : le Verbe son Fils, qui tombe, d'abord, le long du

« chemin », *secus Viam,* c'est-à-dire sur Lui-même, *de tout son long ;* — puis, sur la « pierre » : l'Eglise ; — puis, au milieu des « épines », qui sont *sollicitudines, divitiæ et voluptates* : la Couronne même de Jésus ; — enfin dans la « bonne Terre » : Chanaan, celle du Paraclet.

Après dîné, querelle très-longue sur la musique, à propos de Meyerbeer et de Wagner : un de nos convives exaltant le premier, que de Groux conspue en l'honneur de *Parsifal.* J'interviens pour formuler de précises malédictions contre toute musique n'ayant pas directement la louange de Dieu pour unique objet. Je dis que la plus belle musique, même d'église, ne paraît belle que parce qu'elle est l'occasion de pressentir la *vraie* musique, l'harmonie divine qui est au fond du Parfait Silence.

30. — L'idée centrale de mon dernier conte, *Propos digestifs,* étant que nul ne peut être assuré de son *identité* et que chacun occupe vraisemblablement la place d'un autre, Jeanne m'a demandé comment il se pourrait qu'il y eût un tel désordre dans l'OEuvre de Dieu.

— Et la Chute ? ai-je répliqué… Rien n'est accompli. Nous avons tout à attendre, puisque nous sommes dans le *Chaos,* — dans le grand chaos qui sépare le Mauvais Riche du glorieux Pauvre. Il nous est donc réservé d'assister véritablement à la Genèse, d'être les témoins de la Création, depuis le *Fiat Lux* jusqu'à la naissance d'Adam, etc.

FÉVRIER

3. — Monsieur, vous avez essayé de me détourner de mes devoirs.

— Et vous, madame, n'avez-vous pas essayé de me détourner des miens ?

4. — On ne sait jamais de qui on est le plus proche parent.

7. — Envoyé à Roinard, pour le livre étrange qu'il veut publier en collaboration avec tout le monde, *Portraits du prochain siècle :*

ERNEST HELLO

Il n'y aura peut-être jamais une réalité plus troublante que la ressemblance physique d'Ernest Hello et d'Henry de Groux.

Il fut nécessaire à l'équilibre d'on ne sait quels globes rampant sur le sein des gouffres, que le peintre des *Tourments* configurât extérieurement ce Provocateur de la Foudre.

Pour les très-rares qui connurent Hello, c'est effrayant de le contempler ainsi, après sa mort, dans la plus brûlante cave de l'Enfer. Car la peinture d'Henry de Groux paraît être ce *Lieu* terrible.

Vu dans l'espace, Ernest Hello faisait penser au Paralytique de la piscine de Bethsaïda, guéri par une parole de Notre Sauveur, et *il avait toujours l'air de porter son lit* (1).

Ce grabat est devenu, par un miracle plus grand, l'héritage de son ménechme, qui le démonta pour en faire un chevalet colossal.

Tel est le mystère, que je propose aux rêveurs du « prochain siècle ».

Tous les hommes sont des déterrés, et la tombe d'Hello, — *sa vraie tombe* — doit être VIDE.

Léon Bloy.

8. — Difficulté parfois atroce de trouver, chaque semaine, le sujet d'un conte nouveau... Je mets un sac *vide* sur ma table et j'en tire ma nourriture.

Léopold Lacour me déclare ses sentiments d'estime et d'admiration. Il me défend, dit-il, contre tout le monde, et finit par me proposer un pacte. Si quelque médisance trop grave tend à nous désunir, celui des deux qui aura quelque inquiétude ira tout raconter à l'autre sur-le-champ. Les bêtises font passer le temps de la vie, disait Villiers.

---

(1) Mot inintelligible pour les gens qui ne savent pas qu'Hello était légèrement bossu.

11. — Essayé consciencieusement d'écouter un prédicateur du Carême. Je suis frappé de cette évidence que le moyen dont Dieu s'est servi pour établir son Eglise, la Prédication Apostolique, est précisément ce qu'il y a de plus faible, aujourd'hui, de plus médiocre. *Sal terræ evanescit*.

12. — Naissance de mon fils André, à l'*Angelus* de midi.

La sage-femme étant protestante, le baptême ne pourra jamais avoir lieu assez tôt.

14. — Il ne faut pas mépriser les pressentiments. Ils sont pour les imparfaits ce que le discernement des Reliques est pour les Saints. Paroles de Jeanne.

16. — A mon ami, le lieutenant :

« ... Il faut prier. Tout le reste est vain et stupide. Il faut prier pour endurer l'horreur de ce monde, il faut prier pour être pur, il faut prier pour obtenir la force d'*attendre*.

» Il n'y a ni désespoir, ni tristesse amère pour l'homme qui prie beaucoup. C'est moi qui vous le dis. Si vous saviez combien j'en ai le droit et avec quelle autorité je vous parle !

» Vous connaissez les misères banales de la vie, mais vous ignorez la vraie Douleur. Vous n'avez pas reçu le *vrai* coup qui perce le cœur. Peut-être ne le recevrez-vous jamais, car très-peu le reçoivent, quoique beaucoup prétendent l'avoir reçu.

» Le nombre est infini des hommes-enfants qui croient souffrir sans mesure, et qui souffrent, en réalité, fort peu. Le nombre est infini de ceux qui s'imaginent posséder la Foi, et dont la foi ne soulèverait pas un grain de poussière. Pour ce qui est de l'Espérance et de l'Amour, quels mots ont été plus prostitués ?

» La Foi, l'Espérance, la Charité, et la Douleur qui est leur substrat, sont des diamants, et les diamants sont rares, vous l'avez appris. Ils coûtent fort cher, ne l'oubliez pas.

» Ceux-là coûtent la Prière qui est, elle-même, un inestimable joyau qu'il est nécessaire de conquérir. C'est rudimentaire et formidable.

» Il s'agit de prier simplement, bêtement, mais avec un vouloir puissant. Il est indispensable de prier longtemps, patiemment, sans écouter le dégoût ni la fatigue, jusqu'à ce que l'émotion vienne et qu'on sente comme un tison dans le cœur. Alors, on peut aller en paix et subir n'importe quoi...

» Vous me dites que vous ne voyez que ma « main », dans quelques-uns de mes contes, et que, dans les autres, vous voyez mon « cœur ».

» Vous me lisez donc mal, cher ami. Je mets mon cœur dans tout ce que j'écris. Mais j'écris pour un journal frivole où je ne peux pas toujours m'exprimer ouvertement. Je suis, au contraire, forcé de m'envelopper.

» Relisez, par exemple, *La Taie d'Argent* ou *Une Recrue*, et, avec un peu d'attention, vous y trouverez du pain pour vous. Je mets quelque chose de mon fonds dans chacun de ces récits qui sont assez souvent, croyez-le, des *allégories*.

» J'ai l'air de parler à la foule pour l'amuser. En réalité, je parle à quelques âmes d'exception qui discernent ma pensée et l'aperçoivent sous son voile. Vous devriez être de ceux-là, mon cher André. L'apparente farce que le *Gil* a publiée, hier : *On n'est pas parfait*, est sortie d'une communion fervente où j'avais demandé la Lumière, au nom de la Couronne douloureuse de Jésus-Christ.

» Votre Léon Bloy. »

18. — La Foi, c'est la connaissance de notre limite.

22. — Monsieur Bloy, vous devriez faire du pamphlet !... Conseil donné, avec certitude, par un bonhomme qui lit quelquefois les journaux, quand le piquet ou la manille ne s'y opposent pas.

MARS

1ᵉʳ. — Le *Mercure* publie un article de de Gourmont où il est dit que Jésus a manqué de *logique* dans ses paroles !!!!!

2. — On me fait entrevoir une manigance financière dont le succès me serait profitable. On me restituerait mon ancien salaire. Mais cela est fort incertain, et Dieu sait combien je préférerais n'avoir plus besoin du tout d'écrire au *Gil Blas* ! Cet odieux journal — qui me paie si chiennement, — dévore ma vie, semaine par semaine. Je vais avoir cinquante ans et j'ai la meilleure partie de mon œuvre à faire.

4. — Aveuglement inconcevable de l'historien juif Josèphe, qui parle sans cesse de Dieu et qui ne voit jamais Jésus-Christ, dans le châtiment inouï de Jérusalem.

Idée d'un travail d'imagination ou de critique sur ce sujet. Considérer qu'à l'époque de la prise de Jérusalem, par Titus, en 70, la plupart des acteurs ou témoins de la Passion vivaient très-probablement encore.

7. — Il n'y a pas de hasard, parce que le hasard est la Providence des imbéciles, et la Justice veut que les imbéciles soient sans Providence.

Carte d'un inconnu qui me dit qu'ayant ignoré jusqu'à mon nom, qu'il vient d'apprendre *par hasard*, il y a quinze jours à peine, son admiration m'est acquise désormais.

Réponse :

« Léon Bloy, ayant été plusieurs fois déçu par de fétides gredins ou d'épouvantables imbéciles qui prétendaient l'admirer, invite M. X..., dont il vient de recevoir la carte, a vouloir bien se faire connaître plus amplement, mais par écrit. M. X... dit que les livres de Léon Bloy lui sont tombés sous les yeux « par hasard ». Le mot *hasard* n'existe pas dans le dictionnaire de cet écrivain peu endurant, qui voudrait savoir si on a eu des intentions offensantes.

» LÉON BLOY. »

8. — Apparition du premier fascicule des *Vendanges*, — dessin d'Henry de Groux, texte de Léon Bloy. Magnifique brochure, grand in-folio,

qui nous couvrira de gloire et d'argent, — si l'entreprise, miraculeusement, n'avorte pas.

Voici mon premier chant :

LA VIGNE ABANDONNÉE

Eloi, Eloi, lamma sabacthani?

Le peuple, autrefois, croulait sur les dalles, quand ces mots hébreux étaient lus dans l'évangéliaire plein d'enluminures, à l'office du deuxième jour de la Semaine douloureuse.

On avait autant de chagrin qu'on en pût avoir, parce que tous les hommes, alors, étaient des enfants et que plus les hommes étaient forts, plus ils se faisaient semblables à de tout petits enfants.

On mourait, véritablement, de savoir que Jésus était abandonné par son adorable Père, sur sa Croix et dans ses Langueurs.

Les Langueurs de Dieu! La Déréliction de Dieu! c'était cela, surtout, qui crevait le cœur!...

_*_

Mais, que nous voici loin de ces temps abécédaires, et combien raisonnables et savants ne sommes-nous pas devenus, depuis qu'on cessa de pleurer d'amour, sous un firmament *expliqué*!

Le pinceau pâle des projections électriques précise, désormais, l'Ignominie du Sauveur des Ames.

Ce rayon livide éclaire ce Soleil éteint qui ne donnait plus de lumière, et dont la place même était si profondément oubliée que ceux qui pleurent avaient renoncé à le chercher.

Le voilà bien ! le pauvre Dieu qui n'en peut plus d'être abandonné, qui n'en peut plus de toujours mourir, et qui meurt, décidément, de l'Opprobre scientifique, sans avoir été secouru !

Les bêtes immondes peuvent s'approcher. Elles seront moins outrageantes que cette blafarde phosphorescence de pourrissoir, qui les encourage.

*

Ego sum Resurrectio et Vita. Est-ce bien là votre Parole, Seigneur ?

Voilà que vos derniers amis, et les pauvres même, sont en fuite. Votre Calvaire, à la fin, devient trop affreux, et, si les gens qui sont en poussière pouvaient revivre, ne pensez-vous pas qu'ils s'éloigneraient, eux aussi, de votre Personne, en jetant des cris ?

Autrefois, Rédempteur souffrant, vous étiez le Père des pauvres. Vous vous appeliez leur Tête, et ils s'appelaient vos Membres, parce qu'ils espéraient votre Gloire.

Mais cela, vraiment, c'est trop, et si vous continuez à languir, seulement un siècle de plus, il faudra bien qu'on vous nomme le Père des Morts.

*

Quelqu'un paraît cependant, Quelqu'un qui est tout en pleurs.

Ce n'est pas la Mère. Ce n'est pas l'Evangéliste. Ce n'est pas non plus l'Amoureuse d'or, la Fiancée magnifique, cette Madeleine des incendies, dont les larmes sont aussi « dures » que les cristaux de l'Enfer.

Ce n'est ni un Martyr, ni une Vierge, ni un Confesseur. Et c'est encore moins, à coup sûr, un de ces Innocents trucidés qui jouent, depuis deux mille ans, avec leurs palmes et leurs couronnes, sous l'Autel des Cieux.

Celui-là, c'est un Etranger, parmi tous les étrangers. C'est un Inconnu solitaire qui n'attend personne et que personne n'attend.

Serait-ce Lui que Jésus a tant appelé dans sa Langueur? le Libérateur mystérieux qui doit le décrucifier ?

Mais alors, bon Dieu ! qu'il a mis de temps à venir !

[*]

Ah! sans doute, quand le Christianisme était tout à fait sublime, et que le Sang brûlant de Jésus-Christ coulait dans les veines de ses premiers Saints, comme un impétueux métal en fusion qui galoperait dans des aqueducs de bronze ; — quand les petits enfants et les filles impubères empruntaient « la voix des cataractes » pour chanter ; — quand une armée de lions affables et tout un empire de bourreaux étaient en présence ; — quand les Chrétiens se promenaient parmi les tortures, ainsi qu'en un jardin délicieux, et que le bruit de leurs tourments faisaient suer d'horreur les murailles des villes d'Asie ; — oui, sans doute, en ce temps-là, il ne pouvait être question de déclouer le Sauveur du monde.

*

Les siècles, donc, vinrent se coucher timidement au pied de la Croix. Et lorsque l'Eglise eut enfin posé les pieds de son trône sur les quatre coins de la terre, le Moyen Age, crénelé de basiliques, n'espéra pas mieux que de souffrir.

Il fallait l'échéance actuelle et le cyclone de turpitudes qui souffla du Protestantisme.

Mais, encore une fois, qu'il est tard ! Et qu'il paraît misérable, ce Libérateur supposé, cet Elie des éclaboussures et de la racaille, qui se manifeste en pleurs, à l'instant lugubre de la Fin des fins.

Si c'est là le Consolateur, on le voit tellement au-dessous du malheur même, que la Misère épouvantable du Christ ressemble aussitôt, par comparaison, à de la magnificence.

*

Après tout, il a sa Croix, le Seigneur qui meurt. Il a son Eglise, — maintenant accoutrée d'injures, il est vrai.

Il a eu des adorateurs qui se firent écorcher vivants pour l'amour de lui. Un grand nombre d'autres, à force de le regarder, ont obtenu, pour eux-mêmes, la stigmatisation de ses Plaies...

C'est le Salomon des ignominies, et l'univers a beau ne plus en vouloir, l'univers triste et galeux est plein de sa Face.

L'autre n'a rien, absolument *rien*. Pas même le regard d'un désespéré, pas même l'attention des bêtes venimeuses qui grouillent, désormais, sur le Golgotha.

Eh bien ! tant mieux ! SURGE, ILLUMINARE, JÉRUSALEM ! Pour délivrer le Roi des pauvres, il fallait, peut-être, Quelqu'un qui fût plus pauvre que lui, et qui arrivât... *trop tard*.

***

C'est l'Ouvrier de la dernière seconde de la dernière heure.

C'est celui qui crut que le Jour ne pouvait jamais finir et qui vient, même après cette abominable vermine qui craignait d'arriver trop tôt.

Si le Maître de la Vigne rémunère autant les ouvriers de la « onzième heure » que les travailleurs qui ont porté le poids du jour, que sera-ce de cet impossible compagnon qui se présente, lorsqu'on a cessé de payer les mercenaires, lorsque tout le monde est parti et que les puits de la Nuit se sont ouverts ?...

Il faudra bien lui donner la Vigne elle-même, la Vigne pâle et abandonnée, la pauvre VIGNE du Seigneur qui meurt.

9. — Nouvelle lettre de cet invocateur du *hasard* à qui j'ai répondu avant-hier. Il se dit anarchiste

et littérateur, mais dans quelle langue, et en arborant quelle caroncule de dindon! J'ai voulu savoir si j'avais affaire à un imbécile. Je suis fixé. C'est un parfait imbécile.

11. — Histoire romaine. La critique moderne, Niebuhr en tête, a déclaré, contre l'autorité de Tite-Live, que les premiers temps de Rome, tels que les raconte le vieil historien, doivent être appelés *époque mythique*, et notre Michelet s'est fait le vulgarisateur de cette doctrine.

Si tous ces savants se trompaient, cependant, et que Tite-Live eût raison !

Tout ce monde antique est, d'ailleurs, effroyable. Quel mystère que le silence de Dieu chez les Gentils, pendant tant de siècles !

22. — Toujours écrire pour ce *Gil* ignoble! Fatigue et dégoût allant jusqu'au désespoir.

25. — Interview de Zola publiée, ce matin, par le même *Gil*, où cette brute se dit un *lion*.

AVRIL

3. — On me communique un article de la *Tribune* de Chicago : *Shocking Story current on the Parisian boulevards*. Il paraît que les marchands de cochon salé ont pris au sérieux et tiennent, désormais, pour document historique, une sorte de facétie, parue dans le *Gil Blas,* le 19 janvier dernier, sous ce titre : *Celui qui avait vendu la Tête de Napoléon I*^{er}. J'imaginais un voyou parisien qui aurait, en 1870, livré cette Relique à l'Empereur Guillaume, ravi de l'acquisition. Faible épigramme qui a produit l'effet d'une révélation foudroyante sur les hommes graves de l'Illinois. Quel succès !

5. — Hier soir, Laurent Tailhade, dînant chez Foyot avec sa maîtresse, a reçu une jolie bombe. Quelques journalistes, maltraités par lui, expriment leur joie.

7. — De Groux, beaucoup plus liseur de journaux que moi, vient me parler de la vilenie des cochons de plume, tombant tous ensemble sur Tailhade, dont le cas est grave et qui peut en mourir. On le déteste et on se réjouit partout de la détresse de ce malheureux, dont le crime est d'avoir écrit, contre ses contemporains, quelques vers inspirés par mon humble prose. Peu à peu, — allumé par de Groux, qui me représente, avec énergie, que je n'ai pas le droit de me désintéresser d'un homme contre qui tout le monde se déchaine, — je me décide à faire une chronique pour le défendre ou le venger, bien que je sois à peu près sûr d'y perdre mon pain. (1)

8. — Dépêche inutile m'annonçant une lettre vaine qui n'arrive pas. Tel est le train de cet imbécile monde.

Réponse à une protestante qui veut m'embarquer : — Je me refuse à toute discussion, et je n'en ai nul besoin, puisque je ne crois qu'à l'*obéissance*. Jésus m'a commandé d'obéir au Pape et cela me suffit.

---

(1) Cette journée m'a coûté la mort de deux de mes enfants et plus de deux ans de misère diabolique, pour ne rien dire des outrages de la presse entière tournée contre moi, — outrages que j'ai toujours considérés comme très-précieux.

9. — Très-belle lettre de Rachilde, m'envoyant le récit détaillé d'une soirée fameuse où Tailhade assuma définitivement l'exécration des journalistes, par lesquels il est, aujourd'hui, si lâchement insulté.

Bon document pour ma chronique dangereuse.

10. — Livraison au *Gil Blas* de *L'Hallali du Poëte*. Tel est le titre du monitoire. Epigraphe : *Oh! les cochons! les cochons! les cochons!* L'administrateur Albiot déclare le péril, mais ne refuse pas mon gingembre et me promet la rescousse de son aileron. Me voilà propre.

11. — Signature, avec Léopold Lacour et André H., du mirobolant et juteux contrat qui assure l'opulence rothschildienne à chacun de nous, en cas de succès de la plus invraisemblable entreprise des temps modernes...

13. — *L'Hallali du Poëte* a paru hier. Le puant *Vénérable*, Edmond Lepelletier, s'estimant offensé, m'envoie, le soir, deux goujats subtils qui s'arrangent, *naturellement*, pour ne pas me trouver chez moi. Grand dommage! il m'eût été agréable de les recevoir comme il convenait (1).

---

(1) Voir le récit complet de cette affaire dans ma brochure, *Léon Bloy devant les Cochons*, publiée deux mois plus tard. (Paris, Chamuel, éditeur).

Sur l'annonce matinale d'une visite de ces paladins, j'avais envoyé, vers midi, cette dépêche au *Gil Blas :*

« Je n'ai encore vu venir personne, et mes affaires ne me permettent pas d'être, toute la journée, à la disposition des témoins du *premier venu*. Le Duel, selon moi, est une saleté ridicule, inventée par des saltimbanques. Je le remplace volontiers par des coups de pied dans le derrière... des autres.

» Léon Bloy. »

Tout s'explique.

14. — Le *Gil* commence la publication de *Lourdes*. Atroce ennui de cette cacade.

15. — Léopold Lacour vient me dire qu'au *Gil* tout va mal pour moi. Le refus de me battre nécessitant, selon les rites du journalisme, un déploiement héroïque de mon rédacteur en chef, une indignation générale m'expulserait du lupanar. Lacour, ayant vu ces canailles, hier soir, s'est chargé de venir me demander, au moins, une réponse nette et définitive. Il a eu beau dire que cette réponse était connue, d'avance, depuis dix ans, on la veut écrite et signée.

Plein de lassitude et de dégoût, j'écris que je ne puis faire le lendemain ce que je n'ai pu faire la veille. — Que monsieur Lepelletier m'attaque personnellement, tant qu'il voudra, mon mépris le protège !... Tel a été mon dernier mot.

16. — Bienheureuse et profitable journée ! Je cesse d'appartenir à la rédaction du *Gil*. Je suis lâché, une fois de plus, aussi crapuleusement que possible, à l'occasion d'un des articles les plus nobles que j'aie écrits.

Le goujatisme pétulant d'Albiot et la venimeuse idiotie de Desfossés, — les deux administrateurs qui *m'exécutent*, — ont infiniment dépassé mes secrets espoirs. Albiot, partagé entre la peur de gifles soudaines et la crainte plus noble de mécontenter le gâteux qu'il utilise, prend le parti, — après s'être retranché derrière un bureau, — de me renier complètement. Cet incontestable voyou parle même de la *Charité chrétienne (!!!)* qui m'interdit les injures. Desfossés, lui, n'a que des gloussements de goîtreux exaspéré.

Puisqu'il fallait, pour le bien de ma pauvre âme, que je perdisse un si sale pain, pouvais-je espérer un réconfort plus efficace que le spectacle d'une aussi somptueuse ignominie ?

Cris de joie, transports d'allégresse dans ma maison ! Carillon des cœurs ! Qu'on mette la table du joyeux festin de la Misère !

17. — Léopold Lacour, estimant que je suis

perdu, me lâche spontanément, avec une incroyable noblesse.

20. — Roinard me suggère une brochure apologétique. Soit. J'écrirai donc une soixantaine de pages sous ce titre : *Léon Bloy devant les Cochons.* Le bon Roinard, que je connaissais à peine jusqu'à ce jour, et dont je ne me savais pas si aimé, croit pouvoir me trouver un éditeur. Il espère même récolter de l'argent pour moi.

21. — Lettres d'inconnus, me félicitant d'être sorti du cloaque, mais ne m'offrant pas un centime.

Frénésie ordurière de quelques dignes amis de Lepelletier, lesquels, me voyant désarmé, lancent à pleines mains leurs cœurs sur moi. Je collectionne avec plaisir tout ce caca.

23. — Le fils d'Edmond Lepelletier proteste contre la vilenie de son père.

Je commence ma brochure, *Léon Bloy devant les Cochons.*

27. — A Tailhade, hôpital de la Charité :

« Mon cher Tailhade, Je viens de lire, dans le *Journal*, l'interview de Jules Huret, curieux d'informer le public de « l'état d'âme d'un bombardé ».

» Ma stupeur est infinie. Cet esclave a-t-il été infidèle? Sinon, comment avez-vous pu vous y prendre pour ne pas me nommer, moi, le *seul* qui vous ai défendu et à quel prix ! — vous ayant sacrifié spontanément mon pain et celui des miens — alors que je suis, à cause de vous, noyé d'immondices par cette même presse qui vous outragea ?

» Cela, Tailhade, ce serait terrible. Avez-vous pensé que votre témoignage, en ce moment où tout le monde m'abandonne comme un lépreux, pouvait m'être infiniment utile et précieux, et faudra-t-il que dans la brochure que je prépare, je vous mentionne parmi ceux qui m'ont lâché à cause de Laurent Tailhade ?

» Non, n'est-ce pas ? Ce serait trop abominable. Huret est une salope, n'est-ce pas ? c'est bien entendu, et je compte lire, demain, dans le *Journal*, une véhémente rectification.

» Votre ami, Léon Bloy. »

28. — Réponse de Tailhade, qui avoue n'avoir pas parlé de moi et m'en demande pardon, protestant que « ni son cœur ni sa volonté n'y sont pour rien ». (!) Il me promet je ne sais quelle apologie conférencière, à l'entrée de l'hiver prochain. Allons ! c'est un de ces hommes dont il faut ouvrir les yeux, avec un couteau d'écaillère. Nouvelle lettre :

« Mon cher Tailhade, Vous me demandez *pardon*, avant même que j'aie eu le temps de me sentir vraiment offensé. Hier, je n'avais eu que du chagrin, un chagrin atroce. Le *Journal* me tomba sous les yeux, en un moment où j'essayais de me reposer, quelques instants, des abominables courses, des démarches de réprouvé, auxquelles me condamne, depuis plusieurs jours, mon expulsion du *Gil Glas*. Songez, mon ami, que, non seulement j'ai perdu ma seule ressource, mais que je suis couvert d'une épaisse ignominie, étant privé de tout moyen de me défendre et nul n'ayant, jusqu'ici, parlé pour moi.

» Il faut connaitre les ignobles manigances du journalisme, pour savoir combien fut un *simulacre*, ce duel cafard, dont on prétend m'avilir. L'interview de Huret, dans le *Journal*, feuille lue immensément, était une occasion *unique* et qui ne se représentera plus.

» Lorsque le titre m'apparut, j'eus peine à retenir un cri de joie, du fond de ma détresse. — Enfin ! me dis-je, voilà donc un peu de justice ! Ah ! je ne doutais pas de votre énergie...

» Ma déception fut inexprimable. Votre silence, n'en doutez pas, a comblé mes ennemis, qui sont aussi les vôtres, d'une allégresse proportionnée à mon deuil. Ils peuvent triompher, maintenant : — Ce Bloy est tellement abject que celui-là même pour lequel il s'est immolé, le renie. Que diriez-vous si, ce matin, quelque chroniqueur exprimait cette pensée gracieuse ?

» De Groux, que j'ai vu, le soir, était atterré, n'en revenant pas, croyant tomber dans un gouffre. Que pouvions-nous faire, sinon de nous attacher fortement à l'idée que le reporter avait été infidèle et vous déshonorait ainsi à plaisir ?

» Vous m'écrivez qu'il ne l'a pas été... Alors, quoi ?

Vous ajoutez que « votre cœur n'a été pour rien dans cette omission ». O Tailhade, votre politesse est dure comme l'enfer !

» Ah ! si j'avais été à votre place, mon *cœur* ne m'aurait pas permis de me taire. Il aurait jailli hors de moi ! Je n'aurais pas *parlé* du pauvre écrivain ayant accepté pour moi les pires souffrances. J'aurais hurlé son nom maudit, je l'aurais gueulé, je l'aurais craché vingt fois, comme des caillots de mon sang, à la face du pleutre qui serait venu s'enquérir de mon « état d'âme », et j'aurais exigé sa transcription très-fidèle, sous peine de mort !

» Maintenant, je vous le demande, à quoi peuvent me servir une *apologie* qui viendra trop tard et qu'on s'empressera d'étouffer, ou une conférence très-ultérieure dont nul ne fera mention ?

» Huret ayant été exact, il n'y a pas lieu de rectifier quoi que ce soit, au *Journal*. Il n'y aurait absolument qu'une chose à faire, mais, sur le champ. Profiter de la situation d'homme « actuel » qui est la vôtre, depuis un mois, pour obtenir l'insertion, dans un quotidien à fort tirage, d'un article spécial, où vous feriez pour le blessé Léon Bloy ce que j'ai fait pour le blessé Laurent Tailhade. Il vous serait facile d'expliquer que vous n'avez pas voulu déflorer cette apologie, en l'exposant à la transcription dubitable d'un interviewer. Telle est, je le répète, la seule chose à faire, et à faire tout de suite. Mais, la ferez-vous ?

» Votre ami, Léon Bloy. »

De Groux m'apporte, ce soir, une trentaine de francs, qu'il s'est procurés, je veux le croire, en assassinant quelqu'un.

Nouvelle réponse de Tailhade, plus misérable encore que la précédente. — Ah! quand il faut porter les chiens à la chasse !... gémissait, habituellement, une vieille parente qui m'a élevé. L'indignation de de Groux est à son comble. Si, dans huit jours, Tailhade n'a pas fait ce que je réclame, je l'exécute à la fin de ma brochure.

Léon Bloy devant les Cochons! Il sera le plus beau de tous.

MAI

1ᵉʳ — Il nous reste à peine vingt francs, pour attendre le jugement dernier.

4. — Lignes d'Henry de Groux pour être publiées dans les *Portraits du prochain Siècle*.

LÉON BLOY

Bloy a dit que je ressemblais à Hello.

Soit. Je vais donc essayer de dire ce qu'Ernest Hello aurait *écrit* de son ami Léon Bloy.

Bloy n'a qu'une ligne, et cette ligne est son contour. Cette ligne, c'est l'ABSOLU.

L'Absolu dans la pensée, l'Absolu dans la parole, l'Absolu dans les actes.

Absolu tel, que tout en lui est identique.

Lorsqu'il vomit sur un contemporain, c'est, infiniment et exactement, comme s'il chantait la Gloire de Dieu.

C'est pourquoi la gloire de ce monde lui est refusée.

Et je consens à être grillé vivant si on me prouve qu'Hello aurait eu autre chose à dire.

HENRY DE GROUX.

10. — Considérant que Tailhade, blessé surtout à la tête, pourrait très-bien ne plus avoir un équilibre parfait, je renonce, décidément, à le fourrer dans ma brochure, mais j'exige une lettre d'adhésion formelle, absolue et immédiate. De Groux se charge de la lui arracher.

12. — Souvenir confus d'un rêve. Je me suis vu au milieu des morts, plein du sentiment de la plus grande tendresse pour les morts, pour la multitude des morts, et je garde l'impression que je dois être sauvé ou délivré par un mort très-profondément inconnu de moi.

17. — Lettre de Tailhade, me demandant une vignette, (!) « un de mes beaux dessins d'enlumineur », pour une publication dont il a le projet... Pauvre diable ! la mort, vraiment, eût été meilleure pour lui. « Je me suis donné des armes parlantes, m'écrit-il, *du temps que j'étais fat*, une branche de laurier (Laurent), flanquée de la devise : *Viret semper laurus.* » La banalité perruquière de ces armes et devise, que j'ignorais, me pénètre d'attendrissement.

24. — On me fait lire deux dépêches d'une

femme, scandaleusement riche, qu'on avait essayé d'intéresser à mon sort.

La première marque des dispositions assez bienveillantes, mais, avec cette réserve qu'elle croit savoir que je ne suis pas « vrai » (!) La seconde est un débordement d'immondices. Elle déclare qu'elle « se fout » de moi et de ma petite famille, et insinue je ne sais quelle ténébreuse accusation d'« hypocrisie ». Il est heureux que je ne sois pas condamné à devoir quelque chose à une telle gueuse !

30. — Vous n'avez pas la notion de la durée, ai-je dit à mon cher de Groux, et c'est extrêmement grave. Les heures ne se ressemblent pas, les jours non plus. Il existe entre chaque heure du jour, et chaque jour de la semaine, une différence absolue, essentielle, divine.

Exemple. D'après la Génèse, le Lundi appartient à la Lumière; le Mardi, au Ciel; le Mercredi, à la Terre, à la Mer et aux Végétaux; le Jeudi, aux Astres; le Vendredi, aux Poissons, Reptiles et Volatiles; le Samedi, aux Bêtes et à l'Homme; le Dimanche, au Repos du Seigneur.

Je suis persuadé qu'un tableau analogue pourrait être établi pour chacune des heures du jour ou de la nuit, pour chacun des mois de l'année, et pour chacune des années d'un siècle.

Donc, lorsque vous avez décidé — avec plus ou moins de sagesse, — que telle chose devra être accomplie par vous, tel jour et telle heure, ce jour et cette heure reçoivent, de la puissance mystérieuse de votre vouloir, un certain caractère d'opportunité qui destitue, aussitôt, les autres jours et les autres heures de ce qui pourrait les rendre favorables au succès de votre dessein.

On est donc à peu près sûr d'échouer, si on manque *d'exactitude*, c'est à dire, si on intervertit le rôle des heures ou des jours, — puisqu'il faut alors que Dieu agisse miraculeusement, pour que le succès soit obtenu, quand même.

JUIN

1ᵉʳ — *Miraculeusement*, Chamuel consent à publier *Léon Bloy devant les Cochons*. La trouvaille de cet éditeur est un chef-d'œuvre de persévérance et d'audace, accompli par le seul Roinard, et que nul autre que ce gaulois n'eût osé tenter. Le prodige est justifié, d'ailleurs, par l'enseigne de la maison : *Librairie du Merveilleux !*

2. — On m'envoie une revue catholique belge. Un des Messieurs de ce papier informe les intelligences d'élite, pour lesquelles il travaille exclusivement, de ma déchéance profonde. Il paraît que « je m'encanaille » et que « le formidable styliste Bloy n'est plus, à l'heure actuelle, que l'entrepreneur de vidange de toutes les bassesses humaines *et même de quelques autres.* »

Je cite précisément, dans ma brochure, un tout

petit maquereau de Bruxelles, qui dit les mêmes choses, dans le même style. Ils peuvent se soûler ensemble.

5. — Relu quelques contes d'Edgard Poe, qui me passionnait, autrefois. En voilà, sans doute, pour jamais. Beautés incontestables qui ressemblent, quelquefois, à la splendeur. Mais c'est la splendeur de l'ébène, ainsi qu'il s'exprime. Quel noir génie! quelle imagination de ténèbres! Dieu en est absent, comme de l'enfer.

6. — Parlé à de Groux d'un projet de livre.

Le mot de saint Paul : *Videmus nunc per speculum in œnigmate*, serait la lucarne pour plonger dans le vrai *Gouffre*, qui est l'âme humaine.

L'épouvantable immensité des abîmes du ciel est une illusion, un reflet extérieur de nos propres abîmes, aperçus « dans un miroir ». Il s'agit de *retourner notre œil en dedans* et de pratiquer une astronomie sublime dans l'infini de nos cœurs, pour lesquels Dieu a voulu mourir.

Aucun homme ne peut *voir* que ce qui est en lui. Si nous voyons la Voie lactée, c'est qu'elle existe *véritablement* dans notre âme.

8. — Essayé de relire l'*Eve future*, de Villiers.

Trop de science humaine et trop peu de science

divine. C'est la même impression que pour Edgard Poe. Ces poëtes ne priaient pas, et leur mépris, éloquent parfois, n'est que l'amertume de leur impatience terrestre. Ils sont pleins de terre, comme les idoles.

11. — *Confession à Saint-Sulpice*. Je m'adresse au premier prêtre venu, dont je ne vois pas même le visage et qui m'expédie électriquement. En écoutant mes rapides aveux, *il comptait de l'argent !* il faisait sa caisse. C'est la première fois qu'une telle chose m'arrive.

Les Anges eux-mêmes pourraient-ils dire ce que c'est que la Confession ?

Parole intérieure de Dieu à l'âme : *Plus tu m'as trahi, et plus j'ai confiance en toi !*

18. — *Notre vie est épouvantable...*

— Les événements ne sont rien, me dit ma femme, il n'y a que des sentiments. Les pires catastrophes ne font pas souffrir, si Dieu a donné la joie intérieure, parce que tout ce qui est en dehors de l'âme est illusion pure.

19. — *A monsieur Clémenceau :*

« Monsieur, J'ai l'honneur de vous envoyer un exemplaire de ma brochure : *Léon Bloy devant les Cochons* Ce libelle qui ne pourra sembler excessif qu'à quelques fantoches désignés par leurs misérables noms, va tomber, infailliblement, dans un abîme de silence. Le promoteur d'absolu et de justice qu'on déteste en moi, ne doit attendre des eunuques de la réclame que l'étouffement ou l'étranglement.

» Pourquoi donc, alors, n'en appellerais-je pas, simplement et virilement, à vous, qui eûtes l'honneur, une fois, d'être à peu près *seul contre tous*, d'être outragé, vilipendé, maudit par la multitude, — laquelle, je présume, devait exécrer en vous quelque chose qui la dépassait?

» Pourquoi ne prendriez-vous pas la défense d'un homme dont la Destinée, par un certain point, ressemble si parfaitement à la vôtre, — d'un écrivain solitaire et redouté, qui aurait pu se prostituer comme un autre, mais qui, fièrement, épousa d'amour, il y a quinze ans, la plus terrible misère ?

» Pourquoi, enfin, ne parleriez-vous pas, *vous-même*, dans la plénière indépendance de votre plus crâne mépris, à la stupeur énorme des *silentiaires* du Bas-Empire, qui se croient si sûrs, n'est-ce pas? qu'aucun mâle n'oserait élever la voix pour un tel proscrit?

» Veuillez trouver ici, Monsieur, l'expression de ma très-profonde sympathie.

» LÉON BLOY. » (1)

21. — Mot décisif de mon éditeur Chamuel :
— La bicyclette tue le livre.

---

(1) Sans réponse et sans effet. N'avais-je pas écrit au même, le mois précédent, que « j'ignore éternellement la politique » ?

22. — Une chrétienne me dit ceci : — Il est nécessaire d'avoir un mari pour être vierge.

A quoi je réponds, avec toute l'Eglise : — La virginité intégrale est en proportion du désir surnaturel de la maternité. C'est à force d'être Mère de Dieu, que Marie est parfaitement Vierge.

A une jeune scandinave catholique, amoureuse d'un juif converti :

« Je ne vous félicite pas de votre choix, pauvre fille... Dès l'origine, la Race juive a été *séparée* des autres races humaines, si profondément séparée et mise en réserve pour les Desseins ultérieurs, que le mélange avec les Juifs a toujours été regardé, chez tous les peuples, comme une sorte de sacrilège.

» Si vous désirez devenir la femme d'un Juif, même *converti*, vous vous exposez à une malédiction effrayante, et *je vous le dis de la part de Dieu*, — malgré l'avis de tous les prêtres lâches ou imbéciles que vous pourriez consulter. »

25. — Mise en vente de mes *Cochons* et assassinat de Carnot, poignardé, hier soir, à Lyon...

Suite de mon destin. La mauvaise fortune est acharnée au point de ne pas reculer devant l'assassinat d'un Président de république, pour me priver d'un succès possible.

26. — Je sonne longtemps chez Tailhade, la concierge m'assurant qu'il est chez lui et m'en donnant une indubitable preuve. Déterminé à pousser l'expérience jusqu'au bout, je vais rôder sous l'Odéon et je reviens, une heure après.

Nouveau carillon. A la fin, une femme à moitié nue entr'ouvre la porte et me déclare qu'il est sorti. J'en conclus qu'il doit être au *pays du Mufle*. (1).

Cet homme n'a pu trouver le moyen de venir chez moi, depuis cinq semaines qu'il s'est évadé de son hôpital.

A un ami, entrepreneur de maçonnerie, qui s'est inexplicablement éloigné :

« Mon cher ami, La brochure que vous recevrez, en même temps que cette lettre, vous apprendra exactement de quelle manière j'ai dû quitter le *Gil Blas*, si vous ne le savez déjà.

» Voulez-vous chercher pour moi, dans n'importe quel bureau ou chantier, un emploi quelconque? Le moment est venu d'oublier que je suis un artiste, un

---

(1) L'un des plus vils insulteurs de Laurent Tailhade, lorsqu'il agonisait de sa blessure et que, seul contre tous, je pris sa défense, fut Edmond Lepelletier.

Récemment, Tailhade le nommait « cher et vénéré Maître », dans des chroniques, laborieusement imitées de moi, que tout le monde a pu lire.

écrivain, et de me souvenir que j'ai le devoir de nourrir les miens. Les privations qu'on endure, depuis deux mois, ne peuvent plus être supportées.

» J'accepterais donc n'importe quoi, fût-ce une besogne d'*homme de peine*, plutôt que de voir périr ceux qui m'ont été confiés.

» J'ai compris, il y a plus d'un an, que vous ne désiriez plus nous voir et je me suis résigné, comme j'ai pu, à cette injustice envers de très-pauvres gens qui ne vous avaient jamais offensé.

» Mais j'espère que vous retrouverez votre âme pour me rendre ce dernier service qui doit vous être facile. Songez qu'il y aurait une véritable cruauté à ne pas me répondre, que les trois sous qui vont affranchir cette lettre représentent un grand effort, et que votre réponse ne pourra jamais venir assez tôt.

» Léon Bloy. »

27. — Envoi d'un de mes *Cochons* à Remy de Gourmont : « Souvenir d'Un qui se plaît à crever de faim ».

Station d'une heure, à la terrasse du premier café venu, pour voir défiler une multitude fiévreuse et folle, en deuil fictif de Carnot, et en liesse contestable de l'élection de Casimir Périer, qui vient de se faire. Foule ignoble.

28. — Réponse de l'ami d'avant-hier. Polie et glacée. Il se déclare « désolé » de ne pouvoir

m'être utile. On ignore trop combien l'existence de certains hommes est saturée de *désolation*.

Rien ne fut plus beau que l'élan de celui-ci, qui vint à moi comme un frère, il y a trois ans, et je ne saurai, sans doute, jamais, les raisons qui le déterminèrent à me fuir. La misère est comme le Diable. Quand elle a fait un captif, elle l'environne d'excréments.

30. — Le Temps est l'*Incarnation* de l'Eternité. Idée de Jeanne.

Achevé le second poëme des *Vendanges* :

LE CORTÈGE DE LA FIANCÉE. (1)

La Femme qui trouble malicieusement l'âme d'un vidangeur et qui ne se livre pas, aussitôt après, à ce vidangeur, sera jugée par un tribunal de prostituées et d'homicides. Telle est la loi, vérifiée par dix-neuf siècles de christianisme.

— Tu nous fais crever de désir et de désespoir, ô Jardin suspendu de la Volupté, que soutiennent toutes les colonnes sociales.

---

(1) Inédit. Le premier poëme, la *Vigne abandonnée*, publié en mars, avait obtenu l'insuccès convenable à un genre de publication qui ne peut prétendre au suffrage d'aucun bordel. On comprend qu'un tel résultat était de nature à m'encourager.

De Groux, dont un magnifique dessin devait, une fois encore, illustrer mon texte, comptait, il est vrai, pour cette nouvelle tentative *commerciale*, sur la « parole d'honneur » d'un individu qui se déroba.

Tu es haute et folle comme la mer, et tu cribles de tourments les malheureux qui « reçurent leur âme en vain ».

Horrible Vierge aux entrailles inaccessibles, Verseuse de poison, Echansonne de la mort, Brute sublime!... les petites étoiles qui roulent dans le fond du ciel nous sont plus proches que toi, beaucoup plus proches, et c'est effrayant de penser à la multitude morose des cochons noirs qui te font cortège et qui auraient pu demeurer des hommes, si tu avais eu le cœur assez grand pour devenir, tout de bon, une gourgandine !

Or, tu es une *vierge sage*, qui ne laisse pas éteindre sa lampe, et tu es toujours prête aux délectations et transports de l'Epoux qui vient sans être attendu. Tu n'as souillé, ni ta robe, — à peu près absente, il est vrai, — ni ta chair très-pure, et cela t'est bien égal, n'est-ce pas ? si tous ces morts qui sont derrière toi, si ces pauvres morts sans *de profundis*, tendent leurs ombres de mains pour te supplier.

Tu crois si bien, Gueuse atroce, que le firmament t'adore, que la mécanique des cieux fonctionne pour toi et que tu ne dois rien à la Vermine.

Mais, prends garde, ils sont patients, les petits convives de la pourriture des jolies femmes ; ils sont tout à fait patients et tout à fait immortels — et ils ont rongé la tête des Dieux !

**

Puis, encore une fois, nous sommes troublés, nous

autres, les humains fragiles, nous sommes troublés d'une manière épouvantable, et ce trouble est parmi les choses que Jésus porta dans son Agonie.

Cette amertume sans nom, de concupiscence déçue, est la lie même du Calice qu'il lui fallut boire. Car c'est la plus hideuse des tortures. C'est le supplice qu'il est impossible de magnifier, celui de tous qui efface le mieux la Forme de l'homme, parce que c'est le seul qu'il *ne peut* choisir.

Des êtres faits à l'Image du Dieu qui souffre, et dont les âmes eussent pu être comme des torrents vers un Pacifique de lumière, ont perdu, à cause de toi, Idole imbécile, cette Ressemblance d'origine qui les configurait à la Raison éternelle.

Roulant dix mille marches, ils sont devenus plus bêtes que toi, pour t'accompagner, sur leurs quatre pieds, jusqu'à cette eau noire, — là-bas, sous cette guenille de la lune.

Ceux-là sont les vivants, les prétendus vivants de la terre.

Mais tu es toute pleine de morts.

Qui les comptera, depuis tant de siècles ? N'es-tu pas, dès toujours, le lieu commun de la plus banale misère des enfants des hommes ?

Tondeuse du faible Samson, Exterminatrice des innocents, Prophétesse des tourmenteurs ;

Vierge putride, Vierge inclémente, Vierge infidèle ;

Miroir d'injustice et Trône de folie ;

Vase de matière, Vase de honte, Vase de blasphème ;

Tubéreuse des asphyxies, Tour de la faim, Donjon des pleurs et des grincements ;

Porte des lieux souterrains ;

Etoile funèbre ;

Agonie des Agonisants et Consolatrice de ceux qui ne sont pas affligés ;

O Notre Dame de Recouvrance pour tous ceux qui ne seront jamais chrétiens ;

— *Regina Tenebrarum et locorum Tristitiæ* ;

C'est Toi qui promènes, invisiblement, par toute la terre, la Tête coupée du Précurseur, dont te paya l'érotomanie du vieux tétrarque !

On te nomme, exactement, *la Jeune Fille du monde*, de ce « monde » pour qui le Sauveur a déclaré qu'il « ne priait pas » (non pro mundo rogo).

Tu es, en effet, la Pucelle cochonne et saturée de parfums, dont nos prêtres sont édifiés, qui communie régulièrement à sa paroisse, qu'aucun homme n'a contaminée et qui s'agenouille, avec élégance, pour recevoir le Corps de son Dieu dans les latrines de son cœur !...

Songes-tu, mignonne, que tous ces morts, tous ces lamentables morts, sans yeux et privés d'entrailles, sont incorrigibles de ta beauté, qu'ils ne cessent de hennir vers toi, du fond de la terre, et que les promesses d'une fille coquette sont, pour elle, d'authentiques et d'indissolubles fiançailles à la Pourriture ?

Ils te réclament, ces putréfiés. Implacablement, ils détiennent la cédule de tes sourires, de tes regards, de tes postures amoureuses, et les noirs pourceaux qui te courtisent, dans le Salon de la Nuit, sont inhabiles à les supplanter. Que tu veuilles ou ne veuilles pas, il faudra qu'ils te possèdent, ces incocufiables époux, car il n'est pas de promesse qui ne se doive infailliblement accomplir, à la fin des fins !

Et regarde ! — ô Dieu tout puissant ! — regarde ! La fosse nuptiale est tout près de toi !

— Nous serons punis, me dit Jeanne, pour ce que nous n'aurons pas fait, et que nous aurions pu faire.

Nous serons récompensés pour ce que nous n'aurons pas fait, et que nous aurions pu faire.

JUILLET

1ᵉʳ — Le prince Ourousof m'a envoyé quelque argent. Lettre pour le féliciter.

Apothéose funèbre de Carnot. Camionnage au Panthéon. Foule immense. Le morose figurant du Guignol des potentats, ayant été assassiné de même façon qu'Henri IV, attrape la grandeur, comme il attraperait une mouche, — dans son agonie, — et se profile, tout à coup, en Roi-martyr.

2. — Notre chère petite Véronique ! Nous nous demandons sérieusement si cette enfant de trois ans n'aurait pas reçu quelque don qui déterminerait en elle une mystérieuse faculté de *vision*. Combien de fois l'avons-nous surprise, parlant à des invisibles à qui elle tendait amoureusement ses petits bras !

Souvent, elle appelle « Marie », à très-haute voix.

Il y a aussi je ne sais quel être, réel ou imaginaire, qu'elle dénomme fort étrangement et dont elle parait, de temps en temps, vérifier la présence.

Je n'y songe pas sans émotion. Le Surnaturel a tenu une place si énorme dans mon exceptionnelle vie, et je porte, sur tous les points de mon âme, des stigmates si profonds d'une Douleur qui parut être sans mesure, que je ne serais pas étonné de trouver, en cette petite créature sortie de moi, quelque trace *lumineuse* de mon passé.

3. — A Henry de Groux :

« Mon cher ami, Voici tout ce que j'ai pu faire, jusqu'à présent, pour votre projet d'illustration des *Portraits du prochain Siècle* de l'ami Roinard. La lecture du bouquin est redoutable, et je pense que les notes ci-incluses, inspirées par cet examen, n'ont rien de fracassant. Je m'estimerai satisfait, néanmoins, si elles peuvent vous suggérer quelques crayonnages...

» Première page de l'*Argument*. Du haut en bas, poëtes cocasses, se congratulant, se serrant les mains, s'étreignant par couples ou par trios, les uns coiffés de laurier, d'autres auréolés, d'autres encore lançant des rayons par le front ou par les narines, etc.

» Deuxième page du dit *Argument*. Un arbre impossible, dont la cime envahit le ciel de la page et dont le pied jette ses racines au-dessous du texte de Roinard. La « porcine foule » est vautrée à l'ombre. A travers les rameaux, s'aperçoivent un soleil et une lune, comme dans les illustrations d'almanach.

« STÉPHANE MALLARMÉ. — Dessiner en marge tout ce qui peut paraître symbolique de ce qui est impénétrable. Des portes verrouillées et garnies de triples barres; des murs de clôture surmontés de culs de bouteilles; des « cartons » soigneusement cadenassés; une serrure monstrueuse fermant un tout petit endroit; une vieille fille hermétiquement boutonnée et gardée par deux dragons; etc , etc.

» ALFRED DE VIGNY. — Une petite « tour d'ivoire », dans la nuit la plus ténébreuse.

» BAUDELAIRE. — Quelques croquis de l'enfer; sur « un trône splendide », un pot à teinture pour les cheveux, avec le pinceau.

» EDGARD POE. — Une bouche surmontée d'« une moustache de serpents ». Un « aérolithe » tombant dans le chapeau de Mallarmé.

» GÉRARD DE NERVAL. — Des mains portant le « laurier du précurseur ». Le Rêve et la Vie jouant aux dominos. Ruines d'un « bazar ».

» HUYSMANS. — Un mobile assis sur un pot de chambre, *sac au dos*, entre Là-Bas et Là-Haut.

» LAUTRÉAMONT. — Henry de Groux invitant un monstre à pénétrer dans son atelier.

» FLAUBERT. — Vomissant sur le *prochain siècle*.

» LES GONCOURT. — Deux brocanteurs unis par une membrane.

» BECQUE. — Un vol de *Corbeaux* au-dessus d'un

« vieux lion dans son fourré ». Lion gâteux livré aux médicaments.

„ VALLÈS. — Un voyou jetant Homère dans les latrines. Autre voyou compissant « les Tables de la Loi ».

„ ERNEST RENAN. — Platon embêté devant une porte où il est écrit : *Il y a quelqu'un.*

„ TAINE. — Un entrepreneur de maçonnerie écrasé par sa « bâtisse ».

„ TOLSTOÏ. — Le Christ chassé du temple par des marchands de livres russes.

„ BALZAC. — Un œil immense, rien qu'un œil.

„ VEUILLOT. — Une gueule atroce, une paire de battoirs, Mme de Sévigné et l'*Imitation de Jésus-Christ.*

„ BARBEY D'AUREVILLY. — Une femme voilée de noir, brisant une croix au-dessus d'une tombe à demi-noyée de son ombre, où ne se lisent plus que ces mots : *Saint-Sauveur.* A droite et à gauche, d'autres tombes sur lesquelles on aperçoit des caractères hébraïques.

„ ERNEST HELLO. — Un cercueil vide sur un chevalet. (1)

„ VILLIERS DE L'ISLE-ADAM. — Chute de la Chimère dans des gouffres.

„ IBSEN. — Un gorille écrivant le mot *Fatalité.*

„ BJÖRNSON. — Un ours étudiant la constellation de l'Ourse.

---

(1) Voir plus haut, 7 février 1894.

» STENDHAL. — Têtes de mort ailées, voletant au-dessus d'un cœur de cochon.

» TRISTAN CORBIÈRE. — Un requin au bordel.

» JULES LAFORGUE. — Lune, mirlitons, pantins, chevaux de bois, boutique à treize.

» ARTHUR RIMBAUT. — Un avorton qui se soulage au pied de l'Himalaya.

» PAUL VERLAINE. — Un ange qui se noie dans la boue. Portail d'église et devanture de mastroquet.

» Ouf! Le reste plus tard. Il va sans dire, mon cher Henry, que vous *devez* tout vous permettre. Ce que vous ne pourriez pas dessiner, il faudra l'écrire, tout simplement. Plus ce sera fou, plus ce sera beau.
» Votre LÉON BLOY. »

4. — Réponse de Jules Destrée, avocat-journaliste belge, à l'envoi de ma brochure.

Aussi sotte, cette réponse, que je pouvais la prévoir. Jules Destrée me conseille, me réprimande et me protège.

5. — A l'issue d'un repas sinistre, nous décidons que, désormais, personne ne sera admis à notre table, sans le préalable Signe de Croix.

6. — Je pense que je ne dois jamais avoir de succès par mes livres, non à cause des circonstances extérieures, mais pour des raisons *essentielles*. Il importe, peut-être, à ma destinée, que je n'aie pas de triomphe littéraire et que l'argent,

si j'en dois posséder un jour, ne m'arrive pas de cette manière. Le livre le mieux conditionné pour le vacarme et le plus capable d'exciter la curiosité publique, deviendra *nécessairement* et subitement invendable, s'il est signé de mon nom. Cela s'est vérifié pour *Sueur de Sang* et se vérifie encore bien plus pour mes *Cochons*.

7. — Lu un livre, horriblement écrit, sur la Franc-Maçonnerie en Angleterre, mais plein d'une salutaire et rafraîchissante exécration pour la race anglaise! Depuis quinze ou vingt ans, je suis dans la même pensée, la même vision. Je *vois* toujours une victorieuse armée d'un million d'hommes, autour de Londres : — Que tous ceux qui aiment Marie, *Marie sanglante*, et le blanc Vicaire du Christ *viennent* à nous, et qu'ensuite vingt mille pièces de l'artillerie la plus puissante tonnent sur la ville damnée, sans lassitude et sans pardon, jusqu'à ce qu'il n'en reste qu'un immense amas de poussière.

L'Angleterre est au monde ce que le Diable est à l'homme. A développer dans mon livre sur Napoléon.

8. — A propos de sainte Elisabeth, reine de Hongrie :

Toute femme qui ne met pas le Surnaturel dans

sa vie et dans toutes les pratiques de sa vie, est une prostituée, — virtuellement ou effectivement.

9. — Livre de Job. *Elegit suspendium anima mea.* N'est-ce pas Jésus lui-même qui parle ?

17. — Lettre d'Henry de Groux, funèbre. Les premiers visages qu'il a vus, en arrivant à A., plage aux environs de Boulogne, ont été des visages de *noyés*. A la même heure, on rapportait de la mer, deux jeunes filles, amies de la maison où il descendait, lesquelles n'ont pu être sauvées qu'à peine, et une troisième n'a été retrouvée que le lendemain... Réponse :

« Mon cher Henry, Ah ! je l'avoue, c'est trop. Souffrez, cependant, dussiez-vous en être étonné, que Léon Bloy vous félicite.

» Il est incontestable, n'est-ce pas ? que c'est votre arrivée à A., qui a déterminé cette catastrophe. Si vous n'aviez pas fait le voyage, supposition bien inadmissible, puisque la destinée de chacun de nous est irrévocable, il est bien évident que personne *n'aurait pu* se noyer.

» Depuis des milliards de siècles, les circonstances de cet accident étaient liées, par des chaînes mille fois plus dures que le bronze ou le diamant, à la circonstance *divine* de votre arrivée en ce lieu, et les unes, aussi bien que l'autre, étaient absolument impossibles à prévoir ou à éviter.

» Donc, une fois encore, souffrez que je vous félicite.

L'homme autour de qui ne peuvent se déchaîner que des catastrophes, est un élu. Malheur à celui dont la présence ne déplace que des atomes.

„ Vous me connaissez assez, cher ami, pour savoir que je ne ris pas, et vous avez l'âme assez haute pour sentir que je vous dis quelque chose de grand.

„ Souvenez-vous de quelques-uns de nos entretiens. Nous ne nous sommes pas rencontrés comme des bœufs au pâturage. Nous avons été lancés l'un sur l'autre, du fond de l'Eternité, par la main d'un Discobole infaillible, en un point déterminé de la durée, — pour qu'une chose mystérieuse, infiniment agréable et nécessaire, fut accomplie sur notre planète. C'est ce que les mangeurs d'excréments nomment le « Hasard ».

„ Je vous ai dit, combien de fois ! ce que je sais de ma destinée et, par conséquent, de la vôtre, puisque les deux sont inséparables. *Vous ne savez pas qui je suis*, et vous ne savez pas qui vous êtes. Relisez mon portrait d'Hello. Mais je vous crie, pour la centième fois peut-être, et avec quelle autorité ! fussions-nous agonisants l'un et l'autre, fussions-nous au dernier râle, jetés nus, sur le plus horrible des fumiers, dans les ténèbres de la plus épouvantable nuit, abandonnés du monde entier et sur le point d'être dédaignés par les chiens ou les pourceaux, — aussi longtemps qu'il nous restera le plus petit souffle, nous serons vainqueurs.

„ Nous serons vainqueurs de Dieu ; — comprenez-vous bien cela, mon cher *Hello*, qui ne pouvez pas mourir ? — victorieux de Dieu, qui nous forma tout exprès pour qu'à la fin nous triomphassions de Lui, et qui ne demande qu'à être captif.

» Ecoutez cette « Voix d'en Bas »; cette Voix si lointaine, qui nous parle du fond de la « Fosse épouvantable », et que couvre si bien la clameur vaine des hommes; cette Voix du Consolateur en exil, qui nous donne sa parole de Dieu que nous avons droit aux apothéoses.

» Je viens de recevoir votre lettre et j'ai voulu, quoique très-pressé, y répondre sans retard...

» Votre Léon Bloy. »

19. — Nous vivons du sein de Dieu, m'a dit ma très-chère femme, comme l'enfant vit du sein de sa mère. Nous sommes suspendus à ce sein, avidement, les yeux fermés, sans même savoir qu'un peu au-dessus, tout près de nous, la Face nous regarde. Et c'est un éblouissement de la découvrir !

Jeanne est facilement visitée par des pensées merveilleuses. Ce n'est pas la joie que nous cherchons, c'est la *gloire* de Dieu qui nous sollicite, et nous sentons, de plus en plus, le voisinage d'une Présence infinie.

Science moderne. Au lieu du *Fiat Lux!* lire ceci : *Que l'Electricité fonctionne !*

21. — Dieu est seul contre tous. Evidemment, Il y a là un mystère. Il est certain qu'un homme,

fût-ce un scélérat, contre qui tout le monde se ligue et qui est *seul contre tous,* a en lui quelque chose de DIVIN qui le rend aimable.

23. — L'esprit de Rosny ressemble à une lampe fumeuse, dans un cabinet d'aisances trop étroit.

25. — A Forain :

« Mon cher Forain, Je me suis présenté, hier, chez vous, en votre absence, muni d'un exemplaire de ma récente brochure : *Léon Bloy devant les Cochons.* Il mesemblait que ce persiflage sérieux pouvait amuser, quelques instants, un sagittaire, et je savais que l'avorton Lepelletier avait essayé de vous mordre. Imprudence qui m'a confondu.

» Je dois à ce punais d'avoir été privé de mon pain, compte qui sera réglé jusqu'au dernier sou, je vous prie de le croire. En attendant, on fait ce qu'on peut, et voici, bonnement, la proposition assez noble que je vous apportais, hier, en même temps que mon sympathique visage.

» Ne pensez-vous pas qu'il serait *honorable,* pour vous autant que pour moi-même, de vous déployer en faveur d'un artiste que tout le monde abandonne, pour son châtiment d'avoir paru d'ordre supérieur et de refuser, depuis dix ans, tout compagnonnage avec les maquereaux imbéciles qui détiennent la publicité ?

» Une série de dessins hors texte, illustrant mes pauvres *Cochons,* assurerait à la brochure un succès très-grand. Du même coup, vous seriez utile à un écrivain opprimé, dont vous vous déclarâtes, naguère, l'admirateur, et vous feriez avorter la fameuse conspiration du silence, l'unique ressource, contre moi, d'un tas de crapules dont l'ignominie vous est connue.

» Voilà, mon cher Forain, tout ce que j'avais à vous dire. De votre âme, que je connais peu, dépend l'accueil favorable ou défavorable à cette proposition qui me séduirait furieusement, je vous le jure, si j'étais à votre place et que vous fussiez à la mienne.

» Cordialement.

» Léon Bloy. » (1)

Relu *Morgane*, l'un des premiers drames de Villiers. Plus qu'en aucune autre de ses œuvres, je remarque cet attrait, ce goût violent pour les ténèbres et pour l'empire des ténèbres, signalé

---

(1) Cette lettre, accompagnée de la brochure, l'une et l'autre *recommandées*, n'a jamais obtenu de réponse. Forain a dû craindre de perdre l'estime de Scholl et l'étreinte voluptueuse des gitons de l'*Américain*.

On m'a raconté, d'ailleurs, peu de temps après cette lettre si vaine, que Forain, ayant voix délibérative dans je ne sais quel milieu de cyclistes ou de bookmakers, dont il est, sans contredit, le décor, culbuta, certain jour, une motion *charitable*, par ce simple et généreux cri : — Des panés ! I' n'en faut plus !!!

Pour sentir l'éloquence de cette parole, il faut avoir connu le passé de misère de l'horrible chien qui, soudainement, la gueula.

« Doux pays » ! Quel délice de coucher à l'écurie et de manger à la cuisine, quand les domestiques prennent la place des maîtres !

par Hello comme la caractéristique même de Shakespeare.

26. — Plus de chemise, plus de souliers, plus de chapeau, plus de vêtement. La détresse augmente chaque jour et nul expédient n'apparaît.

Pourquoi Dieu ne montre-t-il pas sa Main à ceux qui l'aiment? Sa Main de bonté, sa Main de gloire?

27. — Pourquoi l'Or est-il si précieux? Parce qu'il vaut beaucoup d'argent. Le mot *précieux* est inséparable de l'idée d'*argent*.

30. — Reçu lettre recommandée, hier, au bureau de l'avenue d'Italie. L'expéditeur, qui signe P. D., supposant que je me trouve dans « une situation pénible », m'envoie 25 fr. Cette lettre est d'une extrême simplicité. Le mandat est au nom de *Dupont*, pseudonyme évident (1).

Mercure de France. Article très-amical de Julien Leclercq, sur les *Cochons*. On ne peut pas me défendre avec plus de générosité. Ce sera vraisemblablement l'unique.

31. — A Julien Leclercq :

« Mon cher Monsieur, Vous êtes le *premier*, l'unique, jusqu'à ce jour, et je m'honore de solliciter votre amitié. Je ne sais si je vaux mes livres, mais il n'est

---

(1) Après trois ans, je prie ce mystérieux ami de vouloir bien se faire connaître.

pas au-dessus des forces de l'homme de me serrer la main sans dégoût, malgré les légendes et les clichés, veuillez le croire.

 » On a fort écrit sur moi, vous le savez. La fameuse consigne du silence fut, maintes fois, inobservée, hélas! et les âneries les plus savoureuses ne furent pas toujours écrites par ceux qui me haïssaient. Vous êtes un des très-rares qui m'ont applaudi sans m'exaspérer.

 « Vive Bloy! » dites-vous. Soyez tranquille, Bloy vivra, quoi que puissent faire tous les salauds. Il vivra comme il a vécu, *pour* ses ennemis et ses amis. On a pu le faire crever de misère, pendant des années, mais quoi? Il a traversé les famines et les deuils, bafoué par les météores, mangé par les plus sales vermisseaux, sans parvenir, une seule fois, à se *dessoûler* de son Dieu. Il est, il sera toujours « Celui qui ne voulait rien savoir », soldat noir, autobiographié dans *Sueur de Sang*, qu'on ne pouvait pas démolir et qu'un chef prussien dut assiéger à coups de canon, comme une citadelle.

 » De quoi me plaindrai-je? Aurais-je pu écrire le *Désespéré*, le *Salut par les Juifs*, etc., si on ne m'avait pas avantagé de cette existence de démon qui me fut divine?

 » 1° Tout ce qui arrive est adorable. — 2° Accord parfait de la liberté divine et de la liberté humaine. De toute éternité, Dieu *sait* que tel jour, tel individu accomplira *librement* un acte *nécessaire*, — 3° Enfin tout ce qui n'est pas strictement, exclusivement, éperdument catholique, doit être jeté aux latrines.

» En conséquence de ces trois points, je prononce que tout individu qui ne pense pas exactement comme moi, est, tôt ou tard, dans la nécessité absolue de s'avouer lui-même chenapan, cafard ou imbécile ; — et je déclare que le premier de tous les devoirs, pour un homme qui n'a pas renoncé à l'usage de la raison, est d'affliger, autant que possible et par tous les moyens imaginables, cet individu. *Qui non est mecum, contra me est.*

» Voilà mon fonds. Je vous le dévoile. Impossible de tirer autre chose de moi, *in æternum.* Quand je ne le dis pas en propres termes, je le dis en allégories, comme vous le verrez par les *Histoires désobligeantes* qui vont paraître. Mais ne l'avez-vous pas admirablement compris ?

» Encore une fois, cher Monsieur, je vous offre mon amitié. Elle n'est pas vierge, mais je vous jure qu'elle n'a presque pas servi. Voici donc mes deux mains, de tout mon cœur.

» LÉON BLOY. »

AOUT

1ᵉʳ — « On est toujours ce qu'on croit être, mais à l'envers, *dans le miroir* ». J'écris ces mots tels qu'ils me sont venus nettement, en rêve.

L'Incarnation est la Création consommée. Ce monde étant un système de « choses invisibles manifestées visiblement », on peut dire que la Création se renouvelle chaque fois que notre œil perçoit une réalité sensible. La Genèse commence par le *Fiat Lux*.

3. — En vue d'un article pour le *Mercure*, j'entreprends la lecture de *Lourdes*. Le pédantisme et la sottise de l'auteur m'accablent. Tous les lieux communs les plus bas du journalisme de province et de la table d'hôte de commis-voyageurs, sont là, s'étalent dans ce livre abject, comme des vérités lumineuses. Pas un n'est oublié.

Et quel style de gendarme, d'usinier, de garde-barrière sentimental et cochon ! Ah ! la besogne me sera facile.

Quelle brute ! Je disais, ce soir, à un ami, que Zola, ayant une donnée telle que *la Tisane*, première de mes *Histoires désobligeantes* (170 lignes), il lui faudrait, au moins 500 pages pour débobiner le ténia de cette fiction.

Correction des épreuves du nouveau livre. A la mention habituelle des ouvrages qui ont précédé, j'ajoute ceci :

« Le *Désespéré* étant, jusqu'à ce jour, le plus connu de mes livres, je crois devoir informer les bonnes gens qui me font l'honneur de me lire, que l'édition Tresse et Stock, publiée l'an passé et *antidatée de six ans*, est apocryphe, défectueuse et absolument désavouée par moi, — ayant été livrée au public d'une manière clandestine, à mon préjudice et à mon insu. Je ne reconnais pour mien que le texte de l'édition Soirat, publiée réellement en 1887 et devenue, aujourd'hui, presque rare.

» Léon Bloy. »

Cet avis, déjà donné sur la couverture des *Cochons*, sera, je veux l'espérer, *désobligeant* pour les éditeurs malins, en attendant que je sois en état de leur jeter un avocat dans les jambes.

4. — Encore la lecture de Lourdes. Un si grand

nombre d'heures sur des sottises et des saletés, a produit en moi une profonde mélancolie. Je voudrais ne dépenser que deux ou trois lignes pour cet idiot malpropre et avilissant. Je commence mon article : *Le Crétin des Pyrénées.*

8. — Les événements ne sont pas successifs, mais *contemporains*, d'une manière absolue ; contemporains et simultanés, et c'est pour cette raison qu'il peut y avoir des prophètes. Les événements se déroulent sous nos yeux, comme une toile immense. Notre vision seule est successive.

10. — Fini mon *Crétin*.

13. — Tout, dans ce monde, est inexplicable sans l'intervention du Démon. Ceux qui se souviennent habituellement de cet Ennemi peuvent entrevoir, avec autant d'admiration que de crainte, le dessous des choses.

Le prêtre, dit un lieu commun très-misérable, est le médecin de l'âme, comme si le prêtre ne devrait pas guérir, du même coup, *l'âme et le corps.* N'est-ce pas l'esprit de l'Eglise et la lettre même de l'Evangile? Pourquoi les prêtres reçoivent-ils le pouvoir de chasser les démons si ce n'est pour guérir TOUS les maux ? Pourquoi la bénédiction liturgique du pain, de l'eau, du sel, du feu, les prières de l'Extrême-onction, etc.?

Conséquence rigoureuse. Les médecins sont les prêtres du Démon. Ils confessent les malades, les consolent, et les absolvent à leur manière, leur donnent enfin *la communion des ténèbres.*

Les pharmacies ressemblent à des sacristies de l'enfer. Ces hommes qui parlent à demi-voix, ces bocaux étiquetés de latin, cette odeur de poisons, ces petits paquets mystérieux !...

Tout le monde semble nous lâcher. Dieu exige, sans doute, que nous arrivions à prendre généreusement notre parti de la solitude où il nous veut. Qui donc sent et pense comme nous sur la terre ?

15. — Après une nuit de souffrance physique :

Les malades sont plus tourmentés la nuit que le jour, pour que s'accomplisse en eux la parole de David : « In die mandavit Dominus misericordiam suam, et *nocte* canticum *ejus*. »

A un très-jeune homme :

« Mon cher ami, Je suis parfaitement heureux de vous avoir donné le plaisir dont vous me remerciez avec tant d'enthousiasme et j'aurais, sur le champ, répondu à votre lettre, si je n'avais pas été entièrement submergé par la dernière crotte de Zola, dont j'avais promis de rendre un compte fidèle au *Mercure.* Tâchez de lire ça, vers la fin du mois.

» En surplus de cette besogne d'égoutier, il me fallait veiller à l'exécution typographique des *Histoires désobligeantes*, qui paraîtront le mois prochain et dont une vous est dédiée...

» Je méprise, il est vrai, beaucoup la jeunesse contemporaine que les universitaires et les esclaves de toute espèce nous confectionnent, mais je sais que tout ne tombe pas dans leurs filets et qu'il n'est pas en leur pouvoir de tuer tout à fait la France.

» Cela n'est au pouvoir de personne, croyez-le. La France n'est pas une nation comme les autres. C'est la seule *dont Dieu ait besoin*, a dit de Maistre, qui fut quelquefois prophète. Il y aura toujours en elle, quoi qu'on fasse, un principe de vie souveraine que rien ne saurait détruire.

» Votre lettre, datée de Lescar, m'a surpris. Je vous croyais captif dans une de ces nourrisseries de jeunes pourceaux qu'on nomme lycées de Paris, et j'espérais vous revoir bientôt. J'y renonce avec déplaisir. Vous m'aviez plu, et j'aurais pu vous dire des choses profitables, car je vous assure que Marchenoir est autre chose qu'un littérateur. Vous avez bien compris que le *Désespéré* est une autobiographie, mais vous ne pouvez savoir combien c'est une autobiographie ! Les chapitres 39, 64, 65 et 68, par exemple, ont dû vous avertir que l'auteur n'a pas encore livré toutes ses pensées.

« En réalité, j'ai beaucoup reçu, ayant épouvantablement enduré, et il me reste beaucoup à donner à mes tristes contemporains. Je suis donc inébranlablement persuadé que Dieu m'accordera de ne pas périr avant d'avoir achevé ma tâche.

» On a fait ce qu'on a pu pour me tuer, cependant. Mes plus bêtes ennemis, devinant, d'instinct, une force qui les menace, ont tout tenté pour me réduire véritablement au désespoir. *Circumdederunt me canes multi ; concilium malignantium obsedit me.* Ils m'ont réduit à ne pouvoir vivre de ma plume et à chercher, tous les jours, ma subsistance, Dieu sait à quel prix !

» Ils ont surtout obtenu ce résultat de me rendre ainsi le travail infiniment difficile, de retarder, comme des démons, autant que Dieu le leur a permis, l'accomplissement de mon œuvre. Et le même instinct diabolique a écarté de moi ceux qui avaient le devoir de me secourir, de me relever, de m'exalter.

» Les haines les plus ferventes, les plus implacables, les plus perfides, me sont venues de mes très-chers frères les catholiques, dont j'ai conspué, en toute occasion, la lâcheté indicible. Nul d'entre ces pharisiens, même parmi ceux qui se déclaraient mes admirateurs, n'est venu vers moi, les mains tendues, n'a cherché à savoir si je n'étais pas sur le point de succomber au chagrin, au froid ou à la famine...

» Etant plus jeune de quelques années, je m'étonnais de cette chiennerie merveilleuse de certains personnages, comblés des biens de ce monde, qui eussent pu si facilement aider de leur superflu le seul écrivain qui ait quelque chose à dire pour la gloire de leur Seigneur Dieu, abominablement outragé.

» J'ai fini par comprendre que ce Dieu me voulait dans sa Main, uniquement dans son adorable Main, et voilà comment mon existence quotidienne est une sorte de miracle.

» Donc, une fois encore, j'irai jusqu'au bout, n'en doutez pas, et l'indigent Marchenoir donnera peut-être du pain à ceux même qui n'ont pas eu de pitié pour ses douleurs.

» Que la Sainte Mère, que l'Eglise, aujourd'hui, salue dans sa gloire, vous bénisse vous-même, cher enfant, comme vous me bénissez.

» Votre ami LÉON BLOY. »

18. — Un collectionneur vient d'acquérir, chez un marchand d'autographes, une vieille lettre, dont voici la teneur exacte :

« Paris, 26 avril 1889.

« Monsieur Edmond Lepelletier,

» J'ai lu, avec satisfaction, votre chronique ignoble, en revenant du cimetière, aussitôt après l'enterrement de Barbey d'Aurevilly. Vous étiez évidemment désigné pour cette besogne, et quelque chose eût manqué à la gloire du grand Ecrivain, si le plus notable goujat de plume n'avait pas déposé cette ordure sur son cercueil.

» LÉON BLOY. »

19. — Epitre du jour : « Si spiritu ducimini, non estis sub lege ». Qu'est-ce donc que l'obéissance? — C'est *l'accomplissement* de la Loi, dans

le même sens que le « non veni solvere, sed adimplere », de l'Evangile. Celui qui obéit *dépasse* la Loi, puisqu'il l'accomplit.

Quant à ceux qui « crucifient leur *chair* », selon le précepte du même saint Paul, ne recommencent-ils pas, en une manière inexprimablement sainte, les *salutaires* bourreaux de Jésus crucifiant le Verbe fait Chair, pour la Rédemption du monde?

J'allume facilement un pauvre homme, en lui disant qu'une pensée parfaitement vraie, exprimée en fort bons termes, peut satisfaire la raison, sans donner l'impression du Beau ; mais qu'alors, certainement, il y a quelque chose de faux dans l'exposé. *Il est indispensable que la Vérité soit dans la Gloire.* La splendeur du style n'est pas un luxe, c'est une nécessité.

20. — Le cimetière, c'est le Paradis terrestre...

— Il y a donc une lampe allumée pour nous qui ne brûle pas pour les autres, murmure Jeanne.

21. — Dieu a dit : Vous ferez honneur à vos affaires et vous contenterez vos clients.

Réponse d'un usurier *aveugle*, à qui j'ai l'enfantillage d'objecter Dieu.

23. — Les prêtres ne font presque jamais usage de leur pouvoir d'exorcistes, parce qu'ils man-

quent de foi et qu'au fond, ils ont peur de désobliger le Diable.

Nous voulons habituer nos enfants à vivre dans la pensée de la mort, à aimer le voisinage des morts. Il convient à des gens tels que nous d'aller contre le préjugé impie qui veut que la mort et les images de la mort soient désolantes.

24. — Tout écrivain doit porter ses livres sur sa figure.

26. — A propos de la Douleur, nous sommes frappés de ceci. L'Immaculée Conception, c'est-à-dire Marie, — seule, — n'a pu souffrir que *par miracle*; de même que les martyrs livrés aux flammes ne pouvaient être préservés de la souffrance que miraculeusement. Encore Marie n'a-t-elle pu, semble-t-il, souffrir *que dans son âme*. N'ayant pas, comme Jésus, assumé le Péché, la souffrance, même miraculeuse, *dans son corps*, est absolument inconcevable. Elle ne pouvait pas mourir non plus, puisque la mort est la suite du péché. Aussi l'Eglise emploie pour elle, exceptionnellement, le mot *Dormition*.

Je dédie la dernière de mes *Histoires désobligeantes* A L'AMI QUI VIENDRA SANS ÊTRE ATTENDU. Qui sait si cela ne le fera pas venir, cet inconnu, qui existe certainement, qui est peut-être à deux pas, et qui serait si heureux de me délivrer?

Je fais observer à Jeanne que la seule manière profitable de lire les Psaumes, ou le livre de Job, par exemple, c'est de se mettre soi-même *à la place de celui qui parle*, puisque Celui qui parle est toujours, nécessairement, le Christ, dont nous sommes les « membres ». Mais cette manière de lire suppose une disposition de l'âme très-exceptionnelle et que Dieu seul peut produire.

28. — A de Groux :

« Mon cher Henry,... Vous êtes venu à moi, parce que vous êtes un artiste, comme un poisson se précipite sur un haillon rouge, supposant, par une merveilleuse erreur, que j'étais, moi-même, un artiste. Mais l'hameçon vous a transpercé la gueule et vous êtes devenu ma proie, — la proie d'un pêcheur vorace, que vous ne connaissez absolument pas, pour qui l'art n'est qu'une amorce vulgaire, bonne à capturer les anguilles ou les merlans qui se laissent prendre par les yeux.

» Quand vous aurez épousé les *pratiques indispensables* dont vous ne sentez pas encore le besoin, et dont la beauté profonde vous est inconnue ; quand vous aurez renversé l'*obstacle*, — car je devine un obstacle, — alors, éclatera pour vous la magnificence *réelle* qui vous affame, et que vous cherchâtes si vainement sur des torche-culs. Alors, je pourrai vous ouvrir la porte, la petite porte cachée sous ma somptueuse et dérisoire tapisserie d'écrivain.

„ Mais qu'ai-je dit ? Vous sentez le besoin de ces pratiques ; seulement, vous ne *reconnaissez* pas ce besoin, et vous buvez du vitriol en place d'eau pure.

„ Quand vous aurez pris l'habitude de la confession, de la communion fréquentes, vous me *reconnaîtrez* moi-même, parce que j'incarne ce besoin qui vous consume, qui vous a poussé vers moi, qui vous a mis dans ma main, — sans que vous ayez rien compris à votre évolution surnaturelle, absolument rien.

„ L'*Obéissance* marche devant nous, dans une colonne de nuées ; nous n'avons pas d'autre guide au désert, et il faut la suivre.

„ Vous m'avez dit souvent, aujourd'hui même, que votre confiance en moi est parfaite. Vous êtes persuadé qu'il ne peut venir de moi « une remarque vaine ou de médiocre importance ». Soit. Comment se fait-il, alors, qu'après votre Confirmation, après cet événement énorme, qui a établi entre nous *un lien de parenté* SUBSTANTIELLE que rien ne peut rompre ; comment, dis-je, a-t-il pu se faire que vous ne soyez pas venu, je ne dis pas très-souvent, mais une seule fois, me crier : « Instruisez-moi, aidez-moi, montrez-moi le chemin, portez-moi si je ne peux pas marcher » ? Quel prodigieux aveuglement !

„ Vous m'avez désarmé ainsi, et vous vous êtes désarmé. Vous vous êtes privé de la Joie que je pouvais vous donner, et vous m'avez privé du Pain qui vous avait été confié pour m'en rassasier.

„ Tous deux, par votre faute, nous avons manqué

d'Argent. Rappelez-vous, relisez le chapitre IX du *Salut par les Juifs*.

» Henry, je vous le dis avec force, avec autorité, de la part de Dieu, — de ce Moloch adorable, que je reçois tous les jours et qui me brûle, — il dépend de vous de nous délivrer l'un et l'autre. Ce pouvoir vous est donné, et si vous n'en usez pas, vous me forcerez à vous accuser. Vous deviendrez, en réalité, l'auteur de mes souffrances et le plus impitoyable de mes ennemis.

» Je vous ai, combien de fois! entendu parler de démarches importantes qu'il vous fallait faire sur le champ et qui ne souffraient aucun retard. Tout en dépendait, etc. Comment auriez-vous pu me croire si je vous avais dit simplement d'aller vous agenouiller devant un prêtre quelconque, avec la certitude d'agir ainsi plus utilement? En ce faisant, vous vous seriez épargné et vous m'auriez épargné des mois de misère atroce, toutes les angoisses, avanies ou humiliations qui en découlent.

» Je vous l'écrivais, dans ma dernière lettre, qui vous a fait tant de peur et dont je ne vois pas une ligne à retrancher, il y a sur vous quelque chose de redoutable qui peut devenir instantanément quelque chose de très-heureux, si vous êtes *obéissant*, si vous faites ce qu'on vous a donné le pouvoir de faire. Jusque là, vous êtes effrayant.

» Car vous ne savez pas qui je suis, vous ne savez pas qui vous êtes et vous ignorez, d'une ignorance infinie, votre admirable partage.

» Je vous embrasse, Léon Bloy. »

Saint Paul est un type universel. Dans la vie de tout être humain, il arrive une heure, un moment unique, où on reçoit l'éblouissement divin, où Jésus parle distinctement. Il s'agit de dire alors : « Domine, quid me vis facere ? » Tout est là et le reste n'est rien. Fût-on un assassin, un ignoble traitre, un empoisonneur de multitudes, un esclave enchaîné du plus fétide populo, un journaliste !... tout est dans cette minute précieuse qui peut conférer la Résurrection et la Lumière. Mais il faut répondre comme saint Paul.

29. — Décollation de saint Jean-Baptiste. Antiennes du jour : « Domine, mi rex, da mihi in disco caput Joannis Baptistæ.— *Nihil aliud* petas, nisi caput Joannis ». C'est donc cela qu'il faut demander, et RIEN AUTRE. La Tête de Jean *in disco*, dans un disque. (?)

Ce *disque* fait penser à une auréole, à une pièce de monnaie portant l'effigie d'un prince, au mouvement circulaire des mondes...

In disco. Anne-Catherine Emmerich, — auprès de qui les poëtes d'or semblent des chiasses de moustiques, — dit avoir vu la Décollation de Jean, par le moyen d'un instrument singulier et terrible, assez semblable à certains pièges à loups, dont les deux branches, *demi-circulaires* et garnies intérieurement de lames affilées, avaient tranché la Tête en se refermant.

Ne serait-ce pas là ce qu'il faut entendre par le mystérieux *discus* ? Rien, dans le texte de saint Marc, non plus que dans celui de saint Mathieu, ne s'oppose à cette interprétation, malgré la tradition universelle du *plat,* dans lequel aurait été déposée la Tête du Précurseur.

Cimetière Montparnasse. Quartier juif, dans le voisinage de la tombe de d'Aurevilly. Reçu deux impressions fortes. La première, à la vue d'une tombe gigantesque en marbre noir, que je veux décrire soigneusement, un de ces jours. L'aspect de ce monument est diabolique et opprime le cœur, comme un cauchemar de damnation. La seconde est procurée par la découverte d'une coutume juive, qui consiste à déposer des pierres sur certaines tombes, en conséquence, je suppose, du *texte* de la Loi (*Lévitique* 24, 16), qui condamne les blasphémateurs à être lapidés. Chaque visiteur, d'après ma conjecture, met une pierre sur la tombe de son ennemi (1). C'est ainsi

---

(1) On m'assure que je me trompe, et que c'est exactement le contraire. Tant pis ! C'était rudement plus beau.

Mais non ! je ne me trompe pas. C'est bien toujours le *Lévitique.* Seulement, les juifs, qui ont perdu jusqu'au souve-

qu'on trouve un très-grand nombre de ces sépultures, sur lesquelles s'aperçoit une masse plus ou moins considérable de cailloux. Quelquefois le tas est énorme. Je pense à ma propre sépulture, je pense à l'Himalaya.

L'absence de la Croix me fait horreur, il est vrai. Plus rien de cette paix rafraîchissante que je sens au milieu des tombes chrétiennes. Certes, je ne veux pas que ma petite fille vienne jouer dans ce lieu maudit, où le promeneur fait lever des rats énormes et je ne sais quelles autres bêtes affreuses!...

30. — Venez demain, me dit un bienfaiteur. Demain, seulement, je ferai ce que vous me demandez. Assurément, je n'ai pas le droit de me plaindre, puisque je suis un solliciteur, un mendiant, et qu'on se croit si sûr de ne pas me *devoir* la chose que je sollicite. Pourtant, on se gêne vraiment très-peu pour me faire revenir de si loin, me sachant pauvre et dans l'angoisse. Quand donc m'habituerai-je à ne compter sur aucun homme?

Il eût été, je crois, bien facile à celui-ci de faire

---

nir de leur Loi, en sont à ce point, de croire honorer leurs morts, en leur appliquant un rite altéré de lapidation et d'anathème. *Lapidibus opprimet eum omnis multitudo*, etc. Equivoque terrible et surnaturelle!

aujourd'hui ce qu'il veut faire demain, et il ne m'aurait certainement pas condamné à revenir, si j'étais un scélérat ou un millionnaire imbécile. Mais je suis un artiste pauvre. Seigneur ! donnez-nous la Tête de Jean, *in disco*.

Exécution, à Laval, de l'abbé Bruneau, prêtre voleur et libertin, condamné pour meurtre, après un scandale énorme. Jusqu'au dernier moment, il s'est dit innocent de l'assassinat pour lequel on l'a guillotiné, — ce qui est possible, après tout. Je songe à ce que je pourrais écrire, si j'avais un journal. Abomination d'une loi athée frappant un prêtre que l'Eglise seule a droit de juger et de punir !

31. — Illumination par les Psaumes. D'abord, quelques rares et faibles points lumineux dans l'immensité, puis, un grand nombre, une multitude inconcevable, — la clarté d'un seul flambeau passant à mille autres, — enfin la conflagration, l'embrasement universel !

SEPTEMBRE

2. — Saint Lazare (Diocèse de Paris). « Jesus diligebat Martham, et sororem ejus Mariam, et Lazarum », c'est-à-dire la Foi, l'Amour et l'Espérance. Or l'Espérance est morte, depuis quatre jours, et Jésus *pleure*, parce que l'Espérance est au tombeau, parce qu'elle *pue* déjà. Pour qu'elle revive, *il faut qu'on enlève la* Pierre.

Lacrymare, o Jesu, et magna voce clama : *Lazare, veni foras.*

On voit, paraît-il, à New-York, un gentleman mécanique, lequel se promène par les rues, avec toutes les apparences d'un vrai homme. Il salue, monte en omnibus, paie sa place, articule quelques mots et fonctionne ainsi, de manière irréprochable, un certain nombre d'heures.

Le journaliste qui m'informe, trouve cela très-

rigolo, et ne comprend rien à l'horreur noire dont me pénètre son récit. J'imagine une grande ville peuplée de pareils fantômes !...

3. — Jeanne me dit : — Quand on quitte le monde, on n'est jamais seul. On n'est seul que quand on est quitté par le monde.

4. — Petit succès de mon *Crétin des Pyrénées*. Quelques journaux graves me réprouvent. Il paraît que j'ai visé juste.

5. — On parle du manque d'argent qui empêche certaines âmes de se retirer du monde. Réponse de ma femme : — Il n'y a d'obstacles ni du côté de la pauvreté, ni du côté de la richesse. La vérité, c'est que, riches ou pauvres, *tous ont horreur de la solitude.*

6. — A un curé de village (Dordogne) :

« Monsieur le Curé, Ma mémoire est fidèle et je n'ai pas oublié votre nom, malgré votre silence de vingt-deux ans. Je n'ai pas oublié qu'en 1872, j'eus le bonheur de vous arracher à la dissipation et d'être l'instrument choisi de Dieu, pour que vous devinssiez un chrétien et, plus tard, un de ses prêtres. Vous en avez, sans doute, complètement perdu le souvenir, puisque durant le tiers d'une vie d'homme, la destinée de votre *Ananias* n'a pu vous intéresser un seul jour, et que vous ne vous avisez enfin de son existence qu'à la minute où vous pensez avoir besoin de lui.

» Il est fâcheux, monsieur le Curé, que vous n'ayez pas été mieux informé. Vous me supposez, bien à tort, une influence, un pouvoir quelconque.

» La vérité, c'est qu'ayant, jusqu'à cette heure, employé toute ma force et tout mon courage à servir Dieu par ma plume, je n'ai reçu d'autre salaire que la pauvreté parfaite et la haine universelle, ce dont je suis loin de murmurer, d'ailleurs.

» Les incroyants me détestent, parce que je bafoue leurs sophismes, et les croyants m'abhorrent, parce que je conspue leur lâcheté. A qui donc pourrais-je m'adresser pour vous être vraiment utile ?

» Si vous étiez encore le petit farinier, de cœur simple et d'esprit candide, que j'ai connu en 1872, je vous dirais tranquillement : — Faites comme je fais moi-même. Quand j'ai besoin de quelque chose, je le demande à Dieu et aux amis de Dieu qui sont ses saints. Je le demande, avec grande foi, aux âmes souffrantes des morts, à qui Dieu donne souvent le pouvoir de nous assister, et il arrive alors, presque toujours, que je suis exaucé de quelque façon merveilleuse. Priez donc de toutes vos forces, monsieur le Curé, et ne comptez pas sur les hommes.

(Ici, quelques textes roboratifs, appropriés à la parénèse).

» Ne pensez-vous pas, monsieur le Curé, qu'il est plus sûr d'être fidèle à ces préceptes divins que de quémander, comme vous le faites, la publicité de ces agences de prostitution et de blasphème, connues sous le nom de journaux, ou d'implorer le secours des gens du monde, condamnés par Notre Seigneur d'une si terrible façon : *Non pro mundo rogo* ?

» Agréez, monsieur le Curé, l'assurance de mon respect. » LÉON BLOY. »

8. — Inspiré par le psaume XVIII⁰ : Le matin, on ouvre les yeux pour la consolation, la miséricorde. On les ferme, le soir, *pour la science*.

9. — Grand'messe. Enorme sacrilège de la substitution du *Salvam fac rempublicam* au *Salvum fac regem*, du Texte sacré. Rien n'est plus semblable au Reniement de Pierre que le Concordat.

« Omnes dii gentium dæmonia », dit le psaume XCV⁰. Cette *république,* chantée dans nos églises, n'a-t-elle pas été prévue par le Psalmiste ? Je le pense terriblement.

Abraham, Isaac, Jacob, Patriarches, Rois et Prophètes! C'est une honte pour les chrétiens occidentaux de ne jamais invoquer de tels saints.

A quelqu'un qui nous abandonne pieusement :
— Tu nous a quittés pour aller à ceux qui ne vivent que de Jésus et qui, par conséquent, possèdent l'*Argent*. Nous restons avec le Saint-Esprit et la Misère.

10. — Les hommes modernes, presque tous esclaves du Démon, ont un instinct sûr de ce qui

est excellent, et le repoussent avec énergie. Ils détestent la santé, comme ils détestent la Béatitude.

La race juive est tellement avilie qu'il est impossible de se représenter un *noble Juif*. Comment se figurer Abraham, autrement que sous les traits d'un Chrétien?

Les Paraboles de Moïse. Quel sublime travail d'exégèse ! Chacun des articles de la Loi interprété comme une parabole évangélique !

« Il rêvait d'avoir un tel regard de fascination mystérieuse, que toute femme, à l'instant, pût être domptée. Et, toute sa vie, qui fut longue, il souffrit de n'avoir pas ce regard.

A l'heure de la mort, il s'aperçut qu'il l'avait..»

Epitaphe d'une tombe abandonnée, dans un cimetière inconnu.

11. — « Anchoram animæ tutam ac firmam, et incedentem usque ad interiora velaminis ». Saint Paul, s'adressant aux Hébreux, symbolise ainsi l'Espérance.

— L'ancre, m'est-il dit par Jeanne, c'est la Croix jetée dans les abimes d'en bas, et la Croix, c'est l'ancre jetée dans les abimes d'en haut.

Nous ne pouvons pas périr, ajoute la même voix. *Nous marchons sur l'eau,* comme saint

Pierre ; nous sommes donc avec Jésus. La foi doit nous suffire.

12. — A un écriturier millionnaire et lyonnais, auteur innommable d'une *Vie d'Ernest Hello*, qui m'avait envoyé, au mois de mai, une pièce de VINGT *francs*, pour que je lui conditionnasse de la gloire :

« Monsieur, Je suis heureux d'apprendre que vous avez lu mes pauvres *Cochons*. C'est la réponse d'un écrivain hideusement calomnié et seul, absolument seul, contre une armée de canailles. *Unicus et pauper, sed non erubescens.*

» Vous y avez vu la guerre aux « pornographes », aux « hommes d'en bas ». Il y a peut-être quelque chose de plus, quelque chose comme une parole vivante, une parole d'Absolu proférée devant des fantômes impurs, une manière d'exorcisme jeté à la face d'une société longtemps polluée dans les ténèbres et qui agonise. L'*Epée* du Seigneur, n'en doutez pas, se *lamente* en esprit et en vérité. Après Hello, je parais être seul, désormais, à entendre cette grande Voix mystérieuse que j'ai pour mission de répercuter.

» Vous me reparlez de ce grand homme et de votre livre. Je crois vous l'avoir écrit : Un petit nombre de lignes sur un tel sujet ne me convient pas. J'ai beaucoup à dire et je veux un article important, ne fût-ce que pour relever quelques inexactitudes.

» Ce travail serait déjà fait, si j'avais pu me recueillir assez pour un aussi grand effort. Il est moins facile de parler d'Hello que de M. Zola, par exemple, ou de tout autre bateleur acharné à la besogne des démons. Mais je péris littéralement de misère, mon cher monsieur, et je me regarderais comme le plus vil de tous les chrétiens, si je sentais le besoin ignoble de cacher cette ressemblance avec Notre Seigneur Jésus-Christ.

» Savez-vous quelle est ma vie ? Je me lève, chaque matin, avec cette pensée : Comment ferai-je, aujourd'hui, pour nourrir les miens ? Je doute fort que vous puissiez vous représenter l'effrayante angoisse de ce réveil... Je suis errant, presque tout le jour, cherchant le Dieu de pitié dans ses créatures inattentives. *Quare me repulisti, et quare tristis incedo?*

» Ah ! je n'ai pas le dessein, croyez-moi, d'agir sur vous à la façon d'un mendiant, — bien que le Roi David, parlant au Nom du Christ futur, se soit nommé lui-même un mendiant. On m'a dit que des millions s'agitaient, ou dormaient, — je ne sais plus très-bien, — dans votre voisinage immédiat, et je vous plains de toute mon âme, si vous êtes de ceux dont il est parlé : — *Quam difficile, qui pecunias habent, in regnum Dei intrabunt !* Mais je vous dois la vérité, puisque vous m'écrivez, puisque vous me demandez vous-même quelque chose...

» Quel malheur si vous étiez exposé à l'injustice de m'accuser de négligence ! Aussitôt que la Providence le permettra, j'écrirai ce que je dois écrire de votre livre et, surtout, de mon grand ami, Ernest Hello. J'ai passé ma vie à faire pour les autres ce que personne ne voulait faire pour moi. Ainsi ferai-je toujours, pour l'amour du Règne de Dieu et de sa Justice, dans l'espérance que le reste me sera donné par surcroît. Ainsi ferai-je, sans amertume, je l'espère, et sans nul souci des conséquences heureuses ou des conséquences malheureuses.

» Vous savez, sans doute, que le plus sûr moyen de nuire à un écrivain, — moyen si efficacement employé contre Hello, pendant vingt ans, — c'est le *silence.* Pourquoi faut-il que, devenant, à votre insu, l'auxiliaire de mes ennemis, vous vous en soyez servi contre moi ?

» Tous les noms imaginables sont cités dans votre livre, excepté le mien. Humblement, vous objecterez, sans doute, que c'est un oubli dont l'incurieuse postérité n'aura pas lieu de se prévaloir à mon dam. Mais vos intentions d'historien vous interdisaient d'ignorer que personne au monde, pas même la femme d'Hello, n'a pu connaître, mieux que moi, l'*intellectualité* de ce malheureux être de génie et de souffrance, qui me fit quelquefois l'honneur de me consulter, allant jusqu'à m'écrire qu'il voyait en moi une sorte de prophète et le plus haut esprit de son temps. Il vous était, en tous cas, fort difficile de n'avoir pas lu le *Brelan d'Excommuniés,* où j'ai pris la peine d'écrire ce que je pense de votre héros.

» Ah ! monsieur, quelle occasion vous avez perdue, d'élever votre étage, en vous manifestant mon témoin, mon seul témoin dans le monde catholique, et combien mon pauvre grand Hello ne s'indignerait-il pas de ce *péché d'omission*, à propos de lui, s'il vivait encore pour souffrir de l'étonnante misère d'âme des adorateurs de Jésus-Christ !

» Agréez, etc.,   Léon Bloy. »

Cimetière Montparnasse. L'histoire de la tombe de Barbey d'Aurevilly a exaspéré en moi le besoin de voir, de toucher la Croix sur les tombeaux. Je supporte difficilement la pensée que d'Aurevilly a été privé de ce Signe, pendant près de trois ans. Ayant si passionnément adoré les femmes, toute sa vie, il lui fallait ce châtiment d'être condamné, par une femme, à la sépulture des réprouvés.

L'Eglise nous dit que l'Esprit de Dieu repose sur les ossements des Saints, et je sais que la Croix est la figure de l'Esprit de Dieu. Que penser d'un pauvre mort qui en est privé? Et que penser de la femme qui a pris sur elle d'infliger un pareil opprobre au grand écrivain?

Je fais remarquer à Jeanne que les tombes sans croix, les tombes d'athées, finissent toujours par s'enfoncer, plus ou moins, dans la terre. Quelques-unes même *disparaissent* complètement. Il serait curieux de le vérifier dans divers cimetières.

13. — Mot d'un inventeur : — Vous ne pouvez vous figurer la *simplicité* diabolique de mon appareil !

14. — Les Sacrements, me dit Jeanne, ne doivent-ils pas réaliser, *dans la Gloire,* tous les besoins physiques de l'homme ?

Le Baptême correspondrait au besoin de se laver ;

La Pénitence, au besoin *purgandi ventrem,* ou au besoin de *dormir* ;

La Confirmation, au besoin de croître ;

L'Eucharistie, au besoin de manger ;

L'Extrême-Onction, au besoin de guérir ;

L'Ordre, au besoin d'être *vêtu* ;

Le Mariage, au besoin d'amour.

15. — Un bourgeois à Notre Seigneur Jésus-Christ mourant de faim :

— Mon ami, je suis charmé d'être choisi pour entendre vos supplications. Cette preuve de confiance m'honore et je veux travailler à m'en rendre digne. Je vais donc m'appliquer à prendre des *habitudes charitables,* et je ne doute pas que, dans le délai de dix ou quinze ans, je ne sois en état de vous faire SPONTANÉMENT l'aumône d'une belle pièce de deux sous. Réjouissez-vous.

16. — XVIII° Dimanche après Pentecôte. — *Cum* VIDISSET *Jesus cogitationes eorum.* Jésus *voit* les pensées. *Quid est* FACILIUS ? etc. Ce comparatif est étonnant. Il y a donc une des deux choses pro-

posées *plus facile* que l'autre. Enfin, la foule glorifie Dieu pour avoir donné un tel pouvoir *hominibus*, alors que Jésus vient de dire que c'est le Fils de l'Homme qui a ce pouvoir.

17. — Fête des Stigmates de saint François d'Assise.

L'infaillible Liturgie mentionne les paroles de saint Paul aux Galates : « *Ego enim stigmata Domini Jesu* IN CORPORE MEO *porto* ». Saint Paul avait donc aussi les stigmates, comme saint François !

18. — Fête de saint Joseph de Cupertino, l'un des hommes les plus extraordinaires qu'il y ait eu. Il ressuscitait les *animaux* et rendit manifeste, en sa personne, cette vérité que la Gloire, pour les corps, consiste à *ne plus peser*.

20. — Membrum virile symbolice Crucis effigies ab antiquitate videtur. Christus moriens in patibulo, emisit Spiritum. Vir coïtans et hoc modo cruciatus in muliere anhelans, emittit semen.

Il n'y a pas de pires bourreaux que ceux qui se sont fait une loi de ne jamais agir spontanément. J'ai un éditeur qui est comme ça.

22. — Pilate est le seul personnage de la Passion, mentionné dans le *Credo*. Viennent ensuite l'Offertoire, l'Oblation de l'Hostie et l'Oblation du

Calice : *sacrificium præparatum*. Puis, le prêtre SE LAVE LES MAINS *inter innocentes*, en accomplissement de la Loi (Deut. XXI, 6). Ici, je vois distinctement Pilate lui-même... Il serait merveilleux de développer cela et de retrouver, au moyen de tels aperçus, la vie extérieure, sensible, de toutes les phases liturgiques de la Messe.

Lettre ironique de mon historien d'Hello, mécontent de l'allusion à ses richesses, et qui me lance par la figure une église, des écoles, une cure et je ne sais quelles autres fondations pieuses qui l'ont décavé. Réponse à ce parfait catholique de Lyon :

« Monsieur, Je ne crois pas un mot de ce que vous m'écrivez. Je vous informe, cependant, que chacun de mes autographes, peut se vendre jusqu'à *vingt* francs, à Paris, chez Sapin, rue Bonaparte, ou chez Sagot, rue de Châteaudun.

» Je serais heureux de contribuer ainsi à la prospérité de votre « église », de vos « écoles » et de votre « cure », — « sans parler du reste ». *Decimas do omnium quæ possideo, dicebat Pharisæus.*

» L'omission absolue de mon nom n'a été, dites-vous, qu'un oubli, une distraction. Mon Dieu ! j'y consens de tout mon cœur, si cela peut vous être profitable. Mais les esprits *littéraires*, s'il s'en trouve parmi vos lecteurs, déploreront, sans doute, que, dans votre livre, vous n'ayez pas, « par pure distraction », oublié de mentionner Ernest Hello lui-même ! Sur ce point, aussi bien que sur quelques autres, *toute* la vérité sera dite prochainement et à un public nombreux. Soyez tranquille.

» Veuillez agréer, etc.   Léon Bloy. »

Le *Figaro* commence un feuilleton de Bourget, dont le *New-York Herald* va publier simultanément une traduction anglaise, car nous sommes au pinacle. Cela se nomme *Outre-Mer*. Impressions du voyage de Paul, en Amérique.

Dès le début, la plus abondante sottise éclate. L' « enfant de pion » ne se connait plus, d'être dans le pays de l'argent.

23. — Evangile du jour, XIX° Dimanche après la Pentecôte. Le convive « non vêtu du vêtement nuptial », et qui ne répond rien, ne peut-il pas s'entendre du silencieux Joseph, que je vois partout où il est parlé de « liens », de « ténèbres », de « silence », et qui est exclu de partout, en attendant que vienne sa Parole, *donec veniret verbum ejus*.

Jésus, qui est la Parole, a dit : Vado ad Patrem. Quand ce voyage mystérieux sera terminé, Joseph sera enfin en possession de son Verbe. Il n'y aura plus ni liens, ni ténèbres, ni silence, et il dominera sur « toute la terre d'Egypte ».

A M. de M., ancien magistrat, propriétaire très-honorable, dans un petit canton de la Meuse :

« Monsieur, Je me sens poussé à vous écrire, à l'occasion du quinzième anniversaire de la mort de votre frère. Il occupe à jamais, une place immense dans mon souvenir. Je vois, je verrai toujours sa face d'apôtre, au point de départ de ma vie intellectuelle et surnaturelle qui a été, je le crois, peu ordinaire. C'est par lui que me fut ouvert le sens intérieur des Ecritures.

» J'avais, alors, trente-trois ans. Dieu avait voulu je ne fusse absolument rien, avant d'avoir rencontré cet homme extraordinaire, et que j'eusse l'énorme douleur de le perdre bientôt après. Il me reste cependant la consolation de lui avoir donné, ne fût-ce que peu de jours, le réconfort d'un grand espoir.

» Vous savez que votre frère, affligé très-cruellement et triste à en mourir, de l'affreuse médiocrité du monde catholique, avait cru discerner en moi l'écrivain, longtemps attendu, qu'il devait vivifier de son souffle, nourrir de sa parole, et dont la collaboration assidue lui aurait enfin permis de glorifier Notre-Dame de la Salette et le Saint Tombeau, d'une manière éclatante et magnifique, la seule qui pût contenter son cœur. Nous devions vivre désormais ensemble et courir, en priant et en travaillant, de pèlerinage en pèlerinage. « Ne soyez plus en peine de votre vie », me disait-il.

» Mais, étant de ceux dont il est écrit que « le monde n'en est pas digne », votre frère dut s'éloigner, avant d'avoir vu la réalisation de ce trop beau rêve. Accablé de chagrin, investi d'un deuil plus grand qu'à la mort de mon père selon la chair, je sentis profondément le devoir de garder, comme un trésor, les instructions merveilleuses que j'avais reçues. Il me fut démontré que j'avais la mission d'accomplir, tôt ou tard, et en n'importe quelle manière, la volonté de ce mort.

» J'entrepris un livre d'exégèse sur la Salette et j'écrivis, Dieu sait à quel prix ! un assez grand nombre de pages. Vers le milieu, je dus m'arrêter. J'étais trop faiblement équipé pour cette entreprise gigantesque, et mon parfait dénûment me condamnait à l'impuissance. Comment opérer les recherches ou voyages absolument nécessaires ? L'abbé T. de M., votre frère, entendait fort bien qu'une œuvre de ce caractère *exceptionnel* ne pouvait être accomplie qu'à force de méditations, et dans la sécurité parfaite.

» J'avais donc cru pouvoir compter sur vous, comme le défunt, sans doute, y compta dans son agonie, et la déception fut énorme.

«... Votre connaissance, m'écrivait le père B., des
» Missionnaires de la Salette, qui l'assista jusqu'au
» moment suprême, lui avait rendu l'espoir. Les deux
» derniers jours de sa vie *intellectuelle*, il me parla
» beaucoup de vous et de l'œuvre que vous aviez
» entreprise de concert. Il ne doutait pas du succès.
» J'ose croire qu'il l'attend de là-haut... Dans un
» intervalle de son délire, il fit cette remarque :
» — Si j'avais mieux la tête à moi, il me faudrait bien
» écrire un bout de testament. — Vous vous croyez

» donc bien malade? lui dis-je. — Je ne sais pas,
» répondit-il, en s'assoupissant. Peu de temps après,
» il voulut se lever, prit une plume et écrivit des
» mots sans suite et *indéchiffrables* ».

» La lettre, d'où j'extrais ces lignes, est datée du 10 octobre 1879. Dix jours après, sur ma demande formelle de certains éclaircissements, le même père me répondait :

«... Mes occupations très-absorbantes m'ont empê-
» ché de faire de longues explications à M. de M., mais
» je crois avoir mieux fait. Je lui ai communiqué vos
» deux lettres, en lui glissant légèrement qu'au génie
» qui enfante et qui souffre, il faut un *Mécène*. S'il
» veut l'être (et il le peut), il a dû déjà vous donner
» de ses nouvelles, ou bien il ne tardera pas de le
» faire... C'est un homme excellent... Mais, peut-être,
» Celle que vous avez entrepris de louer, veut-elle
» vous faire acheter le succès par la souffrance et la
» privation ».

» Pressentiment qui s'est trop réalisé. Toujours forcé d'ajourner mon livre, pour ne pas mourir de faim, je suis entré dans le tourbillon littéraire où j'ai fini par conquérir une sorte de célébrité, au prix de souffrances qui ont été presque sans mesure.

» J'apportais, en effet, dans ce milieu frivole, le même besoin d'indépendance et de rectitude absolue qui m'avait, auparavant, poussé vers votre frère, et qui devait infailliblement exciter, autour de moi, la défiance universelle. Malgré des travaux jugés considérables, je n'ai pu vivre de ma plume qu'avec des peines infinies.

» Aujourd'hui, à quarante-huit ans, je me trouve dans cette situation peu banale de passer pour un écrivain de haute valeur et d'être, néanmoins, chaque jour, fort embarrassé pour ma subsistance.

» Il est donc assez naturel que je me souvienne, parfois, des promesses de votre frère. Vous ne pouvez avoir ignoré que son intention était de les accomplir, *vivant ou mort*, et vous avez certainement deviné sans peine quelle pouvait être sa *volonté*, quand il écrivit son TESTAMENT INDÉCHIFFRABLE.

» Si le père B. avait eu l'âme plus ardente, il vous aurait parlé avec plus de force et ne vous aurait pas conseillé, — bien vainement d'ailleurs, — d'être mon *Mécène*, alors qu'il s'agissait *uniquement* de vous exhorter à la JUSTICE. Il vous eût fait un devoir d'exécuter la dernière volonté du mort, volonté si connue de lui et de vous, et d'autant plus respectable qu'il n'avait pas eu le temps de l'écrire.

» Au mois de septembre 1880, vous m'envoyâtes, pour un voyage à la Salette, *cent francs* (!), sur la prière d'une personne qui vous pressa vivement — et ce fut tout, absolument tout.

» Résultat : quinze années de misère noire et l'impossibilité d'achever une œuvre nécessaire, à laquelle je n'ai cessé de penser, que je suis, plus que jamais, disposé à reprendre avec énergie, dans la plénitude de ma force intellectuelle, si le loisir m'en est accordé, et dont la réalisation est, peut-être, indispensable au repos éternel de l'âme de votre frère.

» L'anniversaire de sa mort, je le répète, m'a déterminé irrésistiblement à vous demander en son nom, pour la première et probablement la dernière fois, si c'est votre intention de comparaitre à votre tour, devant Dieu, sans avoir essayé de réparer cette effrayante injustice.

» Agréez, etc.   LÉON BLOY. » (1)

24. — Notre-Dame de la Merci. Lisant le psaume *Exspectans*, j'imagine tout à coup l'Apparition de la Salette, — cette préoccupation centrale de ma vie! — la Dame mystérieuse assise, en larmes, sur la pierre, et disant Elle-même ce psaume qu'on croirait Lui appartenir, depuis trois mille ans :

— *Exspectans exspectavi... exaudivit... eduxit de lacu miseriæ... statuit super petram... Et immisit in os meum canticum novum... Ecce venio... Annuntiavi justitiam... Labia mea non prohibebo...* Quelle vision ! Quel drame !

Dans le psaume *Nisi Dominus*, je remarque aussi : *Merces fructus ventris*. La « Merci » est le fruit du ventre. Faut-il avoir Dieu dans le cœur, pour être continuellement visité de telles pensées !

---

(1) Sans réponse, naturellement. J'ai déjà fait remarquer que le destinataire était un chrétien des plus honorables.

Je compare le Livre de David à une vaste plaine qu'on peut croire d'une désespérante uniformité. On a marché longtemps, sans voir autre chose que le sol plat et les bruyères, comme aux environs du sublime château de Crozant dans le Berry. Cette forteresse fameuse ne se montre pas et, cependant, le guide affirme qu'on est arrivé, qu'on touche presque les ruines. Toujours la plaine. Un pas de plus, et voici qu'un gouffre apparait. Le formidable donjon, perché lui-même, est à moitié chemin de l'abime. Vision brusque d'une magnificence inoubliable.

Ainsi des psaumes. On touche à la contemplation, il ne faut plus qu'une goutte de lumière, une seule goutte, et on sera dans les splendeurs et les éblouissements.

Sans doute, on peut dire cela de chacun des Livres saints. Mais le psautier est tellement l'ombilic des Ecritures, et Jésus est tant appelé Fils de David!

25. — Journée de torture.

Lu, dans le *Figaro*, un interminable récit de la mort du Comte de Paris, par Mgr. d'Hulst. Ce valet, d'ailleurs imbécile, étonné de la grandeur d'âme de son prince, n'hésite pas à le comparer aux plus grands saints et affirme sacrilègement que la Comtesse, au lit de mort de son admirable époux, ressemblait à *la Vierge au pied de la Croix!*

La platitude inexprimable de ce récit a donné à mon mépris général pour les catholiques modernes, les ailes du condor.

27. — Avant-hier, une personne qui avait eu l'imprudence de recommander Henry de Groux *a été frappée de la foudre*, aussitôt après. On vient de l'enterrer aujourd'hui.

Voir ma lettre du 17 Juillet.

Le même de Groux m'apprend que le médecin extraordinaire qui avait réussi à le remettre sur pied, *s'est empoisonné lui-même par imprudence*, et que sa mort a été quelque chose de diabolique.

Qu'il le veuille ou non, qu'il le sache ou qu'il l'ignore, chaque homme est forcé, à tout instant de sa vie, de déclarer la mort de Jésus-Christ. *Celui qui achète un pain, annonce la mort de Jésus-Christ.*

— Je ne puis donner la goutte de Sang par laquelle je suis sauvé, mais voici une pièce d'argent qui est son signe représentatif, et c'est parce que Jésus-Christ est mort, que cette pièce d'argent a le pouvoir de payer le morceau de pain qui va me nourrir. Ainsi de toutes choses.

29. — Le Texte sacré n'est pas obscur, mais mystérieux. Le Mystère est lumineux et impénétrable. L'Obscurité est essentiellement pénétrable, puisque l'homme peut s'y engloutir.

30. — A force de souffrir, j'ai comme un voile noir sur les yeux...

Jésus ne peut rien pour ceux qui souffrent avec lui. Avant que vienne sa Gloire, il ne peut, — et cela est une ironie divine qui fait peur, — il ne peut secourir que ceux qui n'ont pas besoin de secours, c'est-à-dire les heureux du monde. A ce titre, il est, dans un sens redoutable et profondément caché, l'*ami* des bourgeois, lesquels ont horreur du Saint-Esprit.

Or, les malheureux sont le troupeau lamentable du Paraclet, de qui nul n'est aussi proche que Jésus lui-même, puisqu'il est *l'Homme des douleurs*. Les pauvres et les désolés ne peuvent donc espérer, quant à présent, aucun secours de ces deux Captifs effrayants, *cloués* l'un à l'autre..

Il ne reste plus que le Père...

OCTOBRE

1ᵉʳ. — Le chagrin me suffoque... Tant de menaces accumulées ; tant de déceptions, depuis tant d'années; l'opiniâtreté diabolique de ma mauvaise fortune; ce climatérique septembre dernier, dont j'avais tant espéré, dès le premier jour, et qui m'a déçu; ces joies même de la Prière qui m'ont été données avec abondance et qui ressemblent à une volupté stérile; tout cela me remplit l'âme d'horreur...

2. — *Sancti Angeli qui videtis Faciem Patris...*

3. — Dans l'Epitre Catholique de saint Jude, Michel Archange et le Diable se disputent le corps de Moïse, c'est-à-dire *le corps de la Loi*, c'est-à-dire Marie : Lex Domini Immaculata. Cela, je le vois très-bien. Lucifer avait besoin de ce Corps, de ce

Tabernacle. Sans doute, pour s'y *incarner*. Et il a, certainement, toujours ce besoin.

Quand on reçoit de *l'argent*, — ce qui ne m'arrive guère, — ne serait-ce pas qu'on a trahi et vendu Jésus, comme Judas, d'une manière quelconque ?

7. — XXI° Dimanche après la Pentecôte. Mystère admirable de la Liturgie. A l'Epître, saint Paul donne l'*armature* de Dieu pour résister aux embûches du diable. Dans l'Evangile, l'homme riche livre le méchant débiteur aux bourreaux, et enfin, à l'Offertoire, Job apparaît tout à coup, livré par Dieu à Satan.

Celui qui verrait le lien caché de toutes ces choses, serait un peu plus qu'un ange. Il saurait tout et il pourrait tout. Je dis, à ce sujet, qu'il doit y avoir, en toute occasion de péril, une parole divine d'un effet certain, dont les formules magiques ne peuvent être qu'une contrefaçon sacrilège, et c'est l'amoureuse intuition des saints qui fait découvrir cette parole.

13. — L'usure est le fond du commerce, comme l'avarice est le fond de la sagesse.

— Le *souffle* des saltimbanques, ce petit souffle *court et léger*, lorsqu'ils veulent faire disparaître un objet qu'ils escamotent, est un acte certainement venu des lieux de ténèbres. C'est la trace de quelque ancien rite oublié.

Cela m'a été dit par ma femme, à propos du feu qu'un souffle peut éteindre, mais qui n'est point aboli, qui *disparaît* mystérieusement sans être anéanti.

17. — Songeant à notre abominable situation, tout ce que je peux, c'est de ne pas « pécher par mes lèvres », en proférant des paroles de rébellion. En de telles heures, si fréquentes, hélas! depuis tant d'années, mon cœur triste doit ressembler à cette éponge saturée de fiel et de vinaigre, dont les Juifs imaginèrent de désaltérer le Sauveur mourant.

19. — *In quamcumque domum intraveritis, primum dicite : Pax huic domui.* C'est la recommandation de Jésus à ses disciples, quand il les envoie. Chacun de nous est vraiment disciple, et le mot *quamcumque* ne laisse aucun doute sur le sens absolu de ce précepte. Il faut donc obéir et n'entrer dans aucune maison, sans prononcer cette parole. Qui sait si ces trois mots ne sont pas une *seconde clef* pour entrer? Il est ajouté que la *paix* des autres et de nous-mêmes dépend de cet acte.

Bagneux, cimetière des pauvres. Les orgueilleuses croix de pierre ou de marbre sont un reste de paganisme. La croix des chrétiens doit être de *bois*, comme celle de Jésus. Or la croix de bois, *toujours méprisée*, demeure le partage des pauvres, et ce privilège apparaît surtout dans les cimetières.

21. — Je prie, comme un voleur demande l'aumône à la porte d'une ferme qu'il veut incendier.

25. — Que nous apportera Demain? Quelle vie! Nous nous trainons ainsi, chancelants, ivres de désir et fous d'angoisse, d'un jour à l'autre, d'une semaine à l'autre, d'une saison à l'autre, d'une année désespérante à une année homicide, attendant le Seigneur et son *Cantique nouveau*...

La misère ne ralentit pas son étreinte, mais nos âmes, chaque jour, deviennent plus fortes pour la supporter. Notre espérance immortelle ressuscite, à chaque instant, sous le couteau, et nous sentons une si valide bénédiction dans nos deux enfants si beaux, si forts, si manifestement dévolus à la Lumière!

26. — Visite d'un jeune bellâtre millionnaire et toqué de littérature, venu pour me rafler mon dernier exemplaire du *Salut par les Juifs*, avec l'intention déclarée de m'être utile en me l'ache-

tant à moi-même. Aimable procédé. Après le départ de ce bienfaiteur, je constate la disparition d'un livre rare, que je n'avais pas encore eu le courage de vendre, et dont le format très-particulier semblait invoquer la poche de tout amateur aux mains agiles. (1)

27. — Il faut être des mendiants à la porte des cimetières! Des mendiants habillés de feu!

29. — En exécution de ma promesse du 22 septembre, je ferai décidément un copieux article sur Ernest Hello, à propos du livre misérable de son historien prétendu. Je veux montrer surtout le Hello dont on ne parle pas et qui est si peu connu: le pauvre grand homme opprimé, rapetissé, ridiculisé par sa femme.

Celle-ci, un bas-bleu terrible, a publié autrefois, sous le pseudonyme de *Jean Lander*, beaucoup de contes, malheureusement édifiants, dont quelques-uns, — il y a quinze ans, — me parurent *empreints* d'une certaine beauté. Je dirai cette singulière transposition de la femme, faisant passer sa niaiserie et son étroitesse bourgeoise à un mari dont elle soutirait la grandeur.

---

(1) J'écrirais volontiers le nom de ce jeune héros, connu dans les nouvelles couches littéraires. Malheureusement, je n'ai pas la *preuve* du larcin. *Juillet 1897.*

Je possède heureusement quelques lettres importantes d'Hello... En les relisant, je retrouve la trace d'impressions anciennes qui ont décidé de ma vie. 1880! C'était l'aurore des tribulations épouvantables.

30. — Au Général des Chartreux, à la Grande Chartreuse :

« Très-Révérend Père Général, Un de mes amis, M. Alcide Guérin, qui a dû vous paraître un intrigant, a cru pouvoir prendre sur lui de vous écrire pour vous faire connaître ma situation plus que difficile, dont il est profondément affligé. Je n'ai pu le blâmer de son zèle, mais je crains, naturellement, que sa démarche n'ait paru trop équivoque, et je tiens à dissiper toute incertitude, en vous écrivant à mon tour.

» Je sais que M. Guérin vous a parlé de mes relations anciennes avec votre prédécesseur, le R. P. Général Anselme-Marie, qui fut mon protecteur et mon ami, au début de ma vie littéraire; mais il n'a pu vous dire à quel point ce vénérable et saint religieux, dont je conserve pieusement un assez grand nombre de lettres saturées de la plus vive tendresse, daigna m'honorer de son amitié.

» Il m'encouragea dans la voie difficile où je m'engageais, me préserva, quelque temps, des atteintes de la misère, me soutint, dès les premiers pas, avec une charité parfaite et une merveilleuse douceur.

» Plus tard, j'eus l'honneur de célébrer la Grande

Chartreuse, dans celui de mes livres qui a le plus retenti, et la joie me fut accordée de déterminer, jusque parmi les ennemis de l'Eglise, une curiosité respectueuse que Dieu voudra, sans doute, miséricordieusement utiliser pour leurs âmes.

» M. Guérin a dû chercher à vous faire entendre que le R. P. Anselme-Marie, me sachant aujourd'hui menacé, se serait hâté de me secourir, et cela n'est certainement pas douteux. M. Guérin a pu être entraîné trop loin dans l'expression de cette pensée. Vous êtes seul juge. Mais, assurément, il a dit la vérité.

» Il est trop vrai que je suis en danger. Il est vrai aussi, que, plus d'une fois, je lui ai parlé, avec mélancolie, de cette illustre Maison de saint Bruno que j'ai chantée à la face d'un monde incrédule, par laquelle j'eusse été, naguère, si promptement délivré de mon angoisse, mais qui, désormais, ne se souvient plus de moi.

» Daignez agréer, etc.

» LÉON BLOY. »

31. — Le travail sur Hello se précise dans ma cervelle. Quel beau sujet ! et quelle occasion de faire justice !

Pour la première fois, aujourd'hui, me semble-t-il, je suis frappé de ceci que, vivant dans l'abondance et me sachant privé de tout, Hello ne m'offrit jamais l'hospitalité de sa vaste maison de campagne, au bord de la mer. Sa femme seule, je pense, doit être accusée de cette cruelle et inconcevable omission. Il me chérissait, pourtant, à sa manière, jusqu'au jour où la jalouse M*ᵐᵉ* Hello lui suggéra de me fuir; mais quelle inconscience prodigieuse !

Extrait d'un brouillon de lettre à Hello, à la date du 18 août 1880 :

«... Pour ce qui est de la manière dont l'Esprit-Saint doit se manifester, c'est le secret de la « gloire du Juste » dont parle Isaïe : *Secretum meum mihi, secretum meum mihi,* secret divinement gardé, et qu'aucune créature humaine ou angélique — à l'exception, *peut-être*, de Marie, — n'a pu connaître.

» On s'est moqué, avec plus ou moins d'agrément, de ce Lucifer qui a *ignoré*, dit-on, la Divinité de Jésus-Christ et qui l'a fait crucifier pour sa propre ruine. Je ne sais jusqu'à quel point cette grande Intelligence fut liée, alors. Mais, assurément, le Pervers connaissait les Ecritures et en pénétrait le sens ésotérique beaucoup mieux que tous nos docteurs réunis. C'était impossible qu'il ne vît pas que quelque chose d'infini s'accomplissait sur le Calvaire, mais il cherchait le Secret dont je vous parle, et il devait voir très-clairement que CE N'ÉTAIT PAS CELA !

» Dans ce sens, il ne fut pas trompé, car Dieu ne trompe personne, pas même le diable. Ce secret, il l'a cherché désespérément, cinq mille ans; c'est ce secret qui est son enfer, et c'est à cause de ce secret qu'il « tremble », comme le dit l'apôtre saint Jacques.

„... J'ai de fortes raisons pour croire que le Discours de la Salette, que j'ai appelé le *Verbum novissimum* de l'Esprit-Saint, contient, sous une forme extrêmement symbolique et enveloppée, le Secret qui désespère Lucifer. C'est la première Parole *publique* et *universelle* que Marie ait prononcée depuis les Noces de Cana, ainsi que je vous l'ai fait remarquer. Les dix-huit siècles qui séparent les deux époques sont le mystérieux et terrible abîme de son Silence... „

NOVEMBRE

2. — La seule vraie dévotion, c'est la pitié pour Jésus, c'est-à-dire la Compassion de Marie.

J'apprends que Remy de Gourmont et une de ses amies qui fut curieuse de me voir, en 92, après le *Salut par les Juifs,* sont enragés contre moi, j'ignore pour quelle raison. C'est instinctif, sans doute, ces gens ayant leur « conversation *in inferis* ». L'amie serait mêlée, assure-t-on, à des pratiques de messes *à rebours,* et aurait suggéré à Huysmans quelques-unes des pages les plus odieuses de *Là-Bas.*

Cimetière Montparnasse. La foule, heureusement, n'est pas trop compacte. Mais cette visite annuelle des Parisiens à leurs morts est si banale que je recueille dans l'air ambiant, l'idée que voici : Pourquoi une agence de publicité n'exploiterait-elle pas les tombes, comme on exploite les parois des urinoirs ou les plafonds des omnibus? On lirait ainsi l'annonce d'un chocolat nouveau ou d'un dentifrice américain sur les dalles tumulaires, et les murs disponibles des édicules manifesteraient les quatre-vingt mille guérisons récentes, obtenues par l'emploi de tel pharmaque dont l'éloge n'est plus à faire, etc., etc.

Une chose, pourtant, n'est pas ridicule. C'est l'illumination des petites chapelles. N'ayant jamais visité aucun cimetière, le Jour des Morts, j'ignorais cette coutume. Si on ne fermait pas les portes, quelle promenade, en priant, par les *rues* solitaires et illuminées de cette ville des âmes qui souffrent, des âmes qui ne peuvent pas parler et qui sont ainsi des âmes *enfants!*

Sortis de là et assis dans un café, nous sommes environnés d'êtres soi-disant humains, venus aussi des cimetières, et qui nous paraissent moins vivants que les *dormientes* qui nous ont émus tout à l'heure. Mannequins affreux, sous les hardes qui leur donnent une apparence d'humanité.

3. — L'empereur de Russie vient de mourir, dès le premier jour de ce mois des morts. Heureux prince!

Rappel d'une de mes idées les plus anciennes.

Le Tsar est le chef et le père spirituel de cent cinquante millions d'hommes. Responsabilité effroyable qui n'est qu'*apparente*. Peut-être n'a-t-il réellement à sa charge, devant Dieu, que deux ou trois êtres humains, et, si les pauvres de son empire sont opprimés durant son règne, si des catastrophes immenses doivent résulter de ce règne, qui sait si le domestique chargé de cirer ses bottes, n'en est pas le vrai, le seul comptable? Dans les mystérieux arrangements de la Profondeur, qui donc est Tsar, qui donc est roi, et qui pourrait se flatter de n'être pas un domestique?

4. — Visite de Marius Tournadre, évadé d'un hôpital. Vainement j'essaie de lui faire avouer la sottise, l'ignorance et l'inexprimable ignominie des anarchistes militants.

5. — Le Général des Chartreux m'envoie deux cents francs. Il était temps. Mais il faudrait environ dix fois cette somme.

A Marius Tournadre :

« Mon cher Tournadre, Je pense que vous ne pouvez pas douter de mon affection pour vous. Quand je vous ai su malade, j'ai été à vous de tout mon cœur, avec le chagrin de ne pouvoir vous faire tout le bien que j'aurais voulu. Je crois aussi que, de votre côté, vous avez souhaité de m'être utile, et je veux, autant que vous le voudrez vous-même, rester votre ami.

» Mais *vous avez refusé de faire le Signe de la Croix* dans ma maison, à ma table, et vous ne serez pas étonné, sans doute, d'apprendre que je considère ce refus comme un danger pour moi et pour les miens.

» Je ne refuse pas de vous voir et de vous serrer la main, dans la rue ou dans quelque café, surtout si je peux vous être bon à quelque chose. Mais je ne puis vous laisser pénétrer chez moi.

» Votre ami, LÉON BLOY. »

8. — Lettre de Tournadre qui prétend que j'ai voulu me débarrasser de lui, sous un prétexte quelconque. Réponse immédiate :

« Mon cher Tournadre, Je n'aime pas à faire de la peine à ceux que je reçois chez moi et que je nomme mes amis. Je vous ai prouvé, autant que j'ai pu, que j'étais le vôtre, et je le suis encore. Je voudrais, de tout mon cœur, pouvoir vous être utile et l'occasion s'en présentera peut-être.

» Mais, encore une fois, je ne peux laisser pénétrer dans ma maison un homme, — fût-il mon père, — qui juge ridicules les choses pour lesquelles je me ferais massacrer. J'ai passé ma vie à écrire cela, et, si vous m'aviez lu, ma lettre n'aurait pu vous surprendre. Vous auriez compris que je ne vous faisais pas une « querelle d'Allemand » et que cette affaire du Signe de Croix n'était nullement un prétexte, mais une question vitale, essentielle, absolue pour moi. Le soin que j'ai pris d'écarter immédiatement ma petite fille, aurait dû vous éclairer.

 ” Je ne suis pas de ceux qui « respectent toutes les opinions », comme disent les bourgeois, dont vous êtes. Ah ! non. Je suis pour l'intolérance parfaite et j'estime que *qui n'est pas avec moi est contre moi*. Il se peut que, rempli du besoin de me servir, de vous dévouer même, vous soyez, en réalité, un ennemi.

 ” Votre refus de dimanche m'a abasourdi, abruti. J'aurais dû m'y attendre, direz-vous. J'avoue que je ne m'y attendais pas. Je suis persuadé que vous pouviez réussir dans la démarche que nous avions concertée, et votre succès eût été pour moi une délivrance, vous le savez. J'ai sacrifié cela, pourtant. Il me semble que ce sacrifice doit vous montrer à quel point certains sentiments sont profonds en moi. Je ne considère pas la vie comme un ensemble de fumisteries.

 ” Comment se peut-il, mon pauvre Tournadre, que vous ayez si peu compris mon caractère ?

 ” Votre ami, toujours,

” Léon Bloy. ”

11. — Fin de mon travail sur Hello : *Ici on assassine les grands hommes.*

12 — Non seulement ce travail est accepté joyeusement, pour le *Mercure de France,* par notre aimable Vallette, mais on décide le tiré à part d'une brochure à deux cent cinquante exem-

plaires. Le titre éclatera en lettres d'or sur une couverture noire, puisqu'il s'agit d'un mort et que j'ai, surtout, l'imagination tumulaire.

13. — Nécessité chrétienne de se désintéresser des diamants, — *quorum fulgur, oriens de locis tenebrarum, profecto carnis concupiscentiæ flammas excitat, in despectu et desperatione pauperum.*

Le Vent qui symbolise l'Esprit-Saint est surtout menaçant pour les navigateurs, qui ne peuvent pourtant pas s'en passer. Le Navigateur par excellence, c'est Pierre dans la Barque de l'Eglise. Que deviendra Pierre et que deviendra son bateau, si le Vent se déchaine et si Jésus, seul capable de l'apaiser, est absent?

Or voici que le Maitre semble s'éloigner... *Expedit vobis ut ego vadam : si enim non abiero, Paraclitus non veniet ad vos.*

14. — Jeanne me dit avoir lu dans Anne-Catherine Emmerich que l'unique explication de la perpétuité de l'Eglise, c'est la communion du prêtre, — non des fidèles, mais du prêtre. Cela fut, je crois, toujours enseigné, mais les vérités divines sont telles que plus on les sait, plus on les découvre.

Office de Marie et matines des Morts. Joie

immense traversée d'éclairs, comme si quelque orage de lumière allait éclater.

Evangile de saint Matthieu. Tentation de Jésus. — *Diabolus tentat Christum esurientem,* semel *in nomine David;* TER *Christus refutat illum in nomine Moysi.* Lueur dans le gouffre.

15. — Moïse, « l'homme de Dieu », le plus grand des hommes, celui dont Noé *sauvé des eaux* ne fut que la figure, Moïse, dans son berceau, avait déjà *accompli* Noé.

Pax hominibus bonæ voluntatis. Aux hommes de bonne volonté, il faut un Dieu de bonne volonté.

On venait de bénir quelques mariages, à la paroisse, mariages de riches, mariages de pauvres. A la porte, stationnait une opulente voiture encombrée de fleurs. Une pauvre femme nouvellement unie à un jeune homme d'aspect lamentable, et s'en allant à son bras, se trouva, tout à coup, en présence de cette voiture qu'elle fut obligée de tourner, comme un obstacle, pour s'éloigner à travers la foule. Naturellement, la foule, composée surtout de pauvres comme elle, l'insulta.

Occasion d'admirer, une millième fois, le goujatisme servile d'un peuple sans Dieu et l'*abnégation* spontanée de son idolâtrie devant tous les signes de la richesse. On déplore, en de tels moments, de n'être pas, au moins, le calife de Bagdad, pour remettre instantanément les choses à leur place.

16. — Horrible situation des propriétaires, condamnés, par leur état, à persécuter les pauvres dont ils reçoivent l'argent, sans vouloir connaître les privations, les souffrances quelquefois atroces, ou même les *deuils* que cet argent représente...
— J'exige, dit Moloch, que les enfants meurent.

Néant de tout ce qui n'est pas divin. Je pense à la musique, à la plus belle musique du monde qui ne serait pas pour Dieu. Cette musique, dans les palais de la Justice et de la Lumière, n'équivaudrait-elle pas au silence? Et tous les autres bruits du monde, toutes les paroles vaines proférées par des portiers ou des orateurs fameux, ne paraîtraient-ils pas au-dessous du silence, infiniment au-dessous du parfait Silence?

17. — Visite aux Catacombes. Descente au milieu d'une cohue odieuse. Quelques pourceaux nés malins essayent de chanter des cantiques ou de psalmodier en dérision quelques phrases du plainchant des Morts, aux éclats de rire bruyants de plusieurs drôlesses qui les accompagnent. Ces bestiaux sont excités, sans doute, par la lumière

des bougies allumées que le règlement exige des visiteurs.

L'ossuaire immense, où sont entassés avec ordre les ossements de huit millions de morts, nous pénètre de joie, nous comble de paix et de douceur. Certainement il doit y avoir là des reliques de saints inconnus, sur lesquelles repose le silencieux Esprit...

Nous pensons à une église dont les murs seraient intérieurement revêtus de ces débris, ex-voto sublimes d'une maison de prière qu'on dédierait à Notre-Dame de la Mort. Cette église devrait être souterraine et, les jours de fête, ceux qu'on nomme les vivants entendraient les carillons monter du fond de la terre...

18. — Quand on se prétend catholique, ai-je dit à un petit jeune homme, j'exige qu'on le soit comme je le suis moi-même, c'est-à-dire dans l'obéissance absolue, — et dans le mépris absolu des blagues de l'occultisme ou de la magie qui me font horreur.

19. — Mort de Francis Magnard, le puissant lâcheur. La phalange macédonienne du *Figaro* fut dans sa main, et il est mort sans avoir RIEN fait pour la Justice. Il se glorifiait d'être le plus haut sceptique de son siècle.

Bonne sottise de journaliste : « Jusqu'au dernier jour, il a tenu à remplir ses devoirs... de rédacteur en chef ».

Le récit très-rapide de Moïse nous cache la *durée*, dans les premiers chapitres de la Genèse. On est habitué à l'idée que la Chute a suivi immédiatement la création de la Femme. Pourtant, nos premiers parents, avant leur désobéissance, étaient exempts de la mort. Il faudrait donc compter les neuf cent trente ans du Premier Homme, à partir de l'Expulsion, *le Temps n'ayant pu commencer qu'avec le Péché.* Le séjour d'Adam au Paradis terrestre appartiendrait, par conséquent, à l'Eternité et serait inexprimable en chiffres humains. Cela pourrait faire des milliers de siècles, d'après notre manière de concevoir.

21. — Nous avions reparlé de l'étonnante multitude des amis qui nous ont abandonnés, à propos de l'un d'eux, dont le souvenir s'offrait à Jeanne et dont la conduite est horrible. — Rien n'est plus simple, ai-je répondu, *je suis l'ennemi*, l'ennemi de tous, *cujus manus contra omnes, et manus omnium contra eum : et è regione universorum fratrum suorum figet tabernacula.* Mes amis eux-mêmes sentent cela. Il faut être tellement avec moi pour être mon ami !

Immense difficulté de servir Dieu vraiment. Dieu veut tout, il exige tout et on ne peut pas lui échapper. — Nous sommes vendus à Dieu, me dit ma femme, nous sommes pris dans son filet, et nous savons que ce filet ne peut être rompu. Joie terrible qui commence par un cri de détresse!

24. — Semaine tellement affreuse que je renonce à écrire quoi que ce soit.

29. — Une sorte d'occultiste, assoiffé de mon estime, a cru devoir m'informer de ses pratiques pieuses. J'apprends ainsi qu'il récite assidûment le *rosaire*. L'ignorance du personnage est si compacte que je le soupçonne de ne pas savoir le sens de ce mot. Il a dû le croire synonyme de *chapelet*, vocable jugé, probablement, trop peu noble.

— Les démons, me dit Jeanne, doivent *réciter le rosaire*. Ils tirent, en effet, toute leur force de la défiguration sacrilège des pratiques par lesquelles nous recevons la Vie, et ils doivent être d'une *exactitude* redoutable.

30. — A Périvier, qui m'avait fait espérer ma réintégration, plus ou moins prochaine, au *Figaro* :

« Mon cher monsieur Périvier, Je vous remercie de m'avoir répondu *vous-même*, avec bienveillance. Je suis peu habitué à de tels égards, vous le devinez.

« Il n'est pas impossible », dites-vous. Soit. Rappelez-vous donc que le jour où vous aurez besoin de quelqu'un pour régler son compte à l'affreux bonhomme (Zola), je suis à vous, éperdument. Ayant obtenu cette peau, je puis être sage. (1)

» Votre dévoué, LÉON BLOY. »

Mon très-cher ami, Alphonse Soirat, l'unique éditeur du *Désespéré*, me raconte qu'après la mort

---

(1) Au moment même où je corrige les épreuves de cette partie de mon Journal, Emile Zola vient d'être condamné, par arrêt de la cour d'assises, à un an de prison et trois mille francs d'amende. Telle est l'issue du procès immense, intenté à cette crapule par quelques héros, pour le remuement et l'*universelle* puanteur d'une société en putréfaction.

L'année de prison lui sera légère, sans doute, et les trois mille francs ne le crèveront pas. « JE VEUX ÊTRE TRAITÉ COMME UN VOLEUR ET UN ASSASSIN !!! » criait-il à la première audience. Plût à Dieu que les juges eussent entendu cette clameur de sa conscience ! Il n'y a pas d'écrivain qui ait autant avili la langue française, il n'y a pas de sophiste qui ait accroupi la pensée française dans des lieux plus bas, et on n'imagine pas un semblant d'homme qui ait mieux gagné le dernier supplice.

L'auteur des *Rougon-Macquart* et des *Trois Villes* n'avait qu'un moyen de mettre le comble à son effroyable infatuation, c'était de fonctionner tout à coup en défenseur ou vengeur de l'innocence opprimée, d'apparaître ainsi, soudainement, inimaginablement, comme le dernier pilastre de la générosité nationale !!!!!

Je ne sais si le capitaine Dreyfus pourra, un jour, être réhabilité de sa trahison prétendue; mais, en supposant une telle victoire, comment pourrait-il jamais se réhabiliter et se décrotter de la chevalerie de M. Zola ? (*24 Février 1898*).

cruelle de l'un de ses fils, arrivée au Pré Saint-Gervais, le 16 avril dernier, il alla, naturellement, trouver le curé de sa paroisse et supplia cet ecclésiastique d'avoir égard à son extrême pauvreté, en lui faisant à peu près l'aumône du plus humble de tous les services religieux.

— *Faites-le enterrer civilement !!!*

Telle fut la réponse de M. l'abbé Lavalle, curé desservant de Saint-Gervais, que je signale à l'admiration de ses supérieurs et de ses confrères.

Il est toujours au même poste, où il attend, avec la sérénité d'une admirable inconscience, les ouragans de calottes et les typhons de coups de souliers promis à un tel clergé.

« Le clergé saint fait le peuple vertueux, a dit un grand philosophe ; le clergé vertueux fait le peuple honnête ; le clergé honnête fait le peuple impie ». Je le demande à Mgr le Cardinal-Archevêque de Paris, M. le Curé Lavalle ne serait-il pas une bouture précieuse du clergé qui va venir, du *clergé impie* ?

DÉCEMBRE

1ᵉʳ. — Un pauvre homme qui a une grande pratique des idées banales, me sert l'argument éculé de la montre et de l'horloger, non pour établir l'existence d'un Ouvrier, mais pour dire que cet ouvrier a créé un objet *définitif*, sans autre but que de le créer tel, et que cela ne prouve rien. J'ai honte d'écrire ces choses de néant.

Mais voici ma réponse :

— Cette montre est si peu définitive que, dans quelques années, peut-être, les horlogers, en vendront d'autres, d'un mécanisme infiniment plus simple et qui coûteront à peine un sou, lesquelles marqueront l'*Heure de Dieu*.

Il nous semble que la mort est le dépouillement suprême, parce que notre corps est une chose visible. Si on savait, ce dépouillement apparaitrait probablement aussi peu considérable que le balayage d'une faible couche de poussière sur un meuble précieux. De combien d'enveloppes notre âme n'aura-t-elle pas à se dépouiller encore ?

3. — A Henry de Groux :

« Je veux essayer de vous « dire quelque chose », mon très-cher ami. Je serais peu digne de votre amitié si je ne tentais pas un effort pour vous consoler. Vous vous trompez quand vous me dites que votre lettre est pitoyable, je la trouve très-belle, moi, et j'ai même inscrit, dans mon journal, l'arrivée de cette lettre comme un événement. Il me serait difficile de vous dire combien je vous aime. Votre apparition dans ma vie terrible a été une des rares joies complètes que la pitié divine m'ait accordées. Je voudrais que vous en fussiez convaincu.

» Lorsque votre lettre m'a été remise, je venais de relire, dans le *Mercure,* mon article sur Hello et j'ai été saisi de voir que cet article, lu probablement par vous aussi, à la même heure, était comme une réponse anticipée. Vous avez dû sentir, dès la première page, qu'il avait été écrit *pour vous.*

» N'est-ce pas admirable que Dieu ait mis entre nous une telle affinité de pensées et de sentiments ? Tout ce qui vous afflige a été tellement enduré par moi, depuis tant d'années ! Vous vous croyez « privé d'intuition supérieure », alors que vous êtes précisément comblé de ce don, alors que vous êtes tout vibrant et sanglotant du voisinage de la Splendeur !

» Mon bien-aimé Henry, sans le savoir, vous touchez au mystère le plus profond, quand vous me parlez des « pauvres bêtes » et le « chagrin » dont vous vous plaignez, croyez-moi, n'est qu'un aspect de la Joie divine qui rôde autour de vous, pour vous dévorer. Nos âmes rachetées du Sang de Jésus-Christ ne sont pas « maudites », mais condamnées à enfanter Dieu dans la douleur. Quand Dieu sera né, les torrents de joie tomberont sur nous et nous entendrons les chants des anges.

» Je retrouve en vous, avec quel attendrissement ! les manières de sentir de cet homme extraordinaire que j'ai rencontré à la Salette, en 80, et que je nomme « l'Ami des Bêtes », dans mes *Histoires désobligeantes* qui vont vous être envoyées. C'était un être sublime. J'en ai eu d'étonnantes preuves et je ne crois pas l'avoir fait plus grand qu'il n'était. Par lui, j'ai compris combien il faut être l'ami de Dieu pour aimer à ce point les animaux, dont l'homme abuse et qui souffrent par sa faute.

» *Par sa faute*, voilà le mystère. Avant la Chute, l'homme devait se nourrir exclusivement d'herbes et de fruits. Et les animaux eux-mêmes, quoi que puissent dire les savants, n'avaient nul besoin d'autres aliments. Le texte de la Genèse est formel sur ces deux points. La Chute est venue disloquer cet ordre, et nous sommes toujours à la période de dislocation. Rien n'est à sa place.

» En punition de ce premier crime, dont la *plénitude* est un autre mystère absolument impénétrable, l'homme fut condamné à dévorer les animaux ; et ceux d'entre les animaux qui ressemblaient le plus à ce Chef coupable qui les entraînait dans sa disgrâce, ceux qu'on nomme, pour cette raison, des *bêtes de proie*, furent condamnés, du même coup, à manger les autres bêtes, à manger l'homme lui-même. Tel est l'*ordre humain* substitué à l'Ordre divin, c'est-à-dire le désordre épouvantable qui vous fait souffrir et que, seuls, peuvent entrevoir des individus tels que vous, espèce rare, je vous en réponds.

» Nul autre que Dieu ne pouvait rétablir tout cela, et c'est en ce sens que le roi David, inspiré directement, a écrit : « Tes jugements sont un grand abîme, Seigneur, tu sauveras les hommes et les *bêtes*. » Vous qui parlez amoureusement des humbles créatures qui réchauffèrent Jésus enfant, sachez que ce même Jésus, Fils de Dieu, était né tout exprès afin de mourir pour elles, en même temps que pour nous, et que c'est l'Esprit-Saint qui a dit cela. Mais n'oubliez pas que le *pauvre* Jésus ne pouvait sauver la création qu' « en espérance », comme l'affirme saint Paul ; que son Sacrifice n'est pas consommé ; qu'il est toujours cloué à sa Croix; qu'il continue, depuis dix-neuf siècles, de souffrir avec ceux qui souffrent; et que sa Rédemption ne peut être *accomplie* qu'à l'avènement de la Troisième Personne par laquelle tout doit être « restitué ».

» Quelque obscures que puissent vous paraître ces pensées, vous y êtes préparé, sans doute. Plusieurs de nos entretiens et, surtout, la lecture du *Salut par les*

Juifs, vous ont habitué à croire, du moins, qu'il peut y avoir là quelque chose de vraiment grand.

» Jésus dit dans l'Evangile : « Je suis la Vérité », et la vérité, mon cher Henry, c'est qu'il faut souffrir, puisque celui qui se nomme la Vérité, celui qui déclare ainsi son *Nom de Famille*, est précisément le Chef des souffrants et des suppliciés. Il faut souffrir comme il souffre, pour les autres et dans les autres, hommes ou bêtes, en se disant que les paroles de Dieu ne sont pas vaines, et qu'il est tout à fait certain que les plus humbles des opprimés seront à la fin vengés et à la fin consolés, quand viendra l'heure des rétributions infaillibles. Nous ne sommes à la torture que pour confesser la Gloire.

» Savez-vous que pour être un vrai chrétien, c'est-à-dire un *Saint*, il faut avoir un cœur tendre dans une carapace de bronze ? Saint Luc raconte, qu'au centre de la plus inexprimable douleur, le Christ eut pitié des brutes qui le crucifiaient et qu'il supplia son Père de leur pardonner. « Ils ne savent ce qu'ils font », lui cria-t-il. Songez, maintenant, que le boucher ou le charcutier immonde qui, non content de massacrer de pauvres êtres, les défigurent ignoblement, ridiculement, après leur mort, continuent, — en une manière, — dans les plus insondables ténèbres, l'immolation du Sauveur, et qu'ils sont enveloppés dans Sa Prière. Ils en ont d'autant plus besoin qu'ils sont plus abjects, plus inconscients, plus calfeutrés dans une ignorance effroyable de ce qu'ils font.

» Jésus est au centre de tout, il assume tout, il

porte tout, il souffre tout. Il est impossible de frapper un être sans le frapper, d'humilier quelqu'un sans l'humilier, de maudire ou de tuer qui que ce soit, sans le maudire ou le tuer lui-même. Le plus vil de tous les goujats est forcé d'emprunter le Visage du Christ pour recevoir un soufflet, de n'importe quelle main. Autrement, la claque ne pourrait jamais l'atteindre et resterait suspendue, dans l'intervalle des planètes, pendant les siècles des siècles, jusqu'à ce qu'elle eût rencontré la Face qui pardonne...

» Le chagrin et l'indignation, parfaitement nobles, qui vous retournent le cœur, au spectacle des canailleries dégoûtantes dont vous me parlez, vous deviendraient un équilibre, si, vous souvenant habituellement des réalités profondes, vous pensiez à l'immensité de ce Pardon. Les gens qui tuent ou qui font souffrir, ceux qui dégradent ou qui déshonorent, en quelque manière que ce soit, l'œuvre divine et qui, par conséquent, ne peuvent pas savoir ce qu'ils font, sont eux-mêmes dans une si horrible misère, qu'il a fallu que Jésus mourant les insérât dans le testament de sa Passion, pour qu'ils obtinssent miséricorde.

» Relevez donc votre âme par la contemplation des choses *qui ne se voient pas*. Soyez un homme de prière et vous serez un homme de paix, un homme vivant dans la paix. Dites-vous bien, je vous en supplie, que tout n'est qu'apparence, que tout n'est que *symbole*, même la douleur la plus déchirante. Nous sommes des dormants qui crient dans leur sommeil. Nous ne pouvons jamais savoir si telle chose qui nous afflige n'est pas le principe secret de notre joie ultérieure. Nous voyons actuellement, dit saint Paul, *per speculum in œnigmate*, à la lettre : « en énigme par le moyen d'un miroir », et nous ne pouvons pas voir autrement, avant la venue de Celui qui est tout en feu et qui doit nous enseigner toutes choses. Jusque-là nous n'avons que l'obéissance, l'amoureuse obéissance qui nous restitue, *sur la terre*, le paradis perdu par la désobéissance.

» Vous le voyez, mon très-cher Henry, j'essaie de vous dire « quelque chose », ainsi que vous me l'avez demandé, sans trop savoir si j'y parviens. Mais je fais ce que je peux, en vérité, tout ce que je peux, car je suis moi-même un homme souffrant et pauvre. Je me tiens pour *honoré*, — acceptez cela simplement, comme je vous le donne, — je me tiens pour honoré et favorisé fort au delà de mes mérites, d'avoir été choisi pour opérer quelque bien dans une âme telle que la vôtre. Il n'y a rien de plus haut qu'une âme. En ce sens, je suis votre serviteur avant d'être votre ami, et le don que vous me faites de votre affection est une aumône dont vous ignorez le prix.

» Je savais bien ce que la paternité ferait en vous. Avant d'être père moi-même, je comprenais mal l'Oraison dominicale. *Pater noster*... Quand ma petite fille me parle, il me semble que *mon règne arrive...* Vous sentirez cela.

» Notre vie est toujours douloureuse, impossible même, et ressemble à un miracle continuel. Nous n'y comprenons rien, et personne n'y comprendrait rien.

Il a fallu passer par des angoisses infinies. Mais nous nous tenons dans la main de Dieu, dans le creux de Sa Main, et il nous garde.

» Votre Léon Bloy.

» P. S. Pas de nouvelles de Tailhade. Qu'importe ce fantôme ? Il peut vous être utile d'apprendre que de Gourmont et la vieille personne que vous savez, ont fait les plus grands efforts auprès de Vallette pour qu'il ne publiât plus rien de moi. Je ne me souviens pourtant pas de les avoir offensés. Comme ils sentent le besoin de se venger de la *Langue de Dieu !* »

4. — Apparition des *Histoires désobligeantes*, enfin ! Il y a bien six mois que j'ai livré le manuscrit. Ce nouveau rayon de ma gloire éclaire un homme sans le sou.

Emprunté trente francs à un père capucin qui me parle de Zola et de son livre ignoble sur Lourdes. On ne touche pas impunément à Marie. Il y a des exemples de profanateurs du Corps du Christ qui sont devenus des saints. Jésus souffre tout, pardonne tout. Celui qui lui a percé le Cœur est sur les autels. Mais il ne veut pas qu'on touche à sa Mère, ni à sa Croix, ni à son Vicaire, ni aux Reliques de ses Saints, et la situation de Zola est certainement épouvantable. (1)

---

(1) Voir plus haut, page 307. — Quand ce livre paraîtra, Emile Zola vivra-t-il encore ? Il faudrait un peu plus que de

Exécuté chez Dentu, cette fameuse corvée du « service de presse » qui consiste, pour moi, à faire envoyer mes livres à mes créanciers, pour économiser mes propres exemplaires. Je ne m'épuise pas, d'ailleurs, en dédicaces. Banalité surprenante.

6. — Tacite et Néron. Le rôle de ce dernier semble exceptionnel. Il existe une prophétie sybilline mentionnée par Lactance : *Matricidam profugum a finibus esse venturum, etc.*, qui fut appliquée à Néron, dont le lieu de sépulture est ignoré. On croyait, parmi les chrétiens d'alors, que ce personnage avait été caché, tenu en réserve pour reparaître à la fin, devant être le précurseur de l'Antechrist. Les bafouillages du gros Ernest sur cette matière sont à dégoûter du néant.

Il est étrange, après tout, que la plénière abomination des persécuteurs ait été mise sur cette seule tête, quand on songe à tant d'autres bour-

---

l'audace pour le présumer. Le pontife du Naturalisme, immolé, déchiqueté et traîné dans les excréments, *sous un prétexte quelconque*, par la belle jeunesse qu'il engendra, n'est-ce pas le rêve le plus plausible et le plus consolant ?

La déconfiture de l'abominable goujat aura été, du moins, l'occasion de vérifier, une fois de plus, l'abjection merveilleuse de toute la presse, à plat ventre, hier, devant le tirage à cent cinquante mille du romancier, et jetant, aujourd'hui, des torrents d'ordures à la face du condamné.

(*24 février 1898*).

reaux de l'Eglise naissante qui ne furent pas moins atroces. Il est vrai que Néron fit mettre à mort saint Pierre et saint Paul et que, dans un sens, le supplice de ces deux Apôtres continue toujours.

7. — *Redit angor, redeunt cruciatus.*

8. — Je ne sais pourquoi Néron me réconforte. Je pense au développement qu'un écrivain de génie pourrait donner à l'idée banale que voici : Le trône était un refuge pour les criminels d'exception qui, ayant armé contre eux toutes les lois, se précipitaient à la pourpre, en vue de leur échapper.

9. — A Henry de Groux :

« Mon cher Henry,... Votre lettre manquait de simplicité. *Vous vous regardiez vous-même,* avec beaucoup d'attention; vous faisiez, — ô de Groux, — vous faisiez de la *psychologie,* et, par conséquent, c'était mauvais, pour ne rien dire de plus.

» Pour l'amour de Dieu, cher ami, laissez les analyses aux chameaux puants dont c'est le métier, et mettez-vous à genoux, simplement, pour entendre chanter votre cœur. Vous êtes si bien dans cette posture !

» Quelle rage aviez-vous de me contredire? J'ai écrit, publié, une fois de plus, qu'Henry de Groux est un grand artiste, « le plus grand » peut-être. Eh ! bien, après? S'il me plait, à moi, de parler ainsi de vous, m'en contesterez-vous le droit? Et si je ne vois pas le moyen de parler autrement, faudra-t-il que je renonce à l'usage de la parole ou de l'écriture ?

» Ah ! çà, est-ce que le séjour en province vous détériore au point de croire qu'on *devient* un grand artiste, et que ce titre ne peut être valablement décerné qu'aux individus qui ont produit des œuvres d'un certain confort ou de dimensions prévues ?

» Celui qui n'est pas le plus grand artiste du monde avant d'avoir tracé une ligne, ne le deviendra jamais. On ne devient rien, pas même un imbécile, pas même un porc. On *naît* grand artiste comme on naît saint, comme on naît n'importe quoi, et l'éducation n'est qu'un *discernement*. Rien de plus. Il n'est pas permis à César de téter comme les autres hommes.

» Mais j'espère que vous êtes remis déjà de cette attaque de lieux communs et que vous me croirez désormais.

» Je suis heureux du bon effet sur vous de mon nouveau livre, lequel, vraisemblablement, sera étouffé comme les autres, mieux que les autres, s'il leur est jugé supérieur, n'en doutons pas. J'en arrive, d'ailleurs, à ne plus même souffrir de cette injustice. Je trouve tout simple que Bourget, par exemple, soit vêtu de gloire et ruisselant d'or, — cependant que je suis regardé comme une crapule.

» L'exemple de Remy de Gourmont ne prouve-t-il pas que nul, parmi les gens qui écrivent, ne doit m'épouser ? Qui donc, mieux que celui-là, savait combien est fausse ma légende ? Qui, mieux que lui, pouvait savoir combien il est vrai que je suis un artiste, et avec quelle iniquité merveilleuse je fus toujours privé de mon salaire, opprimé par la multitude des lâches ou des imbéciles, jusqu'à en mourir ?

» Noblement, il a grossi de son unité le nombre de ces derniers. Mais qu'il prenne garde. *Je dis les mots que je veux*, quand je veux, au moment calculé par moi, et c'est un jeu où je passe pour avoir gagné mes contemporains. Il serait humain de le lui rappeler.

» Et je ferme ici ma lettre. Nous sommes extrêmement malheureux. Hier, je n'aurais pu vous écrire, faute de trois sous. La détresse est infernale et recommence tous les jours. On meurt lentement de misère, en attendant l'heure où on ne pourra même plus mourir, puisque ce serait encore une manière d'être.

» Cela, c'est le point de vue simplement humain, celui que nous méprisons. L'autre, c'est d'attendre et de croire, quand même, fussions-nous à l'agonie. Nous faisons ce que nous pouvons. Mais chaque instant doit être arraché au désespoir.

» Votre Léon Bloy. »

La Nécessité et la Liberté sont identiques — en Dieu. La Nécessité de Dieu, c'est sa Gloire.

10. — L'historien d'Hello a demandé au *Mercure* et réglé d'avance trois exemplaires de ma brochure : *Ici on assassine les grands hommes*, « bien que, dit-il, piteusement, j'aie déjà payé assez cher, étant la victime de Léon Bloy ». Il serait amusant que ces exemplaires fussent destinés à

des journalistes de Lyon qui auraient entrepris mon carnage.

Loi. Quand il ne reste plus que vingt sous dans une maison, c'est presque toujours une pièce du Pape. Occasion, pour les pauvres diables, de maudire le Vicaire de Jésus-Christ.

11. — Ce matin, à la messe, j'ai eu, un instant, l'idée d'offrir ma pièce du Pape au chaisier, pour voir s'il la refuserait. La crainte de désoler quelque dévote riche, à laquelle il l'aurait immédiatement faufilée, m'a retenu.

— Il n'y a rien à faire avec vous, m'a dit une dame, vous marchez dans l'Absolu.

— *Dans quoi* voulez-vous donc que je marche ? ai-je répondu.

12. — Réveillé, au milieu de la nuit, par le carillon des Basiliques du Ciel...

14. — On cherche le moyen de ne pas mourir.

15. — Saint Matthieu, chap. VIII, v. 16 et 17. Jésus guérissait toutes les maladies. De quelle manière ? *En les prenant sur Lui*, mystérieusement et invisiblement ; de façon à devenir, en vérité, le *lépreux* annoncé par Isaïe, l'infirme absolu, *in quo omnia constant*.

Le mal physique n'étant qu'une suite du péché,

Jésus commence toujours par remettre ses péchés au malade qu'on lui présente, et il prend ce fardeau sur lui. Le malade, alors, est subitement guéri. Mais son mal n'est que déplacé. Il est maintenant sur la Personne du Christ, avec les péchés que Celui-ci vient d'assumer.

C'est effrayant de se dire qu'il en est toujours ainsi et que l'Evangile continue...

J'imagine de transformer en prières, à mon usage, le récit évangélique de quelques miracles :

Saint Matthieu, chap. IX.

Domine, tange oculos meos, et secundum fidem meam fiat mihi, et aperiantur oculi mei.

Saint Marc, chap. VII.

Domine, apprehende me de turba seorsum : mitte digitos tuos in auriculas meas ; et exspuens, tange linguam meam ; et suspiciens in cœlum, et ingemens, dic mihi : Ephpheta, quod est, adaperire. Et statim aperiantur aures meæ, et solvatur vinculum linguæ meæ, et recte loquar.

Saint Luc, chap. V.

Domine, ego sum jacens paralyticus. Dimitte peccata mea, ut surgens et ambulans coram omnibus, et tollens grabatum meum, vadam in domum meam, magnificans Deum.

Saint Jean, chap. XI.

Domine Jesu, ego sum amicus tuus, et dormio de

dormitione mortis. O Jesu, Resurrectio et Vita, mortuus sum et fœteo. Bone Jesu, veni ad monumentum meum, et vide, et infreme spiritu, et turba teipsum, et lacrymare. Nonne poteras tu, qui aperuisti oculos cæci nati, facere ut amicus tuus non moreretur? Dic ut tollant lapidem, et voce magna clamans, jube me venire foras.

18. — L'Evangile! Quel délice pour moi que cette lecture, même dans l'angoisse la plus poignante! Combien de fois n'ai-je pas senti et exprimé que la plus dure partie de ma pénitence était de ne pouvoir donner à cette étude mes journées entières! Dieu sait ce qu'il fait et il est seul à le savoir.

Le Paradis terrestre était nécessairement toute la terre. Autrement la terre n'aurait pu être maudite, puisqu'en supposant le Jardin de Volupté un lieu déterminé, *tout*, au-delà des limites de ce lieu, eût été ce que nous voyons, et, par conséquent, n'aurait pas eu besoin de malédiction.

Adam, avant sa chute, était dans un état inimaginable, analogue, semble-t-il, à celui de Notre Seigneur dans son Humanité glorieuse, après la Résurrection : luminosité, agilité, subtilité, ubiquité, etc., la matière ne pouvant lui faire obstacle.

Adam, avant sa chute, était comme un charbon

à l'état d'incandescence. Brusquement éteint, il a perdu sa lumière et sa chaleur, et il est devenu froid et noir.

25. — A mon mariage, il y avait autour de notre table dix amis absolument *sûrs*. Tous nous ont lâchés odieusement, à l'exception d'un seul qui est sur le point de disparaître. Et combien d'autres encore qui n'étaient pas à ce repas de mariage! Qui pense à venir voir un homme malheureux? J'ai toujours été, d'ailleurs, celui avec qui personne ne se gêne. Ceux même qui disent m'aimer, et qui me le prouvent jusqu'à un certain point, ont-ils jamais été tentés de se déranger?

29. — C'est quelque chose d'apercevoir l'ombre de la Main de Dieu.

31. — Fin mélancolique de cette année si importante pour nous, si chargée de peines, si remplie de suggestions divines et marquée, pour nous, de si grands progrès.

1895

..... Terram tenebrosam et opertam mortis caligine :
Terram miseriæ et tenebrarum, ubi umbra mortis, et nullus ordo, sed sempiternus horror inhabitat.
Job. X, 21, 22.

JANVIER

1ᵉʳ. — Mes livres à dédicaces nombreuses, tels que *Sueur de Sang* et les *Histoires désobligeantes*, pourraient presque être consultés comme des répertoires de mes lâcheurs.

Sur un exemplaire de *Léon Bloy devant les Cochons* : « Le plus délicat de ces pourceaux ne serait-il pas Laurent Tailhade lui-même, pour qui j'ai sacrifié six mille francs de rente, lorsque toute la presse l'arrosait d'outrages et qui, résolument, cessa de me voir, aussitôt après la publication de cette brochure ? »

On parlait des Juifs. — Il n'y a que deux peuples aimés de Dieu, ai-je dit, le peuple Juif et le peuple Gaulois, le Lion et le Coq. *Le Juif, le Lion de Juda, redeviendra pasteur et pleurera quand le Coq aura chanté.*

5. — Assurément, je serai heureux, je serai même un *bienheureux*, le jour où j'aurai, définitivement, résolument, échangé tout *plaisir* contre la Joie.

6. — Ce matin, fête des Trois Rois, à 11 h. 1/2, il reste *un sou* dans la maison. Froid atroce. Impossibilité de se réchauffer.

7. — Etude sédative des *Proverbes* de Salomon. Toutes ces Sentences ou Paraboles, dont une exégèse transcendante réaliserait l'Unité, m'apparaissent comme un poëme *ininterrompu*, comme la Robe sans couture.

Quel miracle de pouvoir goûter ainsi la Parole Sainte, au milieu des menaces qui nous environnent, plus que suffisantes, croirait-on, pour déterminer le désespoir !

8. — En général, je suis surtout exposé à me dégoûter de mes propres efforts, tant je suis sûr que Dieu lui-même fait tout en moi. Cette remarque s'applique surtout à mes recherches herméneutiques.

Mon insuccès, depuis quelque temps, est quelque chose de confondant. Tout ce que j'entreprends avorte.

Ce matin, à l'église, idée singulière venue, je ne sais d'où : « Tu cherches de l'argent, pauvre homme. Rien n'est plus simple. Va trouver tel ou tel riche et parle avec autorité : — Il me faut cela, diras-tu, et cela te sera donné. Il ne s'agit plus d'implorer, exige. *Tout n'est-il pas à toi ?* »

9. — Les *Proverbes !* Certains versets passent devant moi comme des éclairs.

15. — Course chez Dentu. Je demande pourquoi on édite mes livres, si on ne fait rien pour les vendre. Pas une ligne de réclame n'a mentionné l'apparition des *Histoires désobligeantes*, dont mes clients habituels ignorent l'existence et qu'on ne découvre à l'étalage d'aucun libraire.

16. — A Louis Montchal, dédicataire du *Désespéré* :

« Mon cher Louis, Je profite, en toute hâte, de quelques sous qui m'arrivent pour te renvoyer ton manuscrit, dont je n'ai pu rien faire et que j'ai gardé beaucoup trop longtemps, je l'avoue.

» Il est tout à fait incontestable que j'ai *paru* t'oublier. Qu'est-ce que cela prouve, sinon que je suis très-malheureux et que la souffrance me fait silencieux? Depuis dix ans, le dédicataire du *Désespéré* doit connaître son Léon Bloy.

» Tes lettres et celles de Mme X. m'ont assez appris, m'ont assez montré votre enfer. C'est une chose vraiment plus mystérieuse que vous ne paraissez le croire, l'un et l'autre, que la persistance et la durée de notre mauvaise fortune. Depuis 85, nous n'échangeons que des lamentations ou des confidences douloureuses, à moins que, lassés de nous affliger réciproquement, nous ne gardions un morne silence.

» Rien ne nous a réussi de ce que nous avons entrepris pour surmonter la misère. Elle s'est, au contraire, aggravée, hélas !

» Plût à Dieu, cependant, chers amis, que vous fussiez aussi peu abattus que moi ! Plus je souffre et moins je me désespère. Aucune avanie ne me jette par terre, aucun écueil ne me fait sombrer, aucun marteau ne m'écrase. Je suis indémolissable.

» Combien de fois ne vous ai-je pas écrit que j'espérais tout, que j'attendais tout, fût-ce au fond du gouffre, du plus bas et du plus horrible gouffre ! Je vous l'aurais écrit plus souvent, si j'avais toujours eu les 25 centimes d'un timbre postal, car je n'ai, en vérité, aucune autre chose à dire.

» Ma très-profonde et très-inébranlable conviction, c'est que je suis *réservé* pour être le témoin de Dieu, l'ami très-sûr du Dieu des pauvres et des opprimés, lorsque l'heure sera venue, et que rien ne prévaudra contre cet appel. J'ai l'incomparable et miraculeux honneur d'être nécessaire à Celui qui n'a besoin de personne, et j'ai été *salé* de douleur pour un long voyage.

» La littérature, pour laquelle je ne vis pas et qui n'est pas mon objet, m'apparait, depuis longtemps, comme un instrument quelconque de mon supplice, en attendant que vienne mon jour. Mais la forme spéciale, l'aspect voulu, l'espèce essentielle de ma tribulation, c'est la Misère.

» Tu ne sais pas, Louis, et tu ne peux pas deviner combien cette misère a été parfaite. Comment aurais-je pu te la faire comprendre, puisque tu n'as jamais su pénétrer dans l'Absolu qui est ma demeure ? Assurément tu es celui de tous les hommes que j'ai le plus aimé. Je n'en ai pas vu d'autre à qui dédier l'effroyable poëme de désolation et d'amour qui se nomme le *Désespéré*. Mais pourquoi faut-il que je n'aie jamais pu tirer ton âme dans ma lumière, et qu'il y ait entre nous de tels abîmes ?

» C'est effrayant, mon cher Louis, de penser que nous n'avons rien à nous dire. « Tu as toujours raison », m'écrivais-tu, il y a quelques jours à peine. Sous cette forme ou une autre, voilà tout à l'heure dix ans que tu m'approuves avec la même énergie, sans avoir, une seule fois, essayé de t'enquérir de mon principe et de mon Dieu. N'est-ce pas incompréhensible et désolant ?

» J'avais du pain pour toi et tu n'en as pas voulu. Tu n'as même pas paru t'en apercevoir. J'étais tellement désigné pour t'entraîner dans l'orbe immense de la Contemplation, de la Joie supérieure ! Qui sait même si les tourments affreux qui nous sont venus des hommes et des choses, n'eussent pas été rendus impossible ? Car je sais, d'une science certaine, que tout ce qu'on *demande* vraiment finit par être obtenu et que la paix est le patrimoine des hommes de bonne volonté.

» Pour parler net, il y a plusieurs années que tu devrais être catholique avec moi. M'ayant rencontré, ayant trouvé l'homme de certitude et d'équilibre que, tant de fois, tu déclaras être « l'unique », tu n'avais absolument qu'à le suivre, en te configurant à lui. Il fallait renoncer généreusement à tes préjugés d'amour ou de haine, ne rien garder pour toi, donner tout ton cœur, te faire semblable à un enfant et devenir mon disciple. Nous aurions infiniment moins souffert, l'un et l'autre, et j'aurais donné un but précis à ta merveilleuse activité qui n'en a pas, qui n'en a jamais eu, tu le reconnais toi-même.

» Dans une de tes lettres antérieures, tu me parlais de ton dessein d'écrire un livre sur Genève. Je n'ai pas eu le courage de répondre à cette lettre qui m'affligea profondément. Le livre sur Genève ne doit et ne peut être fait que *par moi*, et tu n'ignores pas que c'est un de mes projets les plus chers. Ce projet serait déjà exécuté, si je n'étais pas un indigent.

» Rappelle-toi ce que je t'ai écrit tant de fois..... Documenté comme je puis l'être, je voudrais que ce livre fût le plus terrible du monde. Mais je prendrais la chose d'infiniment haut, comme il convient de la prendre.

» Genève est autre pour moi que pour toi. Ce n'est pas une ville où on m'a personnellement offensé. Ce n'est pas non plus une ville où foisonnent exclusivement les hypocrites, qui pullulent non moins ailleurs, en Angleterre, par exemple, ou en Allemagne, pour ne rien dire de la France. Ce sont là tes points de vue.

» Pour moi, Genève est la ville basse du monde, la Cité infâme parmi les infâmes. *Dico vobis, quia Sodomis in die illa remissius erit, quam illi civitati.* C'est le foyer de la cafardise et de l'égoïsme fangeux du monde moderne, depuis trois cents ans, et c'est là ce que je veux montrer.

» Tel est le point de vue de l'Eglise. Il faut être catholique pour une telle besogne, il le faut absolument. Mais il est indispensable que ce soit fait d'une manière *définitive.* Pour cela ma plume est nécessaire et non pas la tienne, et tu serais criminel de me déflorer un pareil sujet.

» Voilà, mon cher Louis, ce que j'avais à te dire sur ce point. Tu aurais cessé d'être le « frère d'élection », si ces remarques ou réprimandes te révoltaient.

» Me croiras-tu, mon ami, si je te dis que je souffrirais volontiers pour que tu partageasses ma foi et mon espérance? pour que tu priasses avec moi? Mon espérance, hélas! je suis sans aucun moyen, non seulement de te la faire épouser, mais de te la faire comprendre, puisque je serais forcé de parler un langage surnaturel à un homme qui n'a ou ne veut avoir que des vues simplement humaines.

» Elle est sublime, pourtant, ma chère espérance, et sa plus grande beauté, c'est d'être invincible. A la grâce de Dieu donc, mon très-cher Louis.

» Léon Bloy. »

17. — J'empêche un malheureux de se tuer ce soir. Je l'intéresse à la vie, en lui offrant le

spectacle de mon déménagement qui aura lieu demain.

18. — Déménagement noir et installation au fond de l'impasse Cœur de Vey, à Montrouge, dans un pavillon sinistre, épouvantable. Le malheureux d'hier est venu nous aider. Quelle présence que celle de ce condamné à mort par lui-même, vacillant déjà, mais si faiblement, du côté de la vie et de la lumière !

. . . .

26. — Réveillé, à 4 h. environ, par les cris terribles de Jeanne, je me précipite pour assister au dernier soupir de notre fils André. Moment effroyable. Nouvel épisode à mon effroyable vie !... (1).

27. — « ... Jamais mère et enfant, jamais époux ne se retrouvèrent avec une extase d'amour com-

---

(1) Les incidents qui précédèrent cette mort et les circonstances horribles qui l'accompagnèrent et la suivirent, ont été racontés dans la *Femme pauvre*. On ne recommence pas un tel effort. C'est assez et trop d'une fois. Donc, silence.

Je tiens seulement à désigner par son nom le médecin des morts, — resté anonyme dans ce véridique roman — crétin verruqueux et molestateur, dont le goujatisme sans pareil aggrava si diaboliquement notre chagrin. Ce docteur à gifles se nomme Lecoq et continue, paraît-il, ses farces à Montrouge, sans que rien puisse expliquer la miraculeuse patience de toute une population qui ne l'a pas encore assommé et traîné dans les ordures.

parable à celle du corps et de l'âme du juste se réunissant. » Père Faber. *Aspects de la mort.*

28. — Enterrement... *Me autem propter innocentiam suscepisti : Et confirmasti me in conspectu tuo in æternum. ... Fac nos, Domine, in Paradiso cum beatis parvulis perenniter sociari.*

— Tout ce que j'avais de plus précieux, je l'ai offert pour vous, ai-je dit au désespéré qui voulait se tuer, quelques jours auparavant. Voici, mon Dieu, ce petit corps déplorable. Je vous l'offre pour que ce malheureux homme vous connaisse. Je vous l'offre d'un cœur brisé, et je ne peux rien faire de plus, en vérité !

30. — Puanteur horrible de notre maison. Nous en sommes à nous demander si ce tabernacle de douleur et de misère, qui paraît avoir déjà tué l'un de nos deux enfants, n'est pas maléficié, de toutes manières, par la présence de quelque *relique* affreuse...

FÉVRIER

3. — Exégèse des Lieux Communs. — « L'occasion fait le larron ». Le Larron se nomme Dismas, et l'Occasion, c'est Jésus mourant. *A solis ortu usque ad* occasum. « L'intérêt de la vie », autre lieu commun. Qu'est-ce que cela ? C'est la Présence de Jésus. *Interest vita*. Dans l'Evangile de saint Jean, Jésus déclare que c'est lui-même qui est la Vie.

4. — Parcouru avec dégoût les journaux du matin, relatant le triomphe de Rochefort, qui vient de rentrer à Paris, aux acclamations d'une sale multitude. Paul Adam lui-même applaudit à la victoire du vieux chienlit. Honte des hontes et pressentiment de la fin des fins.

Au Prince Alexandre Ourousof, à Moscou :

« Cher ami, Voici ma nouvelle adresse... J'ai dû quitter, le mois dernier, un appartement convenable pour m'installer dans un tout petit pavillon glacé et insalubre, habitable seulement en été. Ce déménagement a coûté la vie au plus jeune de mes deux enfants, frappé à mort dès le premier jour. L'effroyable humidité du lieu a immédiatement saisi ce pauvre être déjà souffrant, que nous n'avons pu réchauffer, sans doute, comme il l'aurait fallu, et, une semaine plus tard, le 26 janvier, il expirait dans nos bras, à 4 heures du matin. Je pense, mon ami, que le simple énoncé de cet évènement doit me dispenser de phrases et de commentaires.

» C'est un noir chapitre de plus à ma vie noire, et la douleur d'un homme tel que moi doit être pudique. J'ai pu trouver l'argent des funérailles. De quoi me plaindrais-je ?

» Les « Cochons », ne pouvant m'exterminer, ont réussi, du moins, à tuer mon petit garçon. Grande joie pour eux, s'ils l'apprennent. Mais ils ne savent pas *qui je suis*, ni ce que je suis, les sales démons ! et que les comptes seront réglés exactement, un certain jour.   Votre LÉON BLOY. »

6. — Dans la rue. Des goujats s'amusent à flamber des rats dans une cage de fer suspendue au-dessus d'une porte. Ce spectacle désespère Jeanne qui me presse d'intervenir. Ne comprenant pas d'abord, puis hypnotisé, je m'élance enfin au milieu de l'ignoble groupe que je dissipe en un clin d'œil. Cette vision nous a remplis de l'horreur la plus douloureuse. La terre est épouvantable.....

Ecclésiaste. Frappé de l'expression *sub sole*, particulière à ce livre et qu'on y rencontre, mystérieusement, vingt-neuf fois, je m'avise de l'interpréter par *sub imagine* Solis, et cela me donne une sorte de clef pour pénétrer dans le vestibule de la maison close du Roi de Gloire.

10. — L'homme que j'ai sauvé du suicide, le mois dernier, — condamné, cette fois, par Dieu, — tombe chez nous, agonisant et dénué, pour s'y regarder mourir. L'installation de ce moribond complète la physionomie démoniaque de notre demeure. Les larves grouillent et les ténèbres ont l'air d'aboyer. Froid atroce, toujours.

13. — Continuation de cette hospitalité. On a obtenu du moribond, homme ignorant et nourri, cinquante ans, d'idées banales, qu'il se confessât hier. Ce soir, il a parlé encore de suicide. Ecrasé de fatigue et forcé de le laisser seul, je me dis que je le trouverai peut-être mort dans son lit, à deux pas de nous, demain matin.

15. — Notre hôte a disparu. Une de ses parentes est venue le chercher. Il ne mourra donc pas chez nous. Mais voici que ce cauchemar est remplacé immédiatement par un autre plus terrible. Notre petite fille bien-aimée, notre Véronique, à son tour, est en danger, dans cette maison où se promènent

les habitants des sépulcres et que nous n'avons pas
le moyen de fuir.

17. — En veillant la petite malade, essayé de
lire O'Meara, adaptant au récit des persécutions
odieuses dont Napoléon fut victime, la parfaite
angoisse de mon propre cœur.

Etonnante médiocrité intellectuelle de Napoléon.
Ce grand homme est le père de tous les lieux communs du XIX° siècle, et plus ils sont abjects, plus
leur extraction est sensible.

18. — Notre suicidé est mort, hier soir, dans les
bras d'un concierge. Sa dernière parole : — Merci,
monsieur, cette fois, ça y est !

Cet homme, dont le souvenir sera plus que
sombre, et qui n'était pas même notre ami, est
entré dans le Passé, comme si un gouffre l'eût
avalé. Je pourrais croire qu'il est mort depuis vingt
siècles, tellement la durée est une illusion.

Notre maison n'est pas seulement puante, noire
et glacée, on y reçoit en outre, des impressions
telles qu'on la pourrait croire *visitée*. — Attendons-nous à tout! me dit ma femme. Moi-même, je
me détraque, et j'ai l'âme crispée lorsque la nuit
tombe.

Nul secours à espérer. Notre médecin refuse
d'attester l'évidente insalubrité du lieu; l'adminis-

tration municipale ne veut pas intervenir; un avocat consulté me décourage et l'immonde propriétaire se tape le ventre. — *Torrentem pertransivit anima nostra : forsitan pertransisset anima nostra aquam intolerabilem.*

23. — La plus ruineuse des folies, décidément, c'est de n'être pas un maquereau ou un imbécile.

24. — Toujours cette puanteur horrible, ce fromage de charogne Cela me rappelle les affres de mes hebdomadaires visites au *Gil Blas.*

Nous sommes indiciblement seuls. Trouverai-je jamais l'Ami inconnu que j'ai tant cherché?

MARS

1ᵉʳ. — Une femme de ménage, admirablement salope, me fait appeler devant le juge de paix du XIVᵉ arrondissement, vieux républicain imbécile, comme la plupart des juges de paix.

Autant que je puis voir, toute la fonction de ces magistrats est résumée dans le mot si bête et si lâche de *conciliation*. Une domestique voleuse réclame ce qui ne lui est pas dû, et le juge mécanique, sans aucun souci d'approfondir quoi que ce soit, sans nul égard pour les plus légitimes présomptions morales, s'applique invariablement à établir une balance, une sorte de mitoyenneté entre la demande injuste et le refus indigné... La sagesse de Salomon serait plutôt onéreuse en de tels emplois.

Certain de l'inutilité d'une résistance et, d'ailleurs, comblé de dégoût, je me laisse dépouiller par ce juge intègre.

9. — Apparition du capitaine Bigand-Kaire, jusqu'à ce jour inconnu de moi. Ce marin m'a lu, paraît-il, sur les océans. Puis, il a appris ou deviné que je mourais de misère, et il vient à moi. Projet d'une tombola. Un nombre indéterminé d'artistes, amis ou victimes de cet homme de mer, donneraient des toiles ou des dessins, et le placement, il est vrai, fort hypothétique, de trois ou quatre cents billets, me ferait un viatique pour l'achèvement de la *Femme pauvre*.

14. — Apprenez, monsieur Léon Bloy, que je suis athée et matérialiste. — Fort bien, cher monsieur, vous me voyez charmé de savoir que je suis en présence d'un imbécile.

La pestilence redouble et la misère ne diminue pas.

15. — A un bienfaiteur :

« Mon cher M. S. Je n'ai pas cru avoir le droit de refuser les vingt francs que j'ai reçus de vous, ce matin, cet argent m'étant envoyé par Quelqu'un que vous ne connaissez pas et dont vous n'êtes que le messager, — *bienveillant* pour moi jusqu'à cette heure, je veux le croire. Mais, comme je fus toujours et veux toujours être un homme d'une irréprochable droiture, je ne pense pas qu'il me soit permis de cacher à

M. Bigand les accusations énormes dont vous le chargez. Il lira donc votre lettre. J'ai horreur de susciter une querelle, surtout entre deux hommes qui m'ont, l'un et l'autre, montré de l'amitié, mais je serais ignoble à mes propres yeux, si j'acceptais que l'un d'eux se prévalût de mon silence pour accabler l'autre. Il est nécessaire que M. Bigand sache au moins ce dont on l'accuse.

» Je l'ai vu avant-hier. Il venait m'apporter une liste de noms d'artistes et d'œuvres d'art recueillies pour moi avec grande fatigue. Sa démarche, évidemment droite et sans nulle ombre d'ambiguïté, avait surtout pour objet de me donner l'espoir d'un résultat prochain et heureux. Sa bonne foi était éclatante comme le jour... Si je pouvais concevoir le moindre soupçon, le contrôle serait trop facile. Que pouvais-je faire, sinon d'admirer le dévouement d'un homme qui n'est plus jeune, qui peut avoir perdu les illusions bêtes de l'adolescence, qui a, sans doute, quelque droit au repos, et qui se donne bénévolement un pareil souci pour moi ?

» Gardez-vous de croire, cependant, que ces réflexions soient sorties de telle ou telle conversation que j'aurais pu avoir avec M. Bigand. Je n'ai besoin d'aucune suggestion extérieure pour penser de la sorte. Il me suffit d'interroger ma conscience. Vous ne devez pas accuser un homme — *qu'il soit ou non mon ami,* — d'actes honteux et qui passent pour déshonorants, même chez les canailles, sans fournir immédiatement des preuves. Je ne pourrais, en ce point, vous approuver sans me démentir, puisque vous dites, en propres termes, que je suis « la loyauté même ».

» Je prévois trop que cette lettre va changer les dispositions de votre cœur. L'expérience me dit que j'ai tout à craindre à cet égard, et vous pouvez être sûr que la perte soudaine et inexplicable d'une amitié que je devais croire providentielle, sera parmi les catastrophes les plus bizarres de ma vie. Quoi qu'il en soit, je repousse, dès à présent, avec toute l'énergie de mon âme, votre proposition de me secourir « de quelque manière que ce soit ». Cela, vous en conviendrez, est absolument inacceptable, fussé-je plus malheureux encore que je ne le suis.

» Je reconnais bien volontiers que, depuis le 25 février, je n'ai vécu que de ce que vous avez donné ou procuré. Mais ne pensez-vous pas que les dédicaces très-nombreuses que vous tirâtes de moi, et les lettres confidentielles que me dictait ma confiance en vous, et dont vous ferez peut-être un usage peu noble, ne soient une compensation plus que suffisante, — sans parler de l'honneur que vous vous êtes fait à vous-même, en vous introduisant chez moi, *contre ma volonté première*, vous le savez bien, abusant ainsi de ma misère qui me forçait à tout endurer? J'ai reçu quelquefois des secours *anonymes* d'admirateurs qui me savaient pauvres et ne voulaient pas être *payés* de leurs bienfaits. Evidemment vous n'êtes pas de cette école. » (1)

---

(1) Telle fut la fin d'une liaison des plus dangereuses. En

16. — Le malheureux de Groux nous écrit de Bruxelles, où il souffre dans son corps et dans son âme, livré à la misère, malade et rongé de soucis. Il a exposé là un tableau qu'il cherche à vendre. S'il ne réussit pas, il ira le porter à Amsterdam. Sa situation nous accable. Pourquoi tant de souffrances à une créature si noble? et pourquoi de telles souffrances dans les ténèbres? Car nous sentons bien, malgré ses protestations, qu'il tient au monde par quelque lien que lui-même ignore, et que c'est l'obstacle dont il meurt. Il nous parle de la prière, il nous affirme qu'il prie souvent. Mais cette vaste confiance en Dieu dont nous subsistons, nous autres, et qui le délivrerait de tant de démarches inutiles, nous sentons bien qu'il ne l'a pas. Nous nous demandons ce qui pourrait humainement le sauver et le sentiment de notre impuissance nous écrase.

En chemin pour consulter, derechef, contre mon propriétaire, le décourageant avocat mentionné plus haut, je me sens tout à coup très-misérable, très-désarmé, absolument incapable d'intéresser à ma cause un personnage si impor-

---

réponse à cette lettre, je reçus quelques ordures épistolaires, avec d'injurieuses recommandations *sur l'enveloppe*, et le « Mendiant ingrat » fut délivré de ce bienfaiteur.

tant, et j'y renonce pour me confesser, formant le projet d'écrire. Mais, écrire quoi? Cette confession ne doit-elle pas suffire, ne doit-elle pas être préférée à tout, et ne dois-je pas compter sur Dieu, exclusivement? Mon propriétaire est un fantôme, mon avocat est un fantôme, je suis moi-même un fantôme, mais Dieu ne voudra pas que les opprimés soient confondus.

Excellent effet de ma confession. Je respire Dieu, comme on respire le souffle du ciel par une porte ouverte.

17. — Ce pauvre Bigand qui a soif de paix, fut mal inspiré, vraiment, lorsqu'il entreprit d'agir pour moi.

18. — Au XVIIIe siècle, une vieille femme légua, par testament, sa fortune à son chat. Ce testament, naturellement, fut annulé par les hommes. Mais Dieu ne l'annula pas. L'acte est demeuré *irrévocable*, comme tous les actes humains, et le chat de cette vieille scélérate lui redemandera son héritage, éternellement.

22. — A de Groux :

« ...J'accepte. Je ferai des conférences en Belgique. En principe, je les hais, vous ne l'ignorez pas. Je suis trop dans l'Absolu pour que le rôle d'un Tailhade me convienne. Une bombe *unique*, d'ailleurs, serait tout à fait insuffisante pour mon apothéose ou mon extermination. Je vaux mieux, n'est-ce pas? et ma personne invoque de plus « beaux gestes ».

» N'importe, c'est accepté. Je parlerai à vos Belges et je serai insolent, comme il convient de l'être toujours, quand on est un bon chrétien.

» Ah! je n'ai pas à faire le dégoûté!

» Vous me recommandez la violence, Demolder aussi. Quel enfantillage!... Fiez-vous donc un peu plus à moi. Hé! que diantre voulez-vous que je fasse? Oui, pour Dieu! que voulez-vous que je fasse, en présence de *n'importe quel public*, si je ne vocifère pas désobligeamment?

» Henry, j'ai le cœur percé comme une cible, je suis saturé d'horreur, et le monde m'est infiniment, indiciblement odieux. Si vos chiens veulent des outrages, ils en auront pour leur argent, pour leur sale argent, que jamais ils n'auraient la velléité de purifier, en l'offrant gratuitement à un artiste, fût-il le plus grand du monde!

» Savez-vous ce qui me décide, c'est de savoir que vous serez là près de moi, vous, l'ami vaillant, le seul peut-être parmi ceux qui viendront me regarder souffrir... » Votre LÉON BLOY. »

23. — Commencé la lecture d'*En Route*, le récent livre de Huysmans, dont l'art pénible me harasse et dont l'ignorance documentée me lève le cœur.

24. — Continué *En Route*. Le vrai titre du livre serait : *En Panne*. Huysmans ressasse des niaise-

ries et des saletés, sans jamais avancer d'un pas. Cependant il découvre le Catholicisme et s'étonne profondément de la trouvaille. Ennui énorme.

L'indigence d'imagination de ce découvreur et le creux de sa cervelle donnent le vertige. Il n'a que des yeux et des oreilles, — dans le sens le plus charnel, bien entendu, — et encore. Quelques pages, il est vrai, relatives à ses confessions ou communions, peuvent toucher, mais c'est une force étrangère à lui, et on voit si bien la trace de certaines lectures! En somme, compilation identique aux compilations antérieures, mais infiniment plus ennuyeuse. Rien n'est exaspérant comme de voir cet homme s'examiner, en quatre cent cinquante pages, au moyen d'un microscope acheté la veille, et dont il ne sait même pas se servir.

Simple trait profondément caractéristique. Dans *En Route*, les enfants, haïs et méprisés, comme dans tous les livres antérieurs, sont invariablement appelés *gosses*. Que penser de ceci: l'apologie du Catholicisme entreprise par un écrivain dont l'instinct a toujours été d'avilir?

25. — Achevé *En Route*. Que ne suis-je encore l'ami de Huysmans! Je lui donnerais un précieux conseil.

Après *Là-Bas* et *En Route*, pourquoi n'intitulerait-il pas ainsi son prochain tome : En Haut! Tout le monde DESCEND?

27. — Epuisement et langueur. Décidément la jeunesse est bien défunte, — la pauvre jeunesse qui fut mienne, mais qui me paraît avoir appartenu à un autre et dont je n'ai jamais pu jouir, même en offensant Dieu.

30. — Quelqu'un me parle de la haine universelle dont je suis l'objet. Combien de fois ai-je entendu cela! Cette haine semble faire partie des devoirs du citoyen. Elle est injustifiable et mystérieuse, en ce sens qu'elle est épousée par des êtres qui ne me connaissent pas, dont je n'entendis jamais parler et à qui je n'ai pu faire aucun mal. Je suis donc un personnage bien étonnant!

31. — Dimanche de la Passion et dernier jour de mars très-pâle, neutre comme la Belgique.

Lettre d'un nommé William Picard, écrivant au nom de la Société anonyme «l'Art», de Bruxelles. En accomplissement de promesses éblouissantes, on m'offre cent cinquante francs pour une conférence unique, *voyage compris*. Si ma conférence attirait cinq cents auditeurs à quarante sous, ce serait le même prix, évidemment. Bonne affaire pour les anonymes.

Réponse :

« Messieurs les Anonymes, J'estime que votre offre de cent cinquante francs ! voyage compris !!! à un écrivain qu'on suppose vaincu par la misère, est insultante pour cet écrivain et déshonorante pour la Belgique.

„ Léon Bloy. „

Voici l'exorde, heureusement conservé, de cette conférence qui eût été une si belle tentative de démusèlement littéraire :

Mesdames, Messieurs,

Je commence, naturellement, par solliciter votre malveillance. Il est trop évident que le comble de l'injustice et du ridicule serait de couvrir d'applaudissements ou d'étouffer sous les fleurs, un écrivain, supposé grand, que les journalistes ont vomi.

Vous sentez bien qu'il serait monstrueux de me priver ainsi du salaire de mes efforts et que vous ne pourriez m'infliger l'affront d'une bienvenue, sans violer outrageusement les saintes lois de la plus élémentaire hospitalité.

J'ajoute que ce serait une trahison et une lâcheté sans nom.

Eh quoi ! Depuis quinze ans, j'aurais travaillé nuit et jour, à me rendre insupportable à tous mes contemporains ; j'aurais crevé de misère pendant les trois lustres les plus beaux de ma vie très-chienne ; j'aurais enduré la faim, la soif, la nudité, le froid excessif, la chaleur extrême, les hargneuses réclamations de propriétaires innombrables dont je suis devenu l'épouvante.

Et qu'est-ce que cela? Juste ciel! J'aurais entendu sangloter, j'aurais vu mourir des êtres chers, enveloppés dans mon destin ; je me serais moi-même arraché le cœur avec des griffes ou des tenailles, pour qu'un jour, ô Dieu tout-puissant! pour qu'un certain jour, des citoyens belges m'attirassent dans le traquenard de leur courtoisie! pour qu'étant au milieu d'eux, j'aperçusse, autour de moi, des visages sympathiques, des mains tendues, des cœurs ouverts !...

Se pourrait-il que vous abusassiez à ce point de ma confiance! Quelle chute alors! et que deviendrait ce beau rêve de toute ma vie d'être le crachoir des malédictions de l'univers? d'être vêtu, comme d'un manteau lumineux, du mépris infiniment agréable des honnêtes gens? de ne recevoir jamais que de salopes injures ou de crapuleux défis? de paraître enfin la plus basse crotte du décrottoir littéraire et de croupir glorieusement dans les déjections des plus limoneux pourceaux du journalisme?

O désirable, voluptueuse et rafraîchissante ignominie! Fontaine de délices vers laquelle doit soupirer tout artiste fier! ne m'en privez pas, messieurs, je vous en supplie. Lancez-moi quelques excréments, quelques valides excréments sortis du cœur. Fortifiez-vous à la pensée que j'ai l'ambition de vous déplaire et laissez-moi l'espérance d'y parvenir.

J'ai formé le dessein de vous entretenir d'un individu lamentable dont les infortunes vous dégoûteront, j'en suis persuadé.

Il se nomme Caïn Marchenoir. Nous n'avons qu'un cœur et qu'une âme, et je suis, après Dieu, son unique ami. C'est un écrivain des plus obscurs. Il est ignoré des dames et ne peut être lu avec fruit que par un petit nombre d'incendiaires.

Quand je dis qu'il est obscur, c'est par indigence de vocables. Il est au centre de l'obscurité, au plus profond d'une caverne noire. Les rares nyctalopes qui ont visité ce solitaire, n'ont pu s'approcher de lui qu'en tâtonnant et sont revenus découragés. Moi-même qui l'ai tant pratiqué, j'avoue le connaître mal; cependant notre commerce ayant été des plus assidus, des plus intimes, j'ose me flatter de vous servir quelques références de première main sur ce personnage énigmatique.

Ah! c'est une entreprise carabinée, je l'avoue, et d'une exécution d'autant moins facile que je me suis interdit sévèrement de compter sur l'intelligence ou la longanimité de mes auditeurs.

Il est vrai que je ne suis pas ici pour m'amuser. Jugez vous-mêmes !

D'une part, je suis forcé de manquer de respect — oh! mais absolument — à tout un lot de mufles notoires, généralement honorés dans tous les pays du monde. Voyons, vous n'attendez pas, je suppose, étant donné surtout le sujet de ma conférence, que je vous parle d'une manière affectueuse des cochons de plume dont vous faites, sans doute, vos délices, et que les plus gras d'entre vous, — indubitablement, — sont accoutumés à regarder comme d'inégalables écrivains : les Daudet, les Bourget, les Zola, les Maupassant et la nauséeuse racaille des imitateurs ou thuriféraires. Il est trop clair qu'une expression quelconque de mes sentiments, à l'égard de ces masturbateurs adorés, ne pourra jamais que désobliger un auditoire d'où n'auront pas été soigneusement extirpés les capitalistes ou les négociants.

D'autre part, je suis malheureusement atteint d'une infirmité, d'un sorte de goître infâme. *Je crois en Dieu*, comme Marchenoir, et je suis catholique jusqu'à la pointe des cheveux, comme lui encore. Vous me voyez installé, non moins que lui, dans l'intolérance absolue. Pour tout dire en un mot, nous estimons, l'un et l'autre, que l'Inquisition fut parcimonieuse de supplices et que la véritable charité apostolique est, avant tout, dans l'abondance et la qualité des massacres.

Cela nettement et insolemment posé, j'arrive à mon personnage..... Etc., etc.

AVRIL

3. — Donné à Bigand un exemplaire de *Sueur de Sang*. Dédicace : « à Edmond Bigand-Kaire que m'envoya, dans son Agonie, l'Adorable qui a sué le sang pour tous »; et un de mes rarissimes *Cochons* sur papier de Hollande : « *Cupiebat implere ventrem suum de siliquis quas porci manducabant : et nemo illi dabat.* Léon Bloy d'après saint Luc. »

8. — Léon Bloy ?... Connais pas ! Belle réponse d'Alphonse Daudet à qui on parlait de moi chez des millionnaires.

12. — Vendredi Saint. *Domine, memento mei, cum veneris in regnum tuum.* Ces paroles du Voleur ne sont-elles pas le type excellent de la prière douloureuse et spontanément exaucée ?

13. — Un pauvre diable de protestant me disait,

il y a quelques jours, après combien d'autres, qu'on voyait en moi beaucoup de haine. Les paroles de cet homme, d'ailleurs bienveillant, me sont revenues, ce matin, je ne sais pourquoi. Oui, c'est vrai, je suis plein de haine depuis mon enfance, et nul n'a aimé les autres hommes plus naïvement que je n'ai fait. Mais j'ai abhorré les choses, les institutions, les lois du monde. J'ai haï le Monde infiniment, et les expériences de ma vie n'ont servi qu'à exaspérer cette passion. Qui donc, même parmi les chrétiens, pourrait comprendre cela?

Attendu des lettres consolantes qui n'arrivent pas. Jeanne m'a demandé si, parmi les souffrances prophétiques et figuratives dont il est parlé dans l'Ecriture, j'ai remarqué le Silence, — ce terrible et torturant silence des amis, dont j'ai tant souffert. Il est singulier que je n'aie jamais songé à faire cette recherche.

14. — Pâques. J'ai froid jusqu'au centre de l'âme et je suis aussi près que possible du désespoir. Tel est, sur moi, l'effet de cette grande fête. Le dimanche de Pâques m'est ordinairement douloureux, quelquefois terrible. Impossible de cacher ma détresse, qui s'exprime à peu près ainsi : — Je ne parviens pas à sentir la joie de la Résurrection, parce que la Résurrection, pour

moi, n'arrive jamais. Je vois toujours Jésus en agonie, Jésus en croix, et je ne peux le voir autrement.

Puis, ce matin, je me suis trop rappelé le passé, déjà si lointain (1879-1882) et, tout de même, si vivant encore, où je voyais la *véritable* Véronique, en larmes et déchirée par les tigres de la compassion, devant l'image de Jésus livré à ses tourmenteurs... Comment remonter de ce gouffre ?.... Ce recommencement perpétuel de l'Année ecclésiastique, toujours la même, sans que jamais le Seigneur éclate !...

Non venit regnum Dei cum observatione. Je le sais bien. Mais, parce que ce Règne ne doit être accompagné d'aucun signe, est-ce à dire qu'il faut l'attendre éternellement ?

15. — Mot de ma chère Jeanne : — On assure volontiers que les gens sans Dieu souffrent plus que les autres. Ce doit être un lieu commun. Il me semble, au contraire, que la souffrance profonde ne peut être connue que des amis de Dieu.

16. — N'ayant pu payer mon terme, à la minute, le propriétaire, sordide brocanteur de vieux pantalons, me décerne un commandement. Aperçu, dans le jardin, l'abjecte figure de ce drôle.

O Dieu ! quelle face de bas mercanti, quelle devanture de sale manant *aux joues roses*, comme les fesses d'un cochon ! Il reste là, sous nos yeux, pérorant, une ou deux heures, avec ses ouvriers, et je ne saurais dire ce que me fait souffrir ce voisinage. Etre ce que je suis et me sentir opprimé par ce misérable d'entre les ignobles, qui triomphe de ma détresse, après avoir procuré la mort de mon enfant !...

20. — Envoi d'un de mes *Cochons* au vieux Marcellin Desboutin. Dédicace : « *Dæmones rogabant eum dicentes : Mitte nos in gregem porcorum. Et ait illis : Ite.* S. Matth. VIII ».

25. — Fête de saint Marc. J'espère beaucoup de cet évangéliste qui a dit que Jésus « était avec les bêtes ». Je dis à ma petite Véronique : — C'est aujourd'hui la fête de saint Marc, et c'est le petit papa qui est le lion de saint Marc! La chère enfant écoute cela avec son beau sourire lumineux.

27. — A un ami de Bruxelles :

« Cher Monsieur, Une fois de plus, j'ai recours à votre obligeance. L'*Argus de la Presse* m'informe, par le communiqué d'un sommaire, que *Durendal*(!), sorte de revue catholique publiée à Bruxelles, vient d'offrir à son public une tartine intitulée : « Léon Bloy le misérable », par Pol Demade.

„ Il est, certes, peu probable que ce pauvre Demade qui s'est donné tant de peine pour s'élever jusqu'au niveau intellectuel d'un Charles Buet, ait enrichi de quelque trouvaille, en cette occasion, mon *cliché* fameux.

„ Il a dû, très-assurément, resucer, après tant d'autres, les coïonnades vétustes qui forment, depuis quinze ans, la *légende Bloy*.

„ Je ne m'en occuperais donc pas autrement et je me garderais bien de vous en écrire, — la vie, d'ailleurs, étant fort courte, — si je ne supposais, gratuitement peut-être, que ce bon Demade, incapable de désobliger une mouche, a dû être, en la circonstance, le porte-plume d'une certaine dame que je soupçonne d'avoir abusé de son innocence.

„ Je voudrais donc vérifier moi-même et je vous prie de m'envoyer, le plus tôt possible, *Durendal* (?!?).

„ Votre Léon Bloy. „

30. — Idée de Jeanne. — Le Prêtre est caché dans l'homme, de même que Jésus est caché dans le pauvre.

MAI

2. — Lecture de la *Vie* de saint Antoine de Padoue, par le Père de Chérancé. Il faut vraiment aimer les saints pour avaler des livres si médiocres ! — Il semble, ai-je dit à Jeanne, que les supérieurs ecclésiastiques et les Chefs d'ordres devraient implorer à genoux des écrivains artistes pour écrire et populariser, dans le monde, la vie des saints....

A la réflexion, cette plainte n'est pas digne de moi, l'auteur du *Fou,* dans le *Brelan d'Excommuniés.* Car, voici le mystère : Jésus n'a vaincu le monde qu' « en espérance », et il est le Pauvre. Les magnificences de l'Art ne lui conviennent pas. La littérature pouilleuse des livres de dévotion, dont il est forcé de se contenter, jusqu'à la venue du Vagabond, est, par conséquent, une sorte de langue misérable, ignominieuse, divinement appropriée à sa condition ; que dis-je ? une langue *réservée*, occulte, accessible seulement au petit nombre, insupportable au monde superbe qui ne peut être purifié que dans les fournaises du Consolateur.

— Cette langue, ajoute Jeanne, est la parfaite pauvreté. Aussitôt qu'on sort de cette langue, on tombe nécessairement dans les gouffres sombres ou lumineux du Paraclet, et on lui appartient comme une proie.

3. — Tirage de la tombola organisée, à mon profit, par le terrible capitaine Bigand.

On congédie le personnage le plus étrange que j'aie jamais rencontré, chasseur d'héritages et d'héritières, qui me persécute, depuis quelques jours, pour que j'utilise mon éloquence à lui ramener une récalcitrante fiancée, *deux ou trois CENTS fois millionnaire*. C'est à donner le vertige de songer qu'on s'adresse *à moi* pour une pareille négociation! Il est inconcevable que notre porte ait pu être ouverte, une seule heure, à cet aventurier qui fait entrer dans notre maison l'abomination du Monde.

... *Terram tenebrosam et opertam mortis caligine: terram miseriæ et tenebrarum, ubi umbra mortis, et nullus ordo, sed sempiternus horror inhabitat.*

Voilà l'Absolu, voilà le Royaume du Prince de ce Monde, qui est aussi Prince des Ténèbres. *Per signum Crucis, libera nos, Domine.*

4. — La plus belle des loteries est celle que prophétisa David : *Super vestem meam miserunt sortem.*

La mienne est moins rédemptrice. Les plus pressantes dettes payées, il nous restera peu ou rien, et nous ne pourrons même pas fuir notre maison affreuse.

Les pièces les plus importantes ont été gagnées par des inconnus ou des indifférents. Une vieille millionnaire athée, qui n'avait déboursé que vingt-cinq francs, a raflé deux dessins remarquables dont l'un, de Charles Maurin, vaut environ, vingt fois sa mise. Vertu récompensée. C'est la loi des jeux prétendus de *hasard*, dont le principe est au royaume des Ténèbres et dont les résultats sont toujours désenchanteurs.

6. — Tout à fait à mon insu, Bigand avait pris sur lui, il y a quelques jours, d'écrire à Tailhade, l'invitant à prendre part à la tombola. Le naïf marin croyait cette démarche toute simple et plus qu'indiquée, supposant, avec candeur, que le per-

sonnage serait trop heureux de cette occasion de faire oublier sa vilenie.

Voici la réponse, qu'il me communique, à titre de « document d'histoire littéraire » :

« Neuilly-sur-Seine, le 3 mai 95.

« Vos deux lettres, monsieur, me parviennent, aujourd'hui, par le même courrier, dans la maison de santé où je me soigne depuis les débuts de l'hiver. Encore que je n'aie point accoutumé d'entendre aux sollicitations présentées sous la forme peu civile et, pour ainsi parler, comminatoire, dont vous usez, me semble-t-il, assez mal à propos, je compatis d'une âme trop sincère à l'infortune de Léon Bloy, pour ne lui point venir en aide selon mon faible pouvoir.

» Vous trouverez, sous ce pli, un mandat sur la poste de vingt francs, en échange duquel je vous prie de vouloir bien ne me retourner aucun billet de tombola.

» Quant à la légende, à quoi vous faites allusion, de Léon Bloy perdant sa place pour m'avoir soutenu, — en même temps, d'ailleurs, qu'Octave Mirbeau, Georges Vanor, Jean Carrère et maints autres que j'oublie ; car je fus alors un brillant « sujet d'article » — il se peut qu'elle soit en faveur à Cancale (1) ; mais nous savons tous, ici, que Léon Bloy se vit forcé de quitter le *Gil Blas*, pour avoir refusé réparation par les armes à un confrère vitupéré. Dans l'intérêt même de

---

(1) Le capitaine Bigand était, alors, habituellement domicilié à Cancale. Je pense qu'il est inutile de recommander la finesse exquise de ce rappel géographique.

votre ami, je ne crois pas qu'il soit fort habile d'insister sur cette fâcheuse aventure, ni de présenter violemment, ainsi que vous le faites, la carte à payer de la gratitude. Pour tant méprisables que soient les gazetiers de notre temps, ils ont, au moins, gardé fort intact le préjugé de l'épée. Aussi, monsieur, et bien que vous paraissiez la personne la plus étrangère du monde à ces revendications d'honneur, souffrez que je vous conseille quelque retenue dans le récit que vous ferez de la querelle de Léon Bloy avec Lepelletier. Vous nuiriez par trop d'emphase à un écrivain que j'aime et que vous paraissez curieux de servir avec efficacité. J'ai, monsieur, l'honneur de vous saluer. " LAURENT TAILHADE. "

Le destinataire de cette épitre musquée m'informe qu'il a renvoyé immédiatement le mandat venu trop tard pour la tombola, et qu'il a écrit, en même temps, une lettre *miséricordieuse*. Tailhade a de la chance d'être un infirme !

8. — Bon de poste de vingt francs, avec ces mots : « Les meilleurs compliments de Laurent Tailhade arrivé trop tard pour la tombola ».

Réponse du mendiant ingrat :

« Les vingt francs reçus de vous, Tailhade, iront à des choses nobles que je ne perdrai pas mon temps à vous expliquer. Je renonce à ma première idée de vous renvoyer cet argent, démarche fière qui serait certainement incomprise. Votre lettre insolente et *menteuse* au capitaine Bigand-Kaire, ému de pitié pour vous et qui me l'a donnée comme un « document historique », ne m'étonne pas.

» Il était naturel que je fusse renié par vous. Je sais qu'il ne faut demander de l'intrépidité à personne, surtout à un morphiné. Cependant, vous auriez pu, lorsque à cause de vous, les plus vils goujats de lettres m'insultaient, murmurer au moins quelques syllabes à l'oreille de l'interviewer. Vous saviez admirablement ce qui se passait, et par l'effet de quelles manigances crapuleuses un écrivain pauvre, qui s'était déclaré pour vous, avait été privé de son pain. Ces quelques syllabes que vous jugeâtes compromettantes pour vous, lui eussent été fort utiles, alors. Il n'espérait rien de plus, ayant fait la chose librement et spontanément, sans aucune arrière-pensée. Mais il paraît que c'était encore trop, et la lettre fort tardive qui orne le frontispice de *Léon Bloy devant les Cochons*, il a fallu qu'Henry de Groux vous l'arrachât. Plus tard, craignant toujours de paraître mon ami, vous vous êtes si parfaitement dérobé qu'une année entière a pu s'écouler sans que je reçusse deux lignes de vous, sans que je vous rencontrasse.

» Pour finir, vous écrivez une lettre atroce au seul homme qui ait entrepris de guérir l'effroyable plaie dont je souffrais à cause de vous, abusant de votre situation de valétudinaire qui empêche cet *homme* de vous châtier.

» Cela dépasse la mesure des jean-foutreries, monsieur le torero. Soyez donc restitué à l'estime des

« gazetiers qui ont gardé intact le préjugé de l'épée » et recevez l'assurance de mon absolu dégoût.

» LÉON BLOY. »

10. — Reçu la revue belge « Durendal » — *Léon Bloy le misérable*, par Pol Demade. Sottise rare. Tartine assez longue. C'est bien ce que j'avais supposé. Mais je me trompais en parlant d'*une* dame qui aurait pu laisser son empreinte sur le mastic de cette cervelle. Il y en a, me semble-t-il, plusieurs. J'ai même reconnu la patte balourde du gros Buet, dont l'intelligence est glabre et le sexe intermittent, comme chacun sait. Ce Demade, m'a-t-on dit, est une des chandelles du catholicisme belge. Il s'est fait, dans ce cocasse milieu, une sorte de réputation, en utilisant des idées ou des bouts de phrases d'écrivains français innombrables, parmi lesquels Barbey d'Aurevilly, Ernest Hello, Villiers de l'Isle-Adam et moi-même. C'est désarmant.

Tout l'effet de ce travail d'imbécile a été de me porter à relire la brochure : *Ici on assassine les grands hommes*, qui m'est imputée à crime noir. Plût à Dieu que j'eusse toujours écrit d'aussi nobles pages ! (1)

---

(1) Lettre, fort inespérée, du dit Pol Demade qui sollicite des documents « cruels » dont il me suppose détenteur.

12. — Lu un article de d'Esparbès sur Jeanne d'Arc (!), de la plus exacte infamie. Le pauvre diable qui me déclarait, en 92, ne pas vouloir

---

Sollicité lui-même par le plus pressant besoin d'étinceler, à mes croûtes, il oublie provisoirement que je suis « un misérable, un brigand de lettres, un exceptionnel goujat », et s'aplatit jusqu'à me proclamer : « affamé de justice ». Voyons, Pol, un peu de tenue, mon garçon !   29 mai 1897.

Pour en finir avec cette *Durendal*.

A Henry Carton de Wiart, membre du comité de rédaction :

« 19 août 1897.

« Monsieur, On me fait lire, dans la sotte revue *Durendal*, l' « Introduction » de *Belluaires et Porchers*, dont je vous ai donné le manuscrit autographe, il y a neuf ans, alors que je vous croyais un ami.

» Vous avez pris sur vous de livrer cela au public, sans mon autorisation, d'une manière clandestine et dans un désintéressement absolu du préjudice qui pouvait résulter pour moi d'une publication anticipée et *défectueuse*, — abusant avec vilenie de l'insuffisance des lois qui protègent si faiblement la propriété littéraire.

» Votre conduite à mon égard fut si odieuse et si merveilleusement goujate, que je ne devrais pas être surpris. Cependant, cette main basse, très-belge, sur le bien du pauvre, confine à l'ESCROQUERIE, en ce sens que je me trouve privé, par là, d'un *inédit* qui pouvait, un jour ou l'autre, m'être profitable, — et je ne savais pas que vous fussiez juste au même point que les brigandeaux du *Patriote*.

« Ne vous récriez donc pas trop si, désormais, je me jette avec avidité sur toute occasion qui pourra se présenter de vous exprimer, *publiquement*, le parfait mépris dont je vous offre ici l'investiture.   » LÉON BLOY. »

faire baptiser son enfant, me semble, aujourd'hui, frappé de crétinisme et de rage. C'est à croire qu'il a été embauché par quelque loge maçonnique où il reçoit d'abjectes consignes.

Encore Pol Demade. Article sur *En Route*. Cette ânerie nouvelle, qui m'est envoyée de Belgique, j'ignore par qui, ne m'amuse même pas. C'est vraiment trop bête.

A cette occasion, je repense au triste livre de Huysmans qui fait quelque bruit, depuis deux mois. Je me rappelle qu'en un endroit, cet imprévu docteur juge médiocre le rituel du mariage, ignorant, sans doute, que le mariage est un Sacrement, et même « un grand sacrement », selon saint Paul. Ailleurs, il a l'équité de condamner le roi David, et dans quel langage ! sans soupçonner, une minute, la majesté colossale d'un personnage que l'Esprit-Saint nomme sans cesse le Père de Notre Seigneur Jésus-Christ... Il est vrai qu'il ne faut pas demander à l'auteur des *Sœurs Vatard*, une intelligence quelconque ou même une approximative notion du Livre sacré. En général, cet apôtre semble croire que la Religion est une esthétique. Quel cerveau !

Les pages d'*En Route* qui veulent être lyriques, font penser à des fleurs *artificielles* qu'on offrirait à Marie dans un pot de chambre (1).

18. — Conversation avec Jeanne. Nous nous moquons de la science, de l'art, de l'honneur, du déshonneur, des lois ou des convenances de toutes sortes. Tout ce qui n'est pas strictement l'Amour de Dieu nous paraît au niveau de l'ordure.

20. — A un pharmacien de Montrouge :

« Cher Monsieur, Vous me pressez de vous fixer une date pour le réglement de votre compte. Je fixe donc le 15 du mois prochain et c'est, en vérité, tout ce que je peux faire. — *Si contuderis me in pila, quasi ptisanas, feriente desuper pilo, non auferres a me amplius.*

» Cela dit, non sans déplorer que vous soyez, à ce point, la victime du démon de l'impatience, je vous prie instamment de ne plus m'envoyer vos employés.

» Il m'affligerait de contrister le moindre cloporte, étant — comme le sait toute la racaille littéraire, — *mitissimus vir super omnes prophetas, et monstra placans in verbis.*

» Mais j'endure mal qu'on injurie ma femme, en mon absence surtout, et qu'un domestique, enhardi par l'apparence de notre pauvreté, exalte son goujatisme jusqu'à *douter ostensiblement* de ce qu'on lui fait l'honneur de lui répondre.

---

(1) Tout le monde sait que les deux « vases » de l'heure actuelle, les deux apôtres de la gentilité contemporaine, sont J.-K. Huysmans et François Coppée. — 1898.

» Considérez, monsieur, je vous en prie, que je pourrais, un jour, me trouver chez moi, juste à la minute où se présenterait le caballero, et qu'il est satanique de tenter les pauvres humains.

» Hélas! on m'a trop fait la réputation d'accabler de travail les apothicaires, en détériorant les carcasses contemporaines, et le surnom de Caïn m'en est resté.

» Je vous en prie donc, comptez bonnement sur moi et, encore une fois, ne m'expédiez plus vos matassins.

« Agréez, cher monsieur, l'assurance de ma rage, de ma bonne volonté et de ma parfaite considération.

» LÉON BLOY. »

21. — Pourquoi est-il si difficile d'échapper aux pensées graves, ou, du moins, — si on est une brute, — à une sorte d'oppression, dans le voisinage d'un mort ? C'est que ce mort, eût-il été le plus banal des vivants, vient de tomber sous la domination de Quelqu'un qui est absolument inconnu et dont on *sent* la Présence... Cette présence est surtout sensible dans le phénomène, peu expliqué, qu'on est convenu d'appeler *le froid de la mort*. Idée de Jeanne, à propos de notre fils André dont nous parlions ce soir.

De la même :

— Qu'on ait de l'argent ou qu'on n'en ait pas, c'est la même chose, en ce sens qu'on est toujours dans la Main de Dieu. Dans le premier cas, l'argent est détenu par quelqu'un de visible, et, alors, il est *visible*. Dans le second cas, il est détenu par quelqu'un d'invisible, et, alors, il est *invisible*.

22. — A un de mes lâcheurs qui veut me revoir :

« Vous avez été simplement affreux. Vous vous êtes fait introuvable, comme tant d'autres, quand le malheur est tombé sur nous. Je n'oublierai pas cette fin d'hiver, dans une maison homicide. On grelottait de misère, entre un petit garçon mort et une petite fille mourante, et personne ne se présentait. Nul, parmi les admirateurs ou les convives de naguère, ne s'est demandé, alors, si je n'avais pas besoin de quelque secours et ne m'a fait l'aumône d'une visite.

» C'est Dieu qui sait ce qui se passe dans votre cœur, mais comment pourrais-je compter sur votre *amitié?* « Fidèle, malgré les apparences », dites-vous. Ne sentez-vous donc pas l'ironie atroce de cette formule? Comme chrétien, cependant, je n'ai pas le droit de vous rejeter absolument et je ne refuse pas de vous serrer la main, quand je vous rencontrerai. Mais je vous prie de ne pas venir chez nous.

» Léon Bloy. »

23. — Ascension. — L'Ascension est, pour moi, une fête étrange et j'ai grand besoin de surnaturel pour supporter ce que dit saint Luc des Apôtres revenant à Jérusalem, *cum gaudio magno.* Comment se réjouir du départ de Jésus? J'ai toujours vu là l'occasion d'un deuil infini.

24. — J'ai fort pensé à cette chose de mon passé lointain : la prière obstinée que je faisais tous les jours, pendant des heures et pendant des mois, il y a beaucoup plus de vingt ans, offrant pour mes amis, J. B. d'A., Georges L. et Victor L., — les seuls, alors, et qui *tous trois m'ont abandonné*, — ce que je pouvais avoir de plus précieux. Pour l'amour de leurs âmes, je demandais de souffrir démesurément, d'être suffoqué de douleur, piétiné par les démons, voué à l'injustice, à l'ignominie, au ridicule, et méconnu de ceux-mêmes pour qui je me sacrifiais. Prière admirablement exaucée.

A la sortie de l'église, un vieillard m'a proposé de m'affilier à la confrérie du Saint Sacrement, me conseillant, déjà, d'aller voir le président qu'il cherchait à faire valoir en le déclarant *propriétaire*... Réponse : — Ah! il est propriétaire, votre président! En ce cas, il n'y a rien de fait. Vous me reparlerez de votre confrérie, lorsqu'elle sera présidée par un *mendiant*.

26. — Syllogisme. — Qui demande à être mangé? C'est Jésus (S. Jean, VI). Or, la forme parfaite de l'Idolâtrie, c'est l'Anthropophagie. Donc Jésus est Dieu et homme tout ensemble.

Mais Dieu seul veut être mangé. Dieu seul *peut*

être mangé. Il y a là un joli gouffre. D'ailleurs, qu'est-ce que manger? Qu'est-ce que tout? puisque nous ignorons toujours la limite du naturel et du surnaturel, du visible et de l'invisible.

27. — Oh! l'infâme, le diabolique rire des bourgeois qui s'amusent de l'ivresse d'un petit enfant!

30. — J'essaie de pénétrer dans l'église. Impossible. Barrière de tous les côtés. C'est la solennité, toujours odieuse, à Paris, de la première communion, et les pauvres ne peuvent entrer. Dieu lui-même serait forcé de payer vingt centimes. Le Pauvre est expulsé de *sa* maison et les femelles des riches y exhibent leurs toilettes. Simonie et prostitution.

Véronique. Oublierai-je les consolations que me donne cette enfant? Quand je suis rentré, ce soir, elle était couchée. Je me suis assis à côté de son lit et je lui ai dit : — Le petit papa a du chagrin. La chère créature, alors, m'a serré dans ses bras et m'a couvert de baisers, *en gémissant de tendresse.* Quelles larmes douces me sont venues, mon Dieu!

31. — Misère horrible. Je croyais pourtant bien n'avoir pas fait en vain cette course immense. Il me faut revenir à pied, tel que je suis venu, sans un centime et le cœur plein de sanglots. Déception fréquente. Il semble, parfois, qu'une idée m'est

apportée par un ange, et, bientôt après, je crois entendre l'éclat de rire d'un démon. *Hi sunt qui venerunt de tribulatione magna.* Il y a vingt ans que j'endure ce supplice, l'ayant *demandé* pour que les lâches amis qui devaient m'abandonner devinssent les amis de Dieu.

Il n'y a pas longtemps, Véronique, me voyant fort triste, vient à moi, me prend par le cou, et, avec une tendresse extrême, me dit : — Mon cher petit papa, ne pleure pas, *je te donnerai quelque chose.* Et la pauvre enfant cherche, parmi ses jouets, ce qu'elle pourra m'offrir.

Aujourd'hui, à la messe, ce souvenir me remue le cœur avec trop de force pour ne pas correspondre à quelque chose de divin. Y a-t-il rien de plus déchirant que la compassion de celui qui n'a rien et qui veut, pourtant, donner quelque chose ? Et Dieu n'est-il pas le Pauvre des pauvres ?

JUIN

1ᵉʳ. — Jeanne me dit éprouver une sorte d'enthousiasme à la pensée que, demain, fête de la Pentecôte, on sera sans aucune espèce de ressource.

2. — Pentecôte. Journée d'abstinence et de jeûne. Véronique a ce qu'il lui faut. Tout est donc très-bien. On espère vainement le parrain de cette enfant. Il sait, pourtant, que nous souffrons et il pourrait nous secourir. Deux francs seulement nous feraient tant de bien! Un tel jour de fête! C'est hideux! Autrefois, pendant trois ans, il s'est exactement régalé chez nous, tous les dimanches et jours fériés. Maintenant, on peut mourir.

La journée s'achève, cependant. La salade aussi. On a vécu, toute la journée, d'une salade. Tout cela dans les ténèbres «extérieures». Car voici une circonstance des plus étranges : Ce soir de Pentecôte, nous sommes *sans lumière !...*

5. — Pour échapper à la plus probable des crises de mélancolie, étudié les trois premiers chapitres des *Actes*. Secours immédiat. Je retrouve cette sensation divine de manger la *nourriture invisible et puissante*, dont parle Raphaël, dans le livre de Tobie.

Jeanne demande si les vingt-quatre vieillards, en vêtements blancs et couronnés de couronnes d'or, du iv° chapitre de l'Apocalypse, ne seraient pas simplement *vingt-quatre petits enfants*.

Idée d'une beauté accablante, venue de ceci que la vieillesse *doit* être envisagée, non comme une déchéance, mais comme un décor, à l'instar de la jeunesse. *Introibo ad altare Dei*, dit un très-vieux prêtre, avant de monter à l'autel, *introibo ad altare Dei : ad Deum qui lœtificat* JUVENTUTEM MEAM.

7. — Au comte Roselly de Lorgues, pour qui j'ai donné deux ans de ma vie, et accompli *gratuitement* d'énormes travaux :

« Mon cher Comte, J'ai reçu, hier, par un de mes rares amis, une somme de quarante francs, que vous lui aviez confiée pour moi. Cet ami dévoué avait pris sur lui de vous aller voir, bien qu'il sût ma résolution de ne plus vous importuner, même en cas de danger mortel. Je vous remercie, non pour moi qui n'ai plus besoin de rien, étant devenu ou m'efforçant de devenir exclusivement un homme de prière, mais pour ma petite fille, une enfant frêle de quatre ans à peine que cet argent peut empêcher de mourir.

„ Agréez,   Léon Bloy. »

8. — A droite de notre infâme demeure, du côté du couchant, s'élève rapidement une maison monstrueuse d'où notre jardin semblera le fond d'un puits. Cette bâtisse énorme, à laquelle nous voyons travailler tous les jours, sans exception, nous paraît quelque chose de positivement infernal.

A Henry de Groux, à Spa :

« Mon très-cher Henry,... *Tout ce qui arrive est adorable,* je le maintiens, avec toute l'autorité de ma misère qui est parfaite comme Dieu est parfait, et qui est adorable elle-même, par conséquent. Nous aurions beau nous plaindre, les uns et les autres, nous ne pouvons nous évader de cette loi et nous ne parviendrons jamais à donner la vie à un grief plausible contre la Providence. Si nous manquons d'argent, c'est que l'argent nous serait funeste, et nous en serons certainement accablés, le jour où ce métal aura cessé d'être, pour nous, une occasion de péril.

„ Croire cela, voir cela, tel est l'unique moyen qui nous soit offert de ne pas tomber au-dessous du niveau des brutes. Si vous avez mal au pied, mon pauvre Henry, c'est que la locomotion vous serait nuisible en ce moment, et si je suis moi-même immobilisé, quelque temps encore, avec ma femme et mon enfant, dans cette impasse diabolique, c'est, indubitablement, que l'air pur et le parfum des fleurs nous seraient moins favorables que l'odeur de fosse d'aisances et le relent de charogne que nous respirons ici.

" Je pense, mon cher filleul, que vous me connaissez assez pour sentir que je vous parle sérieusement. C'est une remarque bizarre que, quand on est, comme moi, installé, domicilié dans l'absolu, — vous m'entendez bien, dans l'Absolu, — il devient à peu près impossible d'affirmer ou de nier quoi que ce soit, sans avoir l'air ironique. Exemple : les *Histoires désobligeantes*, livre à jamais incompréhensible pour des scribes de banlieue, tels que votre « cousin » Pol Demade.

" A propos, Demolder m'a envoyé le haut travail de ce mufle pieux qui n'aime pas du tout qu'on soit pauvre : *Léon Bloy le misérable*, dicté ou inspiré par M*ᵐᵉ* Hello, M*ˡˡᵉ* R., Buet, peut-être aussi Georges L., l'ami de trente ans, etc., etc., car tout un peuple fut consulté. C'est très-beau.

" Pour revenir à mon argument, remarquez, je vous prie, combien j'ai le droit de vous convier à l'adoration des gestes de Dieu. Songez que nous ne possédons presque jamais un centime, depuis quinze jours environ, que les menaces nous pressent de toutes parts, que nous avons pratiqué le jeûne d'un Vendredi Saint très-rigide, le Dimanche même de la

Pentecôte, et qu'avant-hier, notre Véronique retombait malade, nous donnant à craindre la même fièvre qui faillit la tuer en février, en ce terrible février où le genre humain parut nous abandonner. Je me hâte d'ajouter que c'était une fausse alerte et que la chère petite va déjà beaucoup mieux. Je ne parle pas de quelques autres tourments dont le récit emplirait environ quatre-vingts pages d'un texte serré.

» Eh bien! après? Ne savons-nous pas, au moment même où nous subissons un choc douloureux, que c'est Jésus, couvert de plaies, qui tombe sur le tapis de boue de nos âmes, en nous suppliant, du moins, de ne pas trop nous hérisser contre lui, et qu'ainsi nous sommes comblés du plus inimaginable honneur?

» Vous savez comment Job parle de la terre : *Terram tenebrosam*, etc. Quoi donc? Mais c'est là le séjour de l'homme déchu, le tabernacle des désobéissants, ce qu'on est convenu d'appeler la boule du monde, et nous sommes assez avertis, par ces Paroles certaines, qu'il y aurait du goître ou de la malice à supposer que ce que l'Eglise nomme une « vallée de larmes » est, au contraire, un endroit lumineux et confortable. Heureux les pauvres, heureux les doux, heureux ceux qui pleurent et ceux qui sont avides de justice, heureux encore ceux qui ont pitié, ceux dont le cœur est pur et ceux qui sont pacifiques. Heureux enfin ceux qui souffrent persécution. Hé! sans doute. Ne voyez-vous pas que tous ces élus, *dont nous sommes* plus ou moins, quoique très-indignes, sont admirablement situés pour déchiffrer le texte de Job, et que c'est toujours un commencement du Paradis d'entrevoir, ne fût-ce qu'à peine, un linéament du Verbe de Dieu.

» Tout cela, pour arriver à vous dire, mon cher Henry, que nous ne devons pas nous affliger l'un l'autre. Je trouve excessif et fort injuste pour moi que vous ayez un si grand chagrin de m'avoir mis dans l'embarras, comme si vous teniez à me donner le ridicule insupportable de paraître votre créancier. Mes réprimandes, vous l'avez vu, portaient sur un autre point. J'ai tout de suite compris que j'avais eu le besoin le plus céleste, le plus mystérieux, le plus pressant d'avaler ce noir crapaud, et qu'il avait été nécessaire que vous me l'offrissiez vous-même pour que nous eussions de la peine *ensemble*, car c'est le trait de la Providence d'économiser les catastrophes.

» Alors ne nous embêtons pas, mon très-cher, mais adorons. C'est la seule chose propre que nous ayons à faire. Pourquoi péririons-nous ? Ne sommes-nous pas très-précieux et la superfine qualité de nos tribulations ne prouve-t-elle pas la sollicitude exceptionnelle de Celui qui nous travaille, comme des chefs-d'œuvre, depuis si longtemps ? Je vous dis que nous ne périrons pas. Je suis même parfaitement sûr que nous serions délivrés déjà, si vous aviez eu plus de confiance en Dieu qu'en vous-même. Relisez mes lettres.

» Je vous embrasse,   Léon Bloy. »

» P. S. La Bible d'Osterwald est une Bible protestante et, par conséquent, *de latrines*. C'est moi, Henry, qui vous donnerai une Bible. »

9. — A Jeanne, à propos des exigences et de la rapacité d'un curé :

— Les prêtres de cette sorte ont ceci de commun avec les Juifs : l'inconcevable aveuglement qui les précipite à la catastrophe dont tout devrait les avertir. Les uns et les autres savent mille fois que le cynisme de leur avarice remue l'océan des pauvres. On dirait que cette certitude ne sert qu'à exaspérer leur imprudence, et c'est quelque chose de surnaturel de les voir galoper à leur destin. Judas a vendu le Fils de Dieu trente deniers. Ces horribles prêtres l'ont racheté de la Synagogue, avec bénéfice, pour le revendre, avec usure, à la multitude des chrétiens.

11. — En représailles de ma lettre du 8 mai, Tailhade qui signe « Tybalt », à l'*Echo de Paris*, et qui m'imite maladroitement, publie, dans cette feuille, une chronique à la louange d'un livre de Léon Daudet, digne fils de son Alphonse de père, livre où je suis traîné sur quelques fumiers.

Que tout cela me semble lointain, et combien toutes ces vanités d'animalcules me lassent et me dégoûtent! Tailhade m'accuse de *poltronnerie (!)* et d'*ingratitude (!!!)*

14. — Discours de réception à l'Académie, du sémillant eunuque Paul Bourget. Sécrétion mucilagineuse dont les dames sont forcées de se contenter.

Aujourd'hui, je n'ai pas seulement touché le fond du gouffre, mais l'Ennemi a essayé de m'écraser le cœur, de me broyer le crâne sur les dalles.

— Seigneur Jésus, vous priez pour ceux qui vous crucifient, et vous crucifiez ceux qui vous aiment !

15. — Lecture d'une préface de Huysmans, publiée par le *Figaro*. Huysmans est devenu décidément un pontife, un oracle en matière de Magie et de Satanisme. Le ton d'autorité sans appel de ce métropolitain est miraculeux.

Etonnante jocrisserie des *occultes* (!) qui ont besoin de rites et de grimoires pour sentir la présence du Démon, et qui ne voient pas le Satanisme, — à crever les yeux, — de leur épicier, par exemple.

17. — Quand les hommes du monde manquent d'argent, tout leur manque et leur misère est épouvantable.

19. — Cimetière de Bagneux. Décidé à vivre, je retourne chez les morts.

— Nous ne pouvons avoir des amis que parmi les invisibles, me dit Jeanne, songeant, peut-être, à la multitude invraisemblable de nos lâcheurs. Aussitôt qu'on devient notre ami, *on est forcé de devenir invisible.*

20. — J'apprends que Tailhade a dû recevoir ceci :

« Léon Bloy a toujours *signé* ses attaques, et n'a jamais fait l'éloge d'un livre ou d'un homme qu'il méprisait. HENRY DE GROUX. »

Sur le conseil d'un individu qui se croit *très-informé,* j'écris à la duchesse, hélas! d'Uzès :

« Madame, On m'assure que vous lirez cette lettre et que même l'écrivain le plus détesté qui soit au monde, le signataire de ces lignes, ne sera pas exclu de la douce humeur que vous ne refusez à personne.

» J'ai trop excité la rage de mes contemporains pour me résigner à croire que je suis totalement inconnu de vous. Le vacarme aura pu vous porter mon nom. Si cette confiance n'est pas l'effet d'une excessive présomption, vous savez, dès à présent, que je suis un monstre d'indépendance.

» Je vous écris donc, madame, parce que j'ai besoin de vous, et je ne crains pas de l'avouer simplement. Pour quelle autre raison vous écrirais-je?

» Tous les abimes nous séparent. Vous vivez dans la gloire de ce monde dont vous êtes une des potentates ; et moi, je croupis au fond de l'abîme où les amoureux de Dieu sont précipités, pêle-mêle avec les amis de la Douleur et de la Lumière, — depuis les siècles.

» S'il ne s'agissait que de moi, je n'aurais rien à vous dire, persuadé qu'il est meilleur d'être malheureux que de ne l'être point, et si, depuis environ vingt ans que dure ma tribulation, je n'en suis pas mort, c'est qu'apparemment, je n'étais pas digne d'un si beau décès.

» Je ne me plaindrai donc pas. Mais, sans parler de ma femme qui est dans les mêmes sentiments que moi, ai-je le droit d'exposer à d'effroyables peines une petite fille de quatre ans?

» C'est le seul enfant qui nous reste, l'autre ayant été empoisonné, l'hiver dernier, par l'air de la maison horrible où la haine des gens de plume a relégué, à la fin, un artiste privé par eux de tout salaire, pour son crime d'être grand aux yeux de certains...

» Il faut prendre la fuite sur le champ, et c'est pour cela, Madame, uniquement pour cela que je vous écris. Donnez-nous le moyen de fuir, de trancher les liens qui nous retiennent dans cette demeure de pestilence et de désespoir.

» Dites-vous que cela serait à l'honneur de Dieu et que vous désenchaîneriez ainsi un écrivain qui doit être, tout de même, furieusement *quelqu'un*, si on en juge par les haines dont il est l'objet.

» Veuillez agréer,...   » LÉON BLOY. » (1)

---

(1) Inutile, je pense, de dire que cette mendiante épître n'obtint jamais de réponse et qu'ainsi je fus privé d'une occasion de manifester mon ingratitude.

« ... Il n'y a pas de bête aussi nue que l'homme, et ce

21. — *Fête du Sacré Cœur.* — Ce sentiment d'être amoureux de Dieu ! et cette joie sublime que Dieu donne !...

Cette joie d'amour contre laquelle rien ne prévaut, pas même le crime !

Je suis coupable de meurtre, d'inceste, de sacrilège ou de parricide ;

J'ai massacré les petits enfants et j'ai bu, comme un vampire, le sang des vierges consacrées à Dieu ;

Je viens de percer le Cœur de Jésus !

N'importe. Sa Joie me brûle, *s'Il le veut ainsi...*

Silence universel. Aucune lettre, même insul-

---

devrait être un lieu commun d'affirmer que les riches sont de mauvais pauvres.

» Quand le chaos de ce monde en chute aura été débrouillé, quand les étoiles chercheront leur pain, et que la fange la plus décriée sera seule admise à refléter la Splendeur ; quand on saura que *rien n'était à sa place*, et que l'espèce raisonnable ne vivait que sur des énigmes et des apparences ; il se pourrait bien que les tortures d'un malheureux divulgassent la misère d'âme d'un millionnaire qui correspondait spirituellement à ses guenilles, sur le registre mystérieux des répartitions de la Solidarité universelle...

» Ah ! vraiment, ce serait à dégoûter d'être immortel, s'il n'y avait pas de surprises, même *avant* ce qu'on est convenu d'appeler la mort, et si la pâtée des chiens de cette DUCHESSE, revomie par eux, ne devait pas être, un jour, l'unique espoir de ses entrailles éternellement affamées ! »

La Femme Pauvre, page 238.

tante. Nous en sommes presque à désirer des réclamations épistolaires de nos créanciers.

22. — Au peintre-sculpteur Gérôme, qui s'est occupé de moi, avec une bonté parfaite :

« Maître, J'ai eu l'honneur de me présenter chez vous, lundi dernier, et, ne vous rencontrant pas, j'ai dû laisser ma carte pour vous informer de ma tentative. Sans parler de mon ambition d'être admis chez un artiste si célèbre, j'eusse aimé à vous exprimer de vive voix des sentiments plus personnels.

» Je suis, *malheureusement*, trop écrivain pour ne pas connaître l'insuffisance, la banalité des lettres, en certains cas, et telle est la crainte qui m'a retenu de vous écrire, au risque de paraître donner raison à la multitude compacte des nobles cœurs exclusivement appliqués, du matin au soir, à me reprocher les plus noires manigances de l'ingratitude.

» M'autorisez-vous à me présenter chez vous, une fois encore ? Et, dans ce cas, voudriez-vous m'avertir par un mot, rien qu'un petit mot lancé sur moi, vingt-quatre heures à l'avance ? La demande, je crois, n'est point banale. Je suis, aux yeux de tous, un monstre d'indépendance, aux yeux de quelques artistes, un monstre d'art, et, dans l'opinion des fières canailles que j'ai fustigées, un monstre de turpitude. Il est donc fort compromettant de me recevoir, et j'eusse été tout à fait inexcusable de vous laisser ignorer un tel danger.

» Agréez, » LÉON BLOY. »

24. — Pendant que Jeanne était à la messe, Véronique, sachant que c'est aujourd'hui la fête de sa mère, a cueilli pour elle, dans notre effrayant jardin, quelques-unes des fleurs malades et tristes qui peuvent y croître, et la pauvre petite en a su composer un bouquet charmant qui nous fait pleurer.

Lecture des Actes des Apôtres. Un imbécile arrive juste au moment où saint Etienne voit « les cieux ouverts et *Filium hominis stantem a dextris Dei* ». Je suis donc à plusieurs millions de lieues de cet importun, que nous sommes forcés de ménager. Il faut épuiser nos forces pour défendre le trésor de notre paix contre l'hostile bêtise du monde représentée par lui, et c'est à peine si on parvient à ne pas se fâcher.

— Je suis aussi religieux que vous. — Je prie à ma manière, etc. Telles sont les sottises qu'il faut entendre, à propos de n'importe quoi. — Ma mère était une sainte et ma sœur est un ange. Il faut encore avaler cela. Nous n'en pouvons plus. Enfin, il part assez mal content, et j'espère qu'il ne reviendra pas. Cette vanité crève de faim chez nous.

J'essaie de reprendre ma lecture, mais Dieu s'est éloigné.

26. — Que dois-je penser de moi-même ?

Inventé ceci pour me consoler de la continuelle médiocrité de mes efforts vers une vie sainte : On ne fait pas ce qu'on devrait, on fait ce qu'on peut, c'est-à-dire ce que Dieu donne de faire.

Il faut bien que ce soit vrai, autrement nous serions juste autant que des Dieux et nous n'aurions plus qu'à créer le monde.

Si je ne sentais pas ma misère, comment pourrais-je sentir ma joie qui est fille ainée de ma misère et qui lui ressemble à faire peur ?

27. — Après des courses pénibles et vaines, un inconnu tout-à-coup m'aborde dans une rue de Montmartre, se disant ami de de Groux et passionné admirateur de moi. Son nom : Quelconque. Sa figure : aperçue çà et là *depuis toujours*, — espèce de figure impersonnelle qu'on croirait d'un Invisible, ayant revêtu juste assez d'apparence humaine pour accomplir un message. Me parlant comme s'il était tout-à-fait au courant de ma détresse, il me désigne un Chausson, compositeur de musique, collectionneur et homme très-riche, qui *doit* être un de mes lecteurs et sur la générosité de qui je pourrais compter, pour l'acquisition des quelques pièces qui me sont restées de la tombola.

Chaleur terrible dans notre puisard d'enfer.

28. — J'écris à ce Chausson, si étrangement révélé, pour lui demander une entrevue.

La chaleur augmente et la vermine pullule. Comme si rien ne devait nous être épargné, il a fallu que les travaux de maçonnerie de l'immense et laide maison, qui se construit à côté de nous, eussent lieu précisément aux jours les plus chauds, sous un soleil dévorant. Nous ne respirons, nous ne mangeons, nous ne buvons que du plâtre. Nul moyen de nous évader, de mener Véronique en quelque lieu moins atroce, pendant les heures les plus pesantes.

Il est vrai qu'il nous faudra, *n'importe comment*, avoir délogé, le 15 juillet. Dieu y pourvoira, sans doute.

Les pauvres sont des riches sans le sou, et les riches d'infâmes pauvres comblés d'argent.

Ma souffrance de vivre est comme un vieux mur de faubourg insulté depuis trente ans, au pied duquel deux générations auraient... passé. Des hommes célèbres qui m'ont vu souffrir sont morts depuis longtemps et en poussière. Ma souffrance de vivre n'a pas changé. Combien de temps encore, ô Seigneur?

29. — C'est aujourd'hui que saint Pierre est délivré de sa prison par un ange: *Nunc scio verè*.

Ma chère Jeanne, me voyant agoniser, me berce avec ceci : — Pierre n'est pas libre, parce que la porte s'ouvre. La porte s'ouvre, parce que Pierre est libre.

Elle est persuadée que *je suis libre* et que *la porte va s'ouvrir* — ULTRO.

Jeûne rigoureux. La journée s'achève dans le silence de toute la terre. C'est une merveille qu'un écrivain tel que moi, lu, sans doute, par quelques milliers de gens, parmi lesquels un certain nombre de passionnés, ne reçoive presque jamais une lettre amie !

30. — Obsession de ce vers *tout chrétien* de Juvénal, dans sa satire sur la misère des gens de lettres :

Servis regna dabunt, captivis Fata triumphos.

Jeanne entreprend la *Mystique* de Görres et y renonce, n'ayant lu que très-peu de pages. — C'est un livre, me dit-elle, inspiré par l'esprit d'orgueil et d'impureté. C'est pour moi une joie immense et comme un principe de résurrection, de voir avec quelle facilité ma chère femme lit dans l'Absolu.

Parlé de la médiocrité inconcevable du Clergé. Quel est le prêtre de paroisse ou le religieux qui trouverait tout simple qu'on l'apppelât, de préférence au médecin, pour un cas d'hystérie, de catalepsie ou d'épilepsie? L'un et l'autre trouveraient cela ridicule, ou bien ils auraient peur de se faire des affaires avec les hommes et avec le Diable.

Je pense à ce que je pourrais écrire, à propos des occultistes, sur ce clergé sans foi qui en est à ne plus savoir quelle puissance Dieu lui a donnée.

On demande des Prêtres.

JUILLET

1ᵉʳ. — La chaleur orageuse, la puanteur, la poussière de plâtre et les privations de toute sorte nous assassinent.

2. — Je songe à dédier ainsi un livre futur :

« A la très-haute amie intellectuelle, à Madame la Duchesse d'Uzès, qui m'a si noblement et si magnifiquement secouru dans mon indigence ».

3. — L'autre, le Chausson de la semaine dernière, m'envoie une dépêche navrée. Réponse :

« Monsieur, Le télégramme dont vous m'honorez me comble d'orgueil. J'étais sûr que l'expérience réussirait. Vous êtes riche et je suis un pauvre *notoire*. Je savais donc, d'une manière absolue, que vous seriez trop « occupé » pour me recevoir et que vous « regretteriez vivement » cette occasion de me dire à quel point vous êtes mon « admirateur ».

» Agréez, Monsieur, l'expression de ma gratitude.
      » Léon Bloy. »

Nous parlons de l'horreur de vivre, en ce monde, et de la ressemblance avec les démons que le manque de christianisme confère positivement à la plupart des contemporains, riches ou pauvres.

4. — Nous parlons de l'Invisible. Je dis que tout ce que nous voyons, tout ce qui s'accomplit, extérieurement, n'est qu'une apparence, — un reflet énigmatique, *per speculum*, — de ce qui s'accomplit, substantiellement, dans l'Invisible. Qu'y a-t-il de plus apparent, de plus *extérieur* dans ma vie? C'est qu'ayant déclaré la guerre au monde, le monde est déchaîné contre moi. La réalité substantielle de cette *espèce* est, peut-être, à faire peur aux plus grands Anges. Il n'y a que Dieu qui sache ce que j'ai déchaîné en 1878...

A cette époque se déclara mon destin, mon hétéroclite destin, demeuré si indéchiffrable pour les fantômes qui font semblant d'apparaître autour de moi.

J'ignorais, alors, les gémonies littéraires. Je ne savais pas même encore que mes contemporains existassent, et je marchais, en pleurant d'amour, sur les tapis d'or du Paradis.

5. — Je lis les Evangiles comme un psaume, de même que je lis habituellement les Psaumes comme un évangile. Jamais M. Chausson ne pourrait comprendre ça.

Après une journée peu ordinaire, lecture du psaume CXVIII. Je m'endors, ainsi qu'un enfant consolé, sur la harpe du saint Roi.

6. — J'ai parlé à un mort et il me répond comme il peut, du fond d'un abîme....

Lu, dans le *Figaro,* un long article sur Naundorff, en qui presque tout le monde, aujourd'hui, voit Louis XVII. Il serait bien étrange que le fils de ce Fantôme de la Royauté des Lys devînt le plus valable des prétendants, et que la fin du siècle reçût son caractère historique de l'héritier du Drame le plus sombre qu'on ait jamais vu.

7. — A contre-cœur, et parce qu'on me pousse fort, j'écris la lettre suivante :

A Gabriel Hanotaux, ministre des Affaires Etrangères :

« Mon cher Gabriel, Un ami, demeuré fidèle, a fait une démarche auprès de M. Lebon, en vue d'obtenir une somme de 500 fr., qui m'est absolument nécessaire, avant le 15, pour préserver ma femme et ma petite fille de la plus banale catastrophe.

» Cet ami pense que je serais impardonnable de ne pas m'adresser, avec confiance, à un camarade ancien devenu puissant.   Votre LÉON BLOY. »

Ah ! sans doute, ce n'est pas bien fier, Hanotaux m'ayant lâché le plus vilement du monde, le jour même où il parut devenir quelqu'un, et s'il s'exécute aujourd'hui, je prévois trop que ce sera par l'unique peur d'être manifestement trop ignoble, en ne faisant rien. J'ai beaucoup connu, autrefois, ce pauvre Gabriel, devenu —si fâcheusement pour notre prestige, — un *homme d'État*, et je ne peux me faire aucune illusion sur l'ingénuité de son âme.

Qu'importe, après tout ? Ne suis-je pas éligible et, par conséquent, habile à participer aux fonds secrets dont un prévoyant Trésor inonde nos ministères ?

Pourquoi repousserais-je, d'ailleurs, un secours *qui n'est pas des hommes*, quelle que soit la main qui l'apporte ?

Mais surtout, de quel droit destituerais-je, moralement, ce lamentable successeur de Richelieu, en privant, par mon refus, de ce qui peut justifier son élévation ?

10. — Hanotaux s'est exécuté. Enfin, son passage au ministère aura du moins servi à cela. Maintenant, selon toute apparence, il n'a plus qu'à se préparer à une déconfiture prochaine. (1)

---

(1) Cette prévision se réalisa bientôt et Gabriel fut restitué, pour quelque temps, « à ses chères études ». Mais nous sommes devenus un si fier peuple que le besoin de cet excellent ministre ne tarda pas à se faire sentir, derechef.

12. — Remarqué ceci dans la Passion selon saint Luc : — *Herodes autem viso Jesu, gavisus est valdè : erat enim cupiens ex multo tempore videre*

Un matin, le 22 septembre 96, je courus au quai d'Orsay, où j'essayai inutilement de voir Hanotaux, toujours invisible pour moi, depuis 84. Navré, je l'avoue, d'une immense course vaine et ne sachant plus chez quel monstre me présenter, je dus me résigner à laisser une lettre où je le conjurai de me faire passer un secours, immédiatement, un secours *quelconque*. Quelques heures plus tard, un garçon du ministère m'apportait la somme de.... VINGT francs, et me donnait à signer un imprimé : « *Reçu de M. le Ministre des Affaires Etrangères la somme de vingt francs, à titre de secours* ».

La situation était telle qu'il me fallut accepter cela!...

Hanotaux est, aujourd'hui, académicien, ami du sultan, de l'empereur d'Allemagne, de l'empereur de Russie, de la reine d'Angleterre et de Paul Bourget. Tout s'explique. On assure même qu'Abdul-Hamid, en récompense de ses bons services, lui a conféré le pachalik... Cela nous met rudement loin de « Mignonne » et des petits déjeuners de la rue Monge. Vous en souvient-il, Gabriel ?

Note du mendiant ingrat, Août 1897.

C'est une chose à faire peur, de découvrir dans mes notes que ce fut précisément le même jour qu'ayant été implorer mes anciens amis, les PP. Augustins de l'Assomption, — rédacteurs de la *Croix*, organisateurs de pèlerinages et manipulateurs de millions, — je reçus cette réponse qui n'a, sans doute, jamais été faite par aucun religieux à aucun pauvre, depuis le commencement de l'ère chrétienne, et qui semble sortie d'on ne sait quelle fosse du paganisme, pour transir et confondre les étoiles :

La règle de notre ordre nous DÉFEND de faire l'AUMONE !!!!!

eum, eò quod audierat multa de eo, et sperabat signum aliquod videre ab eo fieri.

Quelles autres choses pourrait-on dire d'un saint? et ces Paroles tirées du Livre qui doit, un jour, condamner le monde, ne les croirait-on pas empruntées à quelque légendaire naïf de Martyrs ou de Confesseurs ?

13. — On déménage enfin ! A peine sortis de cette impasse damnée, Jeanne me fait remarquer que l'*Angelus sonne,* l'*Angelus* de midi, pendant lequel est né notre André, comme si cet enfant voulait ainsi nous faire comprendre que c'est lui qui nous sauve.

Installation au Grand Montrouge. Délice de respirer! Délice d'être dans le voisinage du cimetière où repose notre Innocent! Seuil du Paradis !

14. — Il faut avoir souffert à la façon des damnés, pour comprendre ce que c'est que d'être délivré des Ténèbres et des Flammes noires, pendant quelques jours !...

16. — Monsieur le Curé, êtes-vous content de votre paroisse ? Avez-vous, ici, beaucoup de gens pieux ?

— *Oh ! de très petites fortunes !...*

27. — Je trouve immoral de demander du crédit au boucher. Ce serait manquer de confiance

en Dieu qui doit être notre seul créancier. — Jeanne.

28. — Dans l'Absolu :

L'Idolâtrie, c'est de préférer les choses visibles aux choses invisibles.

Cas des protestants qui accusent précisément les catholiques d'être des idolâtres.

Notre vie supérieure recommence en même temps que nous recommençons à souffrir. Vie sublime! Etre les enclumes de Dieu pour la joie et pour la douleur!

AOUT

5. — Reçu la *Jeune Belgique*. Article d'Arnold Goffin sur les *Histoires désobligeantes*. Ce Goffin qui est, dit-on, un grand homme de Bruxelles, doit être, en même temps, un ami de Pol Demade, et tout à fait digne de l'être, car il m'accuse de « monstrueuse copromanie ». Ce critique, étonnamment organisé, n'a vu que du caca dans mes *Histoires*. Je suis, à ses yeux, une façon de « saint Jean-Bouche-d'Egout ». Il veut bien s'exprimer ainsi et paraît heureux de la trouvaille.

7. — Le Vertige. — Quand un homme a le vertige, la scène évangélique recommence. *Mitte te deorsum*, lui dit le Diable. La seconde phase de la Tentation de Jésus transporté sur le pinacle du Temple serait, donc — le *Vertige!*

Deux sortes de mystères nous enveloppent de

toutes parts, les mystères lumineux et les mystères ténébreux.

10. — *Saint Laurent.* — *Sancte Laurenti, per cremationem carnis tuæ, adjuva me pauperem; per signum crucis, illumina me cæcum.* — *Assatum est jam,* disait le Martyr à son bourreau, *versa et manduca.* — *Hilarem datorem diligit Deus,* lit, aujourd'hui, l'Eglise.

15. — *Assomption.* — Nous parlons de l'incompréhensible Evangile de ce grand jour. Marie-Madeleine prenant la place de Marie, Mère de Jésus, ce qui devrait étonner tous les chrétiens et ce qui n'en étonne aucun. — L'Eglise, ici, parle évidemment d'une manière tout à fait *prophétique*.

16. — Jeanne me dit au cimetière :

— Il faut creuser et descendre dans la terre jusqu'au lit des morts. Alors on trouvera la Joie.

En soignant les fleurs des tombes, on *soigne,* en une façon, les morts eux-mêmes, tellement ils sont identifiés à la poussière !

20. — *Saint Bernard.* — On lit dans l'histoire de cet homme admirable que sa mère « voulut elle-même le nourrir, de peur qu'en le confiant à une femme étrangère, il n'en reçut quelque mauvaise impression ». Pensée que nous eûmes bien souvent et qui a fait la matière de beaucoup de nos

entretiens. Au point de vue spirituel, surtout, l'influence d'une nourrice étrangère nous semble un danger plus redoutable que celui même de la mort. Qui peut savoir si telle de ces créatures, à qui on confie son enfant, pour qu'elle le nourrisse de sa substance, n'est pas une possédée ? A une époque telle que la nôtre, les cas de possession doivent être fréquents. *Lorsque nous parlons à quelqu'un, nous ne pouvons pas savoir si ce n'est pas le Diable qui nous répond.*

Note à peu près informe, pour servir à un livre sur le Bas-Empire :

Saint Bernard ayant armé, contre l'Orient, la France et l'Allemagne, fut sollicité de se mettre à la tête de l'expédition.

Il refusa, se souvenant de Pierre l'Ermite, et il eut tort, effroyablement tort. Par ce refus, la Croisade avorta, et deux cent mille hommes payèrent de leur vie le repos extatique du Serviteur de Dieu.

Il demanda au Pape de le délivrer de la « fantaisie des hommes ». Ne devait-il pas demander à Jésus-Christ qu'il fit grâce aux hommes de sa propre fantaisie ?

Saint Bernard est un saint de Jésus, un saint du Verbe souffleté, un saint du Pauvre et du Crucifié. En ce sens, il eut raison de refuser, et sa place est bien sur les autels de l'*Homme de douleurs.*

Mais un saint de l'Esprit-Saint eût agi d'une autre manière.

Jésus pardonne tout, accepte tout, souffre tout.

Le glorieux Esprit, le Triomphateur, le Brûlant, le Dévorant et le Vengeur ne pardonne absolument rien ! Il est celui qu'on ne peut outrager que d'une façon *irrémissible*.

Les saints de Jésus, récompensés par Jésus pour ce qu'ils ont fait, seront rejugés par l'Amour sur ce qu'ils ne firent pas, et l'Omission sera le cyclone de flammes qui brûlera tous les tabernacles.

Un saint de l'Amour aurait crié à Jésus :

— Je ne veux pas des consolations et des douceurs qui m'attendent à Clairvaux. Il ne me plaît pas de pleurer silencieusement, délicieusement, au pied de votre Croix. Je veux souffrir comme quelqu'un qui serait tout à fait perdu. Je veux triompher, en votre Nom et pour votre Amour, comme les Démons espérèrent de triompher en vous détestant. Je résiste à vos gémissements, je refuse d'écouter vos appels ineffables. Je ne veux rien entendre, rien savoir que votre Gloire, et dussè-je être carbonisé par les volcans, je suis affamé de vous décrucifier, avant l'heure.

Je n'abandonnerai pas ces pauvres gens, ces enfants nus, ces enfantelets mignons, ces nouveaux-nés à la Rédemption qui ne savent compter que sur moi. Je les commanderai *comme un général*. Je les traînerai dans les déserts, et il n'y aura pas moyen qu'on les massacre sans m'exterminer moi-même. Car je serai toujours entre eux et les infidèles, vous portant, Seigneur Christ et Seigneur Sauveur, dans le calice de mon cœur. S'il y a des montagnes, je les abaisserai ; s'il y a des fleuves, je les dessècherai ; s'il y a des armées rangées en bataille, je les frapperai d'aveuglement ; et si on manque de pain, je multiplierai votre Corps jusqu'au rassasiement du dernier goujat de cette armée qui sera la mienne.

Et je ferai toutes ces choses, *quand même vous ne le voudriez pas,* parce que votre Gloire me presse encore plus que vos adorables Souffrances, et que, vous ayant abandonné pour vous conquérir le monde, vous n'aurez plus rien à me refuser.

Je mangerai Constantinople sur mon passage et Jérusalem délivrée me verra venir. Alors je parlerai à la terre...

Moi, je parle ainsi au Révélateur du Globe :

— Je vous ai donné tout ce que j'avais, quand personne ne vous donnait. Ayez pitié d'un pauvre qui vous a glorifié de tout son cœur et qui est sans pain. (1)

22. — Journée affreuse. Une femme de ménage

---

(1) Quelqu'un sait-il encore, aujourd'hui, que tel est le titre de mon premier livre, publié, en 84, et devenu introuvable ? Je désignais ainsi Christophe Colomb, dont j'implorais, — avec plus de huit cents évêques, — la *Béatification,* par la Voie exceptionnelle et la volonté librement exprimée du *seul* Souverain Pontife.

Six ans après, à la veille de la mascarade universelle du Centenaire de la Découverte, je renouvelai, d'une manière plus pressante, les mêmes vœux inutiles, dans la brochure : *Christophe Colomb devant les taureaux.*

Après cela, comment s'étonner de mon destin ? C'est une chose étrange, mais incontestable, qu'il est extrêmement

horriblement soûle, tout à coup se manifeste insolente, à propos d'une chose de rien. Prétexte pour exhaler son âme fétide, sa vieille âme d'esclave, remplie du démon d'envie et de je ne sais quels autres démons. Selon la coutume de ces salopes, elle ne parle que de s'en aller, devinant bien que nous sommes sans argent pour la prendre au mot et la jeter à la porte, à l'instant même. Forcés d'endurer cette excessive humiliation, nous ne pouvons que lui donner ses huit jours.

Huit jours! Est-ce possible? Deux heures, couverts de bave et d'ordure, nous nous regardons, comme les âmes endettées des morts, dans le Gouffre piaculaire. Dieu veuille ne pas renouveler souvent cette agonie! Enfin je cours chez mon admirable, et toujours fidèle ami, Eugène Grasset, qui me donne spontanément ce qu'il faut pour congédier l'infâme drôlesse. (1)

---

dangereux de s'occuper avec amour du Christophore, et que le discernement de cette *figure* colossale de l'Esprit de Dieu, portant le Christ et porté lui-même « sur les eaux », est la plus efficace et la plus avant-courrière dégustation des amertumes de la mort.

(1) J'ai le devoir de déclarer, ici, que Grasset, dont l'âme est encore plus haute que son art très-haut, fut, pendant des années, l'un des deux ou trois qui m'empêchèrent de mourir. Que ce journal, enfin publié, lui porte donc l'assurance de mon éternelle *ingratitude*.

23. — Seigneur, je n'ai pas confiance en Vous.

J'ai beau savoir que Vous m'aimez, que Vous me chérissez infiniment, que Vous avez créé les mondes pour moi, et que cela n'est rien en comparaison de ce que Vous voulez faire encore ;

J'ai beau savoir que « Vous êtes avec moi dans la tribulation », que Vous êtes souffleté, conspué, flagellé, couronné d'épines, crucifié pour moi, depuis deux mille ans et depuis toujours ;

N'importe, je suis un mauvais Juif, et je n'ai pas confiance en Vous...

Cette prière, qui dit si bien toute mon âme, est venue d'elle-même, et je l'ai écrite *comme si on me la dictait.*

25. — Aucune lettre, aucune visite, aucun incident notable. C'est une de ces journées, vides en apparence, où Dieu seul agit dans le silence et l'ombre, au plus profond des citernes mystérieuses de nos cœurs, — en plein désert. *Projicite Joseph in cisternam hanc, quæ est in solitudine.*

SEPTEMBRE

1ᵉʳ. — Génie dominateur et instinct psychologique de la Compagnie de Jésus. Ce n'est certes pas vers le Pauvre que les religieux de cet Ordre ont les mains tendues.

Il me semble que les *Exercices* de saint Ignace correspondent, en une manière, à la *Méthode* de Descartes. Au lieu de regarder Dieu, on se regarde soi-même.

6. — Lisant l'Evangile de la messe *pro abbatibus*, cette pensée me traverse que je suis certainement de ceux qui devront parcourir le monde, en criant aux hommes :

— Quittez tout, vendez tout, et suivez-nous ! En récompense, vous serez comblés d'ignominie et vous finirez dans les supplices les plus effroyables.

8. — **Nativité de Marie.** — En recevant la communion, tout plein encore de la Généalogie de saint Matthieu, je pense que je reçois, en même temps que le Corps du Christ, les quarante-deux Patriarches ou Rois qui l'engendrèrent.

9. — On fait ce qu'on peut. Les gens de génie offrent à Dieu leur génie, les imbéciles offrent leur imbécillité. Tout est pour le mieux.

18. — A Henry Hornbostel :

« Cher ami, je vous annonce, tout à fait en hâte, que ma chère femme est sur le point de me donner un nouvel enfant.

» Les premiers signes de l'existence de cet enfant conçu dans la douleur apparurent au moment même où mon beau petit garçon, tué par la haine des cochons de lettres, mourait sous nos yeux, dans des circonstances affreuses.

» Nous attendons ce « Benoni » d'un jour à l'autre, d'une heure à l'autre. Pouvez-vous nous aider à le recevoir sans trop d'angoisse ? La plus petite somme nous serait précieuse, car voici la misère, derechef. J'envoie une lettre semblable à chacun des très-rares amis qui ne m'ont pas abandonné.

» Votre Léon Bloy. »

19. — Cimetière de Bagneux. Joie de retrouver, vigoureux et fleuri, un tout petit rosier sauvage que j'avais planté moi-même, il y a quelques

jours, sur la tombe de mon André, l'ayant arraché dans un terrain vague, et qui était presque sans racines. Je ne pouvais raisonnablement espérer aucun résultat. Je suis ému de cela, comme si j'avais obtenu un bien spirituel, comme si mon enfant me parlait, m'encourageait du fond de la terre....

Lu, dans le *Journal*, une chronique de Coppée, du crétinisme le plus châtié. Il s'agit d'un puant abbé Victor Charbonnel, et d'un américain et merdeux *congrès des religions (!!!)* que ce rénégat préconise. Notre François, électrisé, réclame une religion universelle, une décisive et concluante fraternité des chrétiens et des idolâtres. Académicien liquide.

21. — Un peu de secours est venu. Paix et lumière.

Je parle à Jeanne du mystère de la Vie, laquelle est Jésus : *Ego sum Vita*. Que la vie soit dans les hommes, dans les animaux ou dans les plantes, c'est toujours la Vie, et quand vient la minute, l'insaisissable point qu'on nomme la mort, c'est toujours Jésus qui se retire, aussi bien d'un arbre que d'un être humain.

Mêmes pensées qu'il y a vingt jours. Psychologie inventée par les Jésuites. Méthode qui consiste à se regarder continuellement soi-même, en vue d'éviter le péché. C'est la contemplation du mal à la place de la contemplation du bien. Le Diable substitué à Dieu. N'est-ce pas toute la genèse du catholicisme moderne?

22. — Jeanne m'a dit: — La Croix de Jésus, c'est son ombre. Si un homme ouvre les deux bras en plein soleil, devant un mur, il aura la Croix derrière lui. *Et quand le Soleil se couche, la Croix couvre la terre.*

24. — Naissance de mon fils Pierre.

Que le Seigneur et sa Mère, que ses Anges et ses Saints veuillent bénir cet enfant de notre douleur, et que celui que nous avons si terriblement perdu nous soit ainsi restitué !

C'est, aujourd'hui, la fête de Notre-Dame de la Merci. Nous apporte-t-il vraiment la *Merci* de Dieu ?

25. — Baptême. Songeant au sublime nom de Pierre qui a été donné à cet enfant, me voici tout à coup visité de cette pensée, venue je ne sais comment, je ne sais d'où, et que j'écris aussitôt :

— Tu te plains d'être captif, homme de peu de foi! Tu ne vois donc pas que les Anges t'ont désenchaîné, depuis longtemps, que la porte de ta prison est ouverte, et que Jésus t'attend, là-bas, sur les eaux, dans la douce nuit lumineuse!...

Tout n'y est-il pas? Les Anges, saint Pierre, sa captivité, sa délivrance, enfin le baptême signifié par les eaux, sur lesquelles Pierre seul peut cheminer, à la suite de Jésus.

Ah! si cet enfant, déjà bien-aimé de moi, avait été vraiment envoyé pour nous secourir, pour être l'occasion de la délivrance de son père, si durement captif depuis tant d'années, mon Dieu!

26. — Jeanne me fait remarquer la circonstance de ce petit Pierre naissant, *la corde au cou,* le jour de Notre-Dame de la Merci, libératrice des captifs, et dans l'octave de Notre-Dame des Sept Douleurs, qu'on représente, à la Salette, une chaîne autour du cou.

27. — A Henry de Groux, parmi quelques autres choses :

« ... Certes, je serais un *ingrat,* un insensé, de douter, une minute, de la vigilance infiniment attentive de Dieu sur nous; je serais inexcusable de laisser la Tristesse noire investir la Tour des prodiges où la prière nous a retranchés. Je sais que nous vivons de la Main de Dieu, uniquement, et que nous n'avons rien à craindre. Mais cette certitude n'exclut pas la souffrance, et nous avons eu le cœur si meurtri!...

» Ce matin donc, revenu de la première messe, où

j'avais prié pour un mort qui me fut très-cher, je sentais, avec angoisse, plusieurs plaies anciennes se rouvrir, lorsque votre lettre m'est arrivée. Rafraîchissement délicieux d'apprendre que vous aviez fait bonnement et simplement ce que je vous avais recommandé. Seulement il faut continuer, il est indispensable de vous établir, de vous incruster dans cette pensée que votre filleul André a le pouvoir de vous protéger et que *c'est pour cela qu'il est parti.*

» Vous savez, aussi bien que tous les docteurs, que le Christianisme, c'est de souffrir les uns pour les autres. Efforcez-vous donc de bien comprendre ce qui s'est passé. C'est une belle histoire.

» Jésus déclare, dans l'Evangile de saint Jean, qu'il n'y a pas de plus grand amour que de donner sa vie pour ceux qu'on aime. Or, nous vous aimions beaucoup et il convenait qu'en une manière, cette loi fût accomplie par nous. Soyez parfaitement sûr qu'André Bloy a été conçu et enfanté pour que vous fussiez son parrain, et qu'il a disparu, bientôt après, pour que vous eussiez un filleul qui priât pour vous, aux pieds de Marie, dans la Splendeur. Votre âme valait cela.

» ... Vous le savez, votre filleul n'est pas mort, il est seulement *endormi*, comme a dit Jésus. Endormi d'un sommeil plein de clairvoyance, dans le giron du Père des pères, avec tous les Innocents. Cet enfant est un saint, un bienheureux plein de lumière, plein de science, plein de puissance, plein d'agilité, semblable aux Anges...

» Vous me devez de me croire, mon cher Henry,

car Dieu lui-même ne pourrait pas vous dire autre chose, et il est certain qu'*en cette manière*, nous avons été crucifiés pour vous.

« C'est moi-même qui suis la Vie », prononce Jésus, au moment de ressusciter Lazare. « Ce n'est pas pour rire que je t'ai aimée », dit-il à la bienheureuse Angèle de Foligno, lui parlant, un jour, du milieu du buisson sanglant de sa couronne. La Vie est sérieuse, vous l'avez compris... LÉON BLOY. »

La *Vie de N. S. Jésus-Christ,* par le Dr Sepp, est certainement un livre profitable. A force de science et, sans doute aussi, d'humilité vraie, il rencontre parfois de beaux rayons lumineux, mais il n'esquive pas toujours l'écueil de l'interprétation morale ou sentimentale chère aux protestants. L'Absolu de l'Ecriture lui échappe.

29. — Deux choses profondément oubliées de tous les chrétiens, à peu près sans exception :

Primo. Nous avons le devoir de *tout* demander à Dieu.

Secundo. Dieu n'a *rien* à nous refuser.

Encore le Dr Sepp. Ce bon docteur a des attaques de crétinisme. Il explique le miracle périodique de la piscine de Bethsaïda : « *Angelus descendebat, et movebatur aqua* », par le bouillonnement de l'eau minérale !!!

30. — Fragment de lettre à un petit jeune

homme de Marseille qui me favorise, parfois, de ses avis :

« ... L'Analyse ! Savez-vous que c'est un travestissement du Démon ? Dieu me préserve de parler sans respect d'un homme que l'Eglise a mis sur ses autels et que je crois fermement un très-grand saint. Mais il est sûr que la Compagnie de Jésus a terriblement abusé des *Exercices* de saint Ignace, livre et méthode infiniment profitables, sans doute, à certaines âmes, mais dangereux, pour combien d'autres ! et d'où est sortie l'odieuse, abominable, dépravante *psychologie* contemporaine. Toujours s'analyser, s'interroger anxieusement, se regarder l'ombilic ! La méthode jésuite, en fin de compte, aboutit à substituer la contemplation de soi-même à la contemplation de Dieu, et c'est ainsi que j'explique cette absence furieuse de *saints* qui est un des plus indéniables signes actuels de la consomption du Christianisme. Fuyez l'analyse comme le Diable, et jetez-vous à Dieu comme un perdu...

Vous aurez, alors, un moindre besoin d'accabler de vos conseils un homme qui pourrait être votre père... » (1)

---

(1) Ce jeune homme, d'un pédantisme extraordinaire, merveilleux, et tel que je ne crois pas en avoir jamais rencontré de semblable, eut l'art de se faire pardonner son impertinence, en se manifestant, plusieurs fois, comme un bienfaiteur, et de me soutirer de la sorte un grand nombre de lettres *confidentielles*. Quand le lot lui parut suffisant, il me lâcha...

On a souvent abusé de ma misère, mais ceci est le plus bel exemple que j'aie connu, de l'*usure sentimentale*.

A un religieux de la Salette :

« Mon cher Père, un malentendu déplorable m'inflige l'humiliation d'être le dernier à vous annoncer, à la fois, la naissance et le baptême de mon fils Pierre-Ange-Lazare, venu en ce vilain et douloureux monde, mardi dernier, 24, fête de Notre-Dame de la Merci, dans l'Octave de l'Apparition de la Salette et de la Transfixion de Marie. Il y a même une particularité saisissante que je vous dirai. Cet enfant de douleur a été baptisé, le lendemain.

» On vous demande, cher Père, de prier pour lui. On vous le demande au Nom de Celle qui pleure sur la Montagne, et au Nom de Celle qui est l'espérance des captifs. Souvenez-vous qu'il a été mis sous le patronage de Pierre, *ut Jesum sequatur*, et sous celui de Lazare, *ut portetur ab Angelis in sinum Abrahæ*, mais un peu plus tard, s'il est possible. Son père n'aurait peut-être pas la force de supporter un nouveau deuil. Votre parfaitement dévoué,

» Léon Bloy. » (1).

---

(1) Je donne cette lettre parce qu'elle paraît avoir eu quelque chose de prophétique.

Consigné à la date du 10 décembre suivant :

— Notre Dame de Lorette. Mort de Pierre.

Pierre-Ange-Lazare, mon second fils, est né le 24 septembre 1895, fête de Notre-Dame de la Merci.

Jésus lui ayant dit de le suivre, comme, autrefois, au Chef des Apôtres : *Tu me sequere*, il a été emporté par les Anges, ainsi que le Mendiant évangélique et la Maison Sainte, le 10 décembre suivant, jour de Notre-Dame de Lorette.

Songe de Jeanne :

Une sorte de Méphistophélès lui montrait un instrument de supplice qui ressemblait à un glaive, et lui disait :

— Par ceci, tu seras rompue.

Alors Dieu, désignant la Croix, disait à son tour :

— Par ceci, tu dois mourir et vivre.

Tout cela, en langue danoise, suivant un rythme très-beau...

OCTOBRE

1ᵉʳ. — A un brave garçon, parfaitement humble, celui-là :

« Le meilleur « enseignement » que je puisse vous donner, c'est d'étudier les Saints Livres, de vous saturer de la Vulgate, de lire surtout le Nouveau Testament, du matin au soir. Il est impossible de dire — un Archange y renoncerait — à quel point il est honteux, pour ceux des contemporains qui se croient *intellectuels*, de connaître tant de livres et d'ignorer précisément ce Livre-là.

"... Ne vous fiez pas à Huysmans. Son catholicisme est de bric-à-brac, et le plus suspect que je connaisse. "

2. — Parlé, avec la sage-femme, de la vaccination, qui est, parait-il, exigée par la loi, car toute liberté décampe. J'exprime fortement, quoique bien inutilement, mon horreur pour cette

ordure, dont l'humanité s'est si bien passée, jusqu'au dernier siècle, et dont l'Angleterre nous gratifia. Le courant moderne est, d'ailleurs, aux inoculations de tout genre. On finira par putréfier les petits enfants de quarante sortes de vaccins.

3. — Psaume XXVIII. Trouvé la concordance des *Sept Voix* du Seigneur avec le Septenaire. La joie de cette trouvaille me rend moins accessible à l'inquiétude. Dieu sait pourtant!...

9. — Lettres sur lettres, de mon jeune sot de Marseille. Aujourd'hui, il me propose des textes *grecs*, pour établir que je ne suis pas dans la bonne voie. Il me parle de sa « franchise », de sa « sincérité », et de notre manière différente de voir les choses. Je lui répondrais bien volontiers qu'il n'y a qu'une manière de voir qui est la mienne. Plus volontiers encore, je lui répondrais... autre chose. Tout cela devient par trop bête.

10. — Dès le matin, le supplice de l'angoisse est intolérable. Je me décide à courir chez le vieux Gérôme, qui voudra peut-être m'obliger encore. Cependant, j'en parle à Jeanne qui a pitié de ma détresse — car cette démarche de mendiant me désespère, — et qui me persuade aisément d'attendre.

A l'église, je dis en présence du Saint Sacrement : Envoyez-moi, par pitié, un signe quelconque, une idée. Faites-moi connaitre votre volonté. J'obéirai sur le champ.

Je me rappelle, alors, le texte de saint Matthieu, le prince des prêtres, criant à Jésus, avec une force étonnante : *Adjuro te per Deum vivum*, et Jésus, qui, jusque là, se taisait, parlant enfin. Pourquoi ne ferais-je pas ainsi, puisque j'ai à vaincre le silence de Celui qui sauve, et que tant d'autres cris demeurent sans réponse? Ma prière devient donc cette adjuration, aussi forte que le permet ma faiblesse. Comment ne pas croire que cette idée m'a été suggérée, à ma demande, et qu'elle est vraiment un *signe?* Je rentre chez moi, ranimé, réconforté, espérant quelque nouvelle heureuse.

Aucune nouvelle, hélas ! n'arrive, et la journée se passe ainsi. Je perds bientôt le peu d'énergie morale dont la prière m'avait armé. Tout travail m'est impossible et je sens le plus horrible dégoût de toutes choses et de moi-même. Vers le soir, cela devient si lugubre que je vais chercher du secours dans une petite chapelle où j'en ai quelquefois trouvé.

Là, j'obtiens, en effet, un peu d'adoucissement,

mais au milieu de quelle tristesse ! Je pense à mes pauvres petits, à ma chère Jeanne, et mes pensées sont déchirantes. Comment savoir ce que Dieu veut !

— *Domine, salva nos, perimus*, disent à Jésus endormi, ses disciples épouvantés de la tempête, et Jésus les accuse de peu de foi. Or la Foi elle-même est un don de Dieu. Je crois bien que nous serons sauvés à la fin, mais les peines *inconnues*, qui nous sont peut-être réservées encore, me tordent le cœur, par avance, et je ne puis avoir, en de tels tourments, d'autre joie que celle que Dieu voudra me donner gratis. Je me souviens trop de la si récente mort de mon André.

Au retour, le démon noir tombe encore sur moi et me harasse tellement que j'apparais à la maison tel qu'un désespéré...

De combien de centaines d'autres journées sombres, cette journée n'est-elle pas le type ?

11. — Ma misère d'âme est à son comble, aussi bien que l'autre misère. Je ne me souviens pas d'avoir été plus malheureux, même à l'impasse. Ce qui est le caractère de ma souffrance actuelle, c'est le sentiment de ma faiblesse, la conscience de mon parfait épuisement. Je n'en peux plus.

Le pauvre Sauveur est toujours en croix. Il fait

ce qu'il peut pour des milliards de créatures, tout ce qu'il peut, en vérité, mais *il est en croix*, et même au fond du gouffre, il faut avoir pitié de lui.

14. — Tribulation excessive, mais Dieu ne cesse pas d'être adorable.

15. — Chez Gérôme : — Maitre, je viens vous demander l'aumône. — Voici.

— Fils bien-aimés, disait saint François d'Assise à son troupeau de Bienheureux, n'ayez point de honte d'aller demander l'aumône. Allez avec plus de confiance et de joie que si vous offriez cent pour un, puisque c'est l'Amour de Dieu que vous offrez, en la demandant, quand vous dites : — *Donnez pour l'Amour de Dieu !*

C'est comme ça, et non autrement, que je suis tiré, cette fois, des griffes de mon propriétaire.

Celui-ci, ancien domestique et très-vieux drôle, qui a cru lire je ne sais quelles pages de moi, accompagne sa poignée de main ignominieuse de ce jugement décisif, souligné, d'ailleurs, par un admirable clignement de ses yeux malins :

— Ah ! Ah ! monsieur Léon Bloy, vous écrivez des *polissonneries !*

17. — Je me demande où est, aujourd'hui, le chrétien capable de prendre au sérieux, dans leur

sens absolu, les paroles de Notre Seigneur Jésus-Christ touchant le mystère de la Pauvreté.

Relevailles de Jeanne. Tout est devenu si médiocre que la prescription du Rituel, exigeant que le prêtre aille chercher, « hors de l'église, la femme agenouillée sur le seuil et tenant à la main un cierge allumé », et qu'il l'introduise ; cette antique et pénétrante cérémonie est maintenant inobservée, à Paris, du moins.

20. — Lecture des lettres de Barbey d'Aurevilly à moi, dont j'ai heureusement une copie (1), faite, il y a dix ans. Triste souvenir.

Ces lettres sont, pour la plupart, très-médiocres. Raison, sans doute, pour intéresser le public, si elles devaient être publiées.

Si d'Aurevilly n'avait pas eu le don d'une bonté véritable que, seuls, purent connaître ses intimes, peu d'hommes eussent été plus difficiles à supporter. En supposant que cette collection soit, un jour, publiée par moi, je dirai tout dans une préface. Comment faire autrement ? On doit la

---

(1) Les originaux, au nombre de 70, engagés, pour une somme dérisoire, à un marchand d'autographes, et que je ne pus jamais racheter, ont été enfin perdus pour moi, en 1896, et dispersés, je ne sais où, avec plusieurs autres souvenirs plus ou moins précieux...

Qu'importe ? puisque tout meurt.

vérité, *surtout aux morts,* et le pauvre grand artiste que j'ai tant aimé, l'attend, peut-être, de moi, au fond d'un gouffre.

C'est énorme de songer aux peines que j'ai endurées près de lui, *pour lui,* près d'un quart de siècle, sans qu'il s'en doutât!

Je lui ai paru souvent ridicule et il n'avait à me donner que des plaisanteries pour tout réconfort spirituel. Il n'a pas fallu moins que la mort pour fixer son âme.

Amertume excessive de me replonger dans ce passé. Ah! combien de fois ai-je sangloté intérieurement, quand ce vieil enfant que j'essayais naïvement de gagner à Dieu, m'offrait, *sans malice,* les calembredaines idiotes qui faisaient sa joie!

23. — Lu, dans un journal, l'étonnante catastrophe de la gare Montparnasse. Un train lancé à toute vitesse, crevant la façade, tombant sur le pavé et n'écrasant, par miracle, qu'une seule personne. On m'avait raconté cela, hier soir, et j'avais peine à le croire. Ainsi qu'il arrive ordinairement, nul n'est suggéré, à cette occasion, d'une idée quelconque.

26. — Journée lourde, obscure, désolée.

Pourquoi, à de certaines heures, sommes-nous

assaillis d'une tristesse noire et mauvaise, toute semblable à celle que déterminerait en nous le remords de quelque crime ?

Ne serait-ce pas qu'un être humain ou *angélique,* parfaitement inconnu de nous et, cependant, mystérieusement lié à nous des liens spirituels les plus étroits, vient de se rendre coupable de ce crime, qui devient *nôtre* par la solidarité du remords ?

28. — Introduction aux *Lettres de Barbey d'Aurevilly à Léon Bloy* (1872-78), devant être publiées à une époque très-incertaine :

« Les Dieux ont soif ! » disait Montezuma. — Les morts ont soif ! dit l'Esprit dolent chargé de paître les générations trépassées, dans les vallons noirs. Mais qui pense à la *soif des morts ?*

Dans la Parabole fameuse du Mendiant, le mauvais riche qui implore en vain, du milieu des flammes, une goutte d'eau pour le rafraîchissement de sa langue, voudrait, du moins, que ses frères encore vivants, fussent informés de son effroyable soif...

— Aie pitié de moi ! Lazare, me crie le grand Mort, du fond de son gouffre, aie pitié de moi ! Je brûle dans la fournaise du Désir de la Vérité. Une goutte, rien qu'une goutte, je t'en conjure par les entrailles de Dieu !

Je n'ai pas été pour toi sans miséricorde, tu dois t'en souvenir. Bien que je ne fusse pas l'homme riche, vêtu de pourpre et de lin fin, dont il est parlé dans l'Evangile, et que mes repas de chaque jour manquassent de magnificence, je t'ai donné, souvent, beaucoup mieux que les miettes qui auraient pu tomber de ma table. Je ne t'ai pas toujours laissé gisant à ma porte, et tu ne peux pas dire que les chiens seuls ont eu compassion de tes plaies.

Désaltère-moi. Nous autres, les morts, nous avons besoin que la Vérité pleuve sur nous, et ce besoin, que ne connaissent pas les vivants, est absolument terrible, absolument inexprimable...

Si tu m'as aimé, Lazare, toi qui m'as si bien connu, délivre-moi de l'admiration crucifiante et de la louange barbare. La sainte Vérité, la Vérité seule, je t'en supplie !

Puisque la vanité homicide de quelques-uns ou de quelques-unes qui ne prieraient pas pour moi, veut, à toute force, que mon pauvre nom brille de *leur* gloire, n'hésite pas à divulguer ma misère profonde, ma misère certaine, ma misère trop inconnue.

C'est de cela seulement que j'ai soif, — mais d'une soif à en mourir éternellement.

Jamais tu ne pourras assez dire ma frivolité, mon inconstance, mon enfantillage, et l'infernale déraison de quelques-unes de mes attitudes littéraires.

Il faudrait l'intelligence dilatée des Anges pour savoir combien les morts se jugent eux-mêmes rigoureusement, et combien leur paraît céleste et rafraîchissant un juste blâme, quand ils se démènent dans l'insomnie des tombeaux !...

Voici donc, *intégralement*, les lettres que j'ai reçues de Barbey d'Aurevilly, dans l'espace de quelques années. Qu'il soit entendu que cette publication dont chacun jugera comme il lui plaira, est une sorte de préliminaire au dessein que j'ai formé, de TOUT dire, — un peu plus tard.

Léon Bloy. »

29. — « Faire de l'Art pour de l'argent! m'écrit de Groux. Travailler pour vivre! Quelle horreur!.. alors qu'il ne peut être question que d'avoir de l'argent pour faire de l'Art et de vivre pour travailler ! »

Elle est très-dure, en effet, la vie du pauvre de Groux ! La souffrance lui est nécessaire, sans doute. Mais quelle âme ! L'humilité et la magnificence, voilà ce que je trouve en lui.

31. — Il y a, dans le département du Tarn-et-Garonne, une commune qui se nomme Notre-Dame des Misères...

NOVEMBRE

2. — Lu, dans le *Journal,* une interview, par correspondance, de plusieurs personnages importants à qui on demande *ce qu'ils pensent de la mort* (!!!)

Je ne me souviens pas d'avoir lu rien de plus médiocre, de plus abject. La seule bonne réponse, je crois, est celle de Gérôme disant que la mort a, du moins, ceci d'agréable qu'elle délivre de toutes les crapules avec qui on est forcé de prendre contact.

Jeanne me dit : — La nature humaine est telle qu'on ne peut pas ne pas craindre la mort. Mais quand ce moment redoutable sera passé, on se dira : Combien c'était simple ! et comment avons-nous pu ne pas voir combien c'était simple ?

6. — A un individu que je croyais mon ami :

« ... Je suis forcé de commencer par une plainte.
« Je désire tant de vous une œuvre de pure glorification, détachée des accidents terrestres! » m'écrivez-vous. Déjà vous aviez exprimé ce désir, dans des lettres antérieures, comme s'il était tout-à-fait acquis et tout-à-fait incontestable que je n'ai jamais rien fait en ce genre.

» Or, cela est profondément injuste et me paraît d'autant plus dur, qu'étant un ami, vous devriez sentir que j'ai, plus qu'un autre, besoin de justice. N'avez-vous donc pas lu le *Salut par les Juifs*, pour ne rien dire de mes deux ouvrages sur Christophe Colomb? C'est, sans comparaison, le plus considérable de mes livres, celui dont je suis le plus fier et le seul, jusqu'à ce jour, que j'oserais présenter à Dieu, sans aucune crainte. C'est le fruit mûr de quinze ans de travaux d'exégèse biblique ou d'herméneutique sacrée, et d'un plus grand nombre d'années de souffrance, *choisies par moi, pour l'amour de Dieu*, dont vous ne pouvez absolument pas vous faire une idée, car il y eut mieux encore que la misère.

» Cette œuvre de « pure glorification » n'a eu aucun succès et ne pouvait en avoir aucun. Dieu seul fut témoin de mon combat et l'unique juge des difficultés épouvantables qu'il me fallut vaincre pour concentrer, en si peu de pages et dans une forme aussi pénétrante, le plus vaste thème qu'il y ait. A l'époque lointaine où les hommes ne méprisaient pas ces choses, une telle œuvre eût été remarquée, sans doute.

Il paraît qu'aujourd'hui, c'est bien impossible, puisque mes amis eux-mêmes l'ignorent. Qu'elle soit donc uniquement pour glorifier Dieu, comme une pauvre petite étoile perdue et indiscernable dans les profondeurs.

» Il était nécessaire d'exhaler cette plainte, sans amertume d'ailleurs, avant de passer à l'explication du « bienfait » que votre lettre si amicale a été pour moi. C'est très-simple. Je suis à peu près seul au monde. J'aurais pu avoir, comme tant d'autres, des amis nombreux et même sans nombre. A mon début qui fut, par miracle, assez bruyant, j'obtins, du premier coup, des applaudissements. Ceux qui aiment la force, même parmi les athées, furent avec moi. Mais je n'étais pas encore l'auteur du *Désespéré*. Quand on connut ma voie, quand il fut notoire que j'étais *un homme d'Absolu*, nul ne voulut me suivre... »

9. — Après une interruption de trois jours :

(En hâte).

« ... Impossible de continuer cette lettre que je me réjouissais tant de vous écrire. Depuis mercredi, mes jours et mes nuits se sont passés entièrement à soigner ma chère femme, tombée soudainement malade et dont l'état, aujourd'hui, m'*épouvante*, à m'occuper des deux petits enfants, biberon, toilette, etc., besognes dont je n'ai aucune expérience, enfin à vaquer à tout un ménage. Sans ressources, d'ailleurs, privé de tout repos, malade moi-même, troublé jusqu'au fond de l'âme par l'inquiétude et le chagrin, privé surtout de ma communion quotidienne sans laquelle je suis habitué à regarder la vie comme impossible, enfin abandonné de tout le monde, je crains de me détraquer complètement. Ayez pitié de moi !

» Léon Bloy. »

— Vous êtes l'homme que j'aime le plus, m'écrit un pauvre enfant, parce que j'ai remarqué que, chaque fois que ma pensée allait à vous, elle se métamorphosait en prière.

Hanté de pensées funèbres, voici ce qui m'est venu, hier et aujourd'hui :

— Notre infirmité est si grande que nous ne pouvons rien *réaliser*, et la mort d'un être cher moins que tout autre chose. La douleur énorme de la mort d'André, par exemple, il m'est impossible de la réaliser dans sa plénitude. Il faut, pourtant, qu'à la fin, tout se réalise. Plus tard, sans doute, quand nos corps seront en poussière, nous aurons la *substance* de cette peine dont nous n'avons pu connaître et sentir que l'*accident*.

12. — A Henry de Groux :

« Henry, Ma femme a reçu, ce matin, le Viatique des mourants et le sacrement de l'Extrême-Onction.

» On ne sait si elle vivra, si même elle vivra plus d'un jour. Elle a fait ses recommandations dernières.

» Je n'oublierai pas la nuit terrible qui vient de finir, et l'infortunée criant le Nom de Jésus, sans relâche, pendant que la tourmentaient des bourreaux invisibles et sans pitié, dont nous avions pressenti la venue.

» Avant-hier, dans un accès de délire, elle me parla de vous, mon Henry, ayant *entendu* votre voix. Il était, environ, 3 heures du matin.

« — Que Dieu est bon, disait-elle, de nous avoir envoyé notre unique ami ! »

» Il me fut difficile de lui faire comprendre qu'il n'en était rien.

» Henry, je suis ivre-mort de chagrin, de lassitude et d'épouvante ! Voilà plus de soixante heures que je suis à peu près seul à soigner deux petits enfants et leur mère, ne mangeant pas, ne dormant pas, criblé de douleurs et sans argent !

» Je suis l'enclume au fond du gouffre, l'enclume de Dieu, qui me fait souffrir ainsi parce qu'il m'aime, je le sais bien.

» L'enclume de Dieu, au fond du gouffre !...

» Soit. C'est une bonne place pour retentir vers Lui.

» Tout ce qui arrive est adorable, parfaitement adorable, et je suis brûlé de larmes...

» Votre LÉON BLOY. »

. . . .

C'est assez. Je n'en peux plus. Allons ! mangez, chiens. Voilà les entrailles d'un homme.

Certes ! il fallait qu'elle fût singulièrement et terriblement élue pour me rencontrer, la noble fille scandinave, l'ainée et la bien-aimée du poëte Christian Molbech!

Partout ailleurs, c'est bien certain, les souffrances et les amertumes de mort se fussent élancées vers elle, comme des *proscrites* vers un refuge, comme des amantes de Dieu vers un lieu saint rempli de lumières. N'était-elle pas infiniment désignée pour la pénitence volontaire et la *propitiation*?

Mais il était nécessaire, sans doute, — combien nécessaire, et depuis quelle éternité! — que je fusse l'occasion et la *configuration* privilégiée de son holocauste.

Pouvait-elle descendre plus bas, cette âme ambitieuse de s'immoler?

Choisir d'être la compagne d'un pauvre, universellement détesté! Partager l'ignominie et le pain rare d'un faiseur de livres, que les plus vils chenapans de lettres croient avoir le droit de couvrir de leurs ordures! Accepter pour elle-même le délaissement parfait, l'outrage infâme, le ridicule, le mépris, la calomnie!

Tout cela — et plus que tout cela encore, si Dieu le demande, — pour ne pas encourir le blâme, qui fait trembler les Colonnes, d'avoir passé à côté de l'Abandonné et de n'avoir pas discerné en lui la Grandeur.

La magnanime voulut faire ce qu'*aucun* homme n'avait le courage ni la pensée d'entreprendre, et voici maintenant qu'elle meurt... et de quelle mort !

. . . .

La roue de plusieurs semaines, aussi pesantes que les chariots des Prophètes, m'a broyé le cœur.

Ma femme bien-aimée ne mourra pas, il est vrai. La coupe des tourments est trop pleine encore, et qui m'aiderait à la boire?

Mais il y a, quelque part, une petite tombe de plus, et il nous faut entendre, parfois, au milieu des cris inhumains de la populace qui nous environne, cette plaintive et déchirante mélopée de notre innocente Véronique, le dernier enfant qui nous reste :

> Mon petit frère André est mort.
> Mon petit frère Pierre est mort.
> Ma petite maman est morte.
> Mon petit papa est mort.
> Il n'y a plus de jardin.
> Il n'y a plus de maison.
> La petite fille est toute seule dans la rue.

Je la vois, je l'entends encore, la chère enfant, assise sur l'une des marches de notre humble seuil, perdue dans son rêve, et chantant — pour qui, ô Seigneur? — ces mots douloureux qu'elle-même avait arrangés, — d'une voix, inexprimablement douce et grave, de tourterelle qui meurt !...

Voici ce qu'on me raconte :

Un personnage, plus ou moins connu à Bruxelles, mais que les lois m'interdisent, malheureusement, de désigner par son nom, aurait été chargé, en 1893, de me remettre, à Paris, une somme de *Trois mille francs*, à lui confiée par divers souscripteurs.

N'ayant pu, ou n'ayant voulu me trouver sur le champ, cet ambassadeur se serait offert à lui-même la dite somme, considérant que le bien des pauvres est bon à prendre.

Je trouve, en effet, dans mes « memoranda », à la date du 31 août 1893, la note que voici :

« Lettre m'avisant qu'un journaliste belge demande à me voir et que *je suis prié de me tenir à sa disposition*. Admirable ! Ce personnage est recommandé par une carte d'Henry Carton de Wiart !!! »

Je ne puis, à mon grand regret, retrouver cette lettre. Mais je me rappelle très-bien, que l'outrecuidance d'un pareil message me révolta d'autant plus qu'il était appuyé de la recommandation d'un homme que je méprise entre tous.

Ai-je répondu ou n'ai-je pas répondu ? Il m'est impossible de m'en souvenir. En tout cas, il n'y eut pas de récidive, j'en suis bien certain, et je décidai d'attendre que le personnage daignât se déranger lui-même, ou qu'il m'informât plus civilement de ses intentions.

Mais, si le renseignement qu'on me donne, aujourd'hui, est exact, il y a lieu de croire que ce gentilhomme avait *calculé* son insolence, en vue de se prévaloir de mon indignation, exprimée ou non exprimée, pour décamper immédiatement avec la caisse.

Mon Dieu ! Je connais mes devoirs. Je sais que les pauvres sont faits pour être mangés. Néanmoins, dans cette aventure, il y a des souscripteurs, inconnus de moi, qui ont été nécessairement *roulés*, et qui pourraient s'étonner, en lisant les pages qui précèdent, de m'entendre crier misère, après un tel secours.

J'ajoute que la mort de mes deux petits enfants, et les douleurs atroces que ce secours pouvait empêcher, ne sont pas précisément, à mes yeux, ce qu'il faudrait pour atténuer la surprenante infamie de cet abus de confiance.

Le personnage, qui se reconnaîtra, peut-être, et que je veux encore supposer calomnié de la façon la plus indigne, est invité à se justifier.

Léon Bloy.

Août 1897.

Il faut qu'il tombe, le misérable! Rien ne le sauverait, car Dieu lui-même veut qu'il tombe.

Vainement, il a essayé de se cramponner aux cieux. Les frissonnantes étoiles se sont reculées.

Vainement, il a appelé les Anges et les Saints, et les Chefs des Anges, et les Chefs des Saints.

Vainement, il a supplié la Vierge douloureuse.

Les Quatre Fleuves du Paradis sont remontés vers leurs sources, pour ne pas entendre sa clameur...

Ah ! tu as voulu dire quelque chose, toi ! Tu as pris au sérieux les Paroles et les Promesses, et tu as bafoué les hommes, oubliant qu'ils sont, eux-mêmes, devenus des Dieux! Tu as cherché la Force, la Justice, la Splendeur! Tu as cherché l'Amour!

Eh bien ! voici le gouffre, voici *ton* gouffre. Il se nomme le SILENCE...

Ce n'est pas une fosse ordinaire, celle-là. Il ne faut pas lui demander cette miséricorde d'avoir un lit de pierre dure, où se puisse briser le malheureux qu'on y précipite. Ses parois vont toujours s'élargissant, au contraire, sa gueule devient de plus en plus vaste, et la chute est infinie. Il n'y a pas d'adieu comparable à cet engloutissement.

Il est tombé, le blasphémateur de la Racaille, à jamais, sans doute. On ose le croire.

Qui sait, pourtant ? Les profondeurs ont, quelquefois, d'étranges surprises.

Qui sait, vraiment, parmi la Racaille, la satisfaite et ribotante Racaille, si ce Pauvre ne reparaîtra pas, quelque jour, à la surface des ténèbres, tenant à la main une magnifique fleur mystérieuse, — la fleur du Silence, la fleur du Gouffre ?

LISTE DES NOMS CITÉS

A

Adam (Paul).
Albiot (Jean).
Alexandre III (Tsar).
Andlau (Général d').
Angèle de Foligno (Bienheureuse).
Anselme-Marie (Père), général des Chartreux.
Antoine de Padoue (Saint).
Augustins (Pères) de l'Assomption.

B

Balzac (Honoré de).
Barbey d'Aurevilly (Jules).
Barrès (Maurice).
Baudelaire.

Bazaine.
Becque (Henri).
Bergerat (Emile).
Bernard (Saint).
Bigand-Kaire, dédicataire de la *Femme pauvre*.
Bismarck.
Björnson.
Bonnetain.
Bourget (Paul).
Bruneau (Abbé), assassin ou prétendu assassin.
Buet (Charles).
Busch (Moritz).

C

C. (Henri).
Carnot (Sadi).
Carrère (Jean).
Carton de Wiart (Henry).
Casier (Jean).
César (Jules).
Chamuel, éditeur.
Charcot (Dr).
Chérancé (Père de).
Chausson (Ernest).
Clémenceau (Georges).
Colomb (Christophe).
Coppée (François).
Coquelin cadet.
Corbière (Tristan).

D

Darzens (Rodolphe).
Daudet (Alphonse).
Daudet (Léon).
Demade (Pol), catholique belge.
Demay (Adrien).
Demolder (Eugène).
Dentu, éditeur.
Drumont (Edouard).
Desboutins (Marcellin).
Descartes.
Deschamps (Léon).
Desfossés (Victor).
Destrée (Jules).
Didon (Père).

E

Elisabeth de Hongrie (Sainte).
Emmerich (Anne-Catherine).
Esparbès (Georges d').

F

Faber (Père).
Flaubert (Gustave).
Fleury (Maurice de) et sa femme.
Forain.
François d'Assise (Saint).
Frappa.

G

Gautier (Léon).
Gérôme.
Goffin (Arnold).
Görres.
Goncourt (Edmond de).
Grasset (Eugène).
Groux (Henry de).
Guaîta (Stanislas de).
Guéranger (Dom).
Guérin (Alcide).
Guiches (Gustave).
Guillaume Ier, roi de Prusse.

H

Hanotaux (Gabriel).
Havard (Victor), éditeur.
Hello (Ernest).
Hello (Mme Ernest) (Jean Lander)
Hervieux.
Homère.
Hornbostel (Henri).
H. (André).
Hulst (Mgr d').
Huret (Jules).
Huysmans (J.-K.)

I

Ibsen.
Ignace de Loyola (Saint).

J

Josèphe (Flavius).
Joseph de Cupertino (Saint).

K

Kahn (Zadoch), Grand Rabbin.

L

L. (Georges), ami de trente ans.
L. (Victor), autre ami de trente ans, et sa *dame*.
Lacour (Léopold).
Lactance.
Laforgue (Jules).
Laurent (Saint).
Lautréamont.
Lavalle (abbé), curé de Pré-Saint-Gervais.
Lavedan (Henri).
Lazare (Bernard).
Leclercq (Julien).
Lecoq (Docteur).
Lemire (abbé).
Lemonnier (Camille).
Léon XIII.
Léopold II, roi des Belges.
Lepelletier (Edmond), Vénérable.
Loti (Pierre).

M

Magnard (Francis).

Mac-Mahon.
Maistre (Joseph de).
Mallarmé (Stéphane).
Maupassant.
Maurin (Charles).
Maur (Godefroi).
Mazel (Henri).
Méara (O).
Mendès (Catulle).
Meyerbeer.
Michelet.
Mirbeau (Octave).
Molbech (Christian).
Montalembert.
Montchal (Louis).
Montesquiou-Fésenzac (Comte Robert de).
Montezuma.
Munkacsy.

N

Napoléon.
Naundorff.
Nerval (Gérard de).
Néron.
Niebuhr.

O

Ollendorff, éditeur.
Osterwald.
Ourousof (Prince Alexandre).

P

Papus.
Paris (Comte de).
Péladan (Joséphin).
Péreire.
Périer (Casimir).
Périvier.
Picard (William).
Pierre l'Ermite.
Platon.
Plon (Eugène), éditeur.
Poe (Edgar).
Pontavice de Heussey (R. du).

R

Rachilde.
Rambosson (Yvanhoé).
Ravachol.
Renan (Ernest).
Richepin (Jean).
Rimbaut (Arthur).
Ritter (William).
Rochefort (Henri).
Rodin.
Roinard.
Rops (Félicien).
Roselly de Lorgues (Comte).
Rosny (J.-H.).
Rothschild (Alphonse de).
Ruysbroeck l'Admirable.

S

Sagot, libraire.
Salis (Rodolphe).
Sapin, libraire.
Savine, éditeur.
Scholl (Aurélien).
Scott (Walter).
Séverine.
Signoret (Emmanuel).
Silvestre (Armand).
Simon le Magicien.
Soirat (Alphonse), unique éditeur du *Désespéré*.
Stendhal.
Stevens (Alfred).
Stock, éditeur.

T

Tacite.
Tailhade (Laurent).
Taine.
Tite-Live.
Tolstoï.
Tournadre (Marius).

U

Uzès (Duchesse d').

V

Vallès (Jules).

Vallette (Alfred).
Vanor (Georges).
Verlaine (Paul).
Veuillot (Louis).
Vigny (Alfred de).
Villiers de l'Isle-Adam.
Vintras.

W X Z

Wagner (Richard).
Xau (Fernand).
Zola (Emile).

TABLE

Dédicace.
Préface.

1892

Février	11
Mars	24
Avril	28
Mai	38
Juin	49
Juillet	65
Aout	84
Septembre	94
Octobre	99
Novembre	109
Décembre	112

1893

Janvier	127
Février	132
Mars	136
Avril	144
Mai	150
Juin	153
Juillet	157
Aout	161
Septembre	165
Octobre	170
Novembre	179
Décembre	184

1894

Janvier	193
Février	197
Mars	202
Avril	210
Mai	220
Juin	224
Juillet	236
Aout	250
Septembre	266
Octobre	287
Novembre	296
Décembre	309

1895

Janvier	327
Février	336
Mars	341
Avril	354
Mai	359
Juin	374
Juillet	391
Aout	398
Septembre	405
Octobre	415
Novembre	425
Allons ! mangez, chiens. Voilà les entrailles d'un homme	429
Voici ce qu'on me raconte	433
Il faut qu'il tombe, le misérable !	436
Liste des noms cités	439

www.ingramcontent.com/pod-product-compliance
Lightning Source LLC
Chambersburg PA
CBHW051824230426
43671CB00008B/824